双色球 UNION LOTTO

双色球杀号定胆选号方法与技巧超级大全

张委铭 ◎ 著

经济管理出版社

ECONOMY & MANAGEMENT PUBLISHING HOUSE

图书在版编目（CIP）数据

双色球杀号定胆选号方法与技巧超级大全 / 张委铭著. —北京：经济管理出版社，2015.7
ISBN 978-7-5096-3858-3

Ⅰ. ①双…　Ⅱ. ①张…　Ⅲ. ①社会福利—彩票—基本—知识—中国　Ⅳ. ①F832.5

中国版本图书馆 CIP 数据核字（2015）第 147482 号

组稿编辑：杨国强
责任编辑：杨国强　张瑞军
责任印制：黄章平
责任校对：王　淼

出版发行：经济管理出版社
　　　　　（北京市海淀区北蜂窝 8 号中雅大厦 A 座 11 层　100038）
网　　址：www. E-mp. com. cn
电　　话：(010) 51915602
印　　刷：三河市延风印装有限公司
经　　销：新华书店
开　　本：720mm×1000mm/16
印　　张：19.5
字　　数：300 千字
版　　次：2015 年 7 月第 1 版　　2015 年 7 月第 1 次印刷
书　　号：ISBN 978-7-5096-3858-3
定　　价：39.80 元

序 言

　　写完这本书，我决定测试一下书中的选号方法，看看效果如何。效果自然很好，所以为了吸引大家的注意，我决定先把这次测试情况写出来，请原谅我的坦白。

　　本书推荐了十二值选号法，该方法每期从具有固定属性的约 12 个号码中选择下期开奖号码。具有固定属性的号码意思是这些号码具有固定的属性，但号码本身并不固定。比如前区第二个号码减 2 所得值对应的号码，该号码具有固定的属性，每期都是确定的、唯一的，但该号码又不是固定的，每期都可能与上一期不同。

　　我经过连续 1768 期的统计得到该方法，该方法统计到 2015023 期，总共测试了 1767 次。双色球开到 2015037 期时，我决定对这种方法进行验证，一直验证到 2015058 期（此时本书写完）。这次验证总共测试了 21 期，在这 21 期测试中，从该方法直接给出的约 12 个号码中开出 4 个号码的有 9 期、开出 5 个号码的有 1 期、开出 3 个号码的有 3 期、开出 2 个号码的有 7 期、开出 1 个号码的只有 1 期、没有 1 期开出 0 个号码。

　　双色球前区理论上从约 12 个号码中可以开出约 2.18 个号码，所以上面 21 期测试理论上可以从约 12 个号码中总共开出 21×2.18=45.78 个号码，但实际上却开出了 65 个号码！在这 21 期测试中，该方法平均每两期左右就有 1 期能从约 12 个号码中选对 4 个以上号码。选对 4 个号码理论上需要 22 个号码，可以说该方法将选对 4 个号码的概率提高了无数倍。更何况该方法在上面的 21 期测试中还有 1 期能够从约 12 个号码中选对 5 个号码！

　　理论上，从约 12 个号码中开出 2 个号码都算正常，但该方法能在 10/21 即

47.62%的情况下从约 12 千号码之中开出 4 个以上号码，能在 13/21 即 61.9%的情况下从约 12 个号码中开出 3 个以上号码，能在 20/21 即 95.24%的情况下从约 12 个号码中开出 2 个以上号码。

我在本书第六章将这次测试情况讲得清清楚楚，将开出不同号码的期数也标示得清清楚楚，大家都可以去验证。当然，该方法在前 1768 期的效果绝对没有这么好，不过这连续 21 期的测试，无论如何也不能说是特例或巧合。事实上这只能说明，我经过 1768 期的统计得到的十二值选号法是科学的、有效的、可行的，是经得起检验的。

看到那么多人买彩票，我突然想到一个问题：彩票是不是只能靠运气？有没有规律可循？有没有特征可以把握？我想，这世上任何事物都是有规律和特征的，彩票也一定有。认定了这一点之后，我决定去研究彩票。于是就在网上广泛搜集与彩票有关的资料，并去书店购买了很多关于彩票的书籍。

先后接触了很多彩票理论、投注技巧、选号秘籍、中奖宝典等，最后发现这些所谓的理论、技巧、秘籍、宝典等在彩票投注中要么没有实际意义，要么方法本身就很烦琐，难以掌握。至于概率学在彩票投注中的应用，很多书籍都是介绍一些"高大上"的理论，具体到实践中多半还是着眼于"彩票投注就是绝对的随机事件"这一点，很难从中找出行之有效的投注方法与技巧。

看了这么多书籍，掌握了这么多理论，我发现这些东西基本上没有用。而我又坚信彩票是有规律可循的，是有特征可以把握的，中奖概率是可以大幅提高的。于是我决定完全抛开一切彩票理论，特别是那些复杂的数学理论，自己去研究、去总结，争取发展出一套属于自己的、不同于任何人的彩票投注技巧。我认为大家真正需要的不是那些"高大上"的理论和烦琐的投注方式，而是简单明了、易于操作又能提高中奖概率的杀号、定胆和选号方法与技巧。

本书将颠覆你对彩票的认识，读完本书你会发现，原来彩票并不全靠运气，而是有规律可循的，至少是有特征可以把握的。本书共分八章，主要是通过对双色球 1700 多期历史开奖数据进行统计，找出一些经得起检验的杀号、定胆、选号方法与技巧。比如，胜率高达 95.98%的杀号方法、成功率超过 80%的前区定胆方法、能将选号范围缩小到只有 8 个号码的前区选号方法等，这些方法都经过了至少 1768 期（2003001 期至 2015023 期）的测试，是科学的、有效的。其中一些方法还进行了验证，就是从 2015024 期开始，验证其选号效果。效果都很不错，有的甚至比前 1768 期效果还好很多，说明这些方法对大家选号有切切实实的指导意义，是经得起检验的。

市面上流行的彩票类书籍有以下两个特点：

（1）名称诱人，但名不副实，书中结论往往未经证实，纯属猜测。比如"抓取 500 万"、"豪夺 500 万"什么的。

本书可无法轻而易举地让你"抓走 500 万"，本书只能通过实实在在的统计找出有效提高中奖概率的方法。

（2）拿一些高深的数学概念、数学原理甚至易学知识糊弄人。比如有的提到频数聚集法则、假想实验、点阵分布图和布朗运动等，有的还引入数学模型、易学理论、阴阳五行和奇门遁甲等，真是高深莫测、法门玄妙，大概只有那些数学和玄学专家才能看懂。还有一些彩票类书籍通篇都是电脑程序，不知道大家看不看得懂，反正我是看不懂。

本书不同，本书没有高深的数学理论、易学知识，没有任何电脑程序，也没有晦涩难懂的理论和说教，更不会引入复杂的数学模型和假想实验。本书只有具体、明确而又易于掌握、便于操作的杀号、定胆和选号方法与技巧。

一句话，本书让每个人都能读懂。特别提醒：请大家先读本书第一章总论，我敢断言，读完总论之后，你一定想读完本书。接下来请您跟随我的笔触进入一个熟悉而又陌生的世界，去领略一下多姿多彩的双色球游戏吧。

张委铭

2015 年 5 月 19 日于福州

目 录

第一章　总论 ……………………………………………… 001

　　第一节　概述 …………………………………………… 002

　　第二节　方法 …………………………………………… 008

　　第三节　特征 …………………………………………… 019

　　第四节　纪略 …………………………………………… 024

第二章　双色球详解 ……………………………………… 028

　　第一节　投注 …………………………………………… 028

　　第二节　奖金、奖级和中奖 …………………………… 030

　　第三节　详解复式投注和胆拖投注 …………………… 034

　　第四节　特别提示 ……………………………………… 036

第三章　前区杀号方法 …………………………………… 038

　　第一节　概述 …………………………………………… 039

　　第二节　前区号码互减所得的值杀号法 ……………… 040

　　第三节　前区号码互加所得的值杀号法 ……………… 044

　　第四节　前区号码加减特定数值所得的值杀号法 …… 047

　　第五节　前区其他杀号法 ……………………………… 065

　　第六节　轮流杀号法 …………………………………… 084

第四章 后区杀号方法 ·· 098

第一节 概述 ·· 098

第二节 后区杀号方法大全 ·· 100

第三节 轮流杀号法 ·· 115

第五章 定胆 ·· 125

第一节 概述 ·· 125

第二节 定 1 个胆码 ·· 129

第三节 定 2 个胆码 ·· 136

第四节 定 3 个胆码 ·· 144

第五节 前区号码伴生现象研究 ·· 152

第六章 前区选号方法（一） ·· 196

第一节 前区号码互减所得的值选号法 ·································· 196

第二节 连号选号法 ·· 206

第三节 十二值选号法 ·· 228

第七章 前区选号方法（二） ·· 237

第一节 重号选号法 ·· 237

第二节 五期重号选号法 ·· 245

第三节 连续两期首尾差值选号法 ······································ 249

第四节 位置选号法 ·· 253

第五节 奇偶选号法 ·· 258

第六节 质合选号法 ·· 263

第七节 大小选号法 ·· 267

第八节 同尾选号法 ·· 271

第九节 和值选号法 ·· 274

第十节 AC 值选号法 ··· 280

第十一节 除 3 余数选号法 ·· 282

第十二节　行列选号法 ……………………………………………… 285

第八章　后区选号方法 ……………………………………… 294

第一节　八值选号法 ………………………………………………… 294

第二节　其他后区选号法 …………………………………………… 298

第一章　总论

　　我想让大家对本书有一个深刻的认识，所以我在总论中对一些杀号、定胆和选号的方法与技巧进行了一定程度的说明和解析。请大家耐心读完总论，一定不会让你失望。我敢断言，读完总论后，你一定想读完整本书。

　　读完本书，你的投注将不再盲目，你再也不会把钱浪费在最不可能出现的投注组合上了，再也不会把精力浪费在不断变动的技术指标上了，再也不会被某些杀号、定胆和选号方法迷惑甚至愚弄了。

　　读不读本书，差别是很大的。不读本书，你对双色球的认识仍将停留在绝对的概率和运气阶段。读完本书你会发现，双色球绝不仅仅是运气问题，也不单纯是概率问题，而是有规律可循的，是有特征可以把握的，中奖概率是可以大幅提高的。

　　本书将彻底改变你对彩票、对双色球、对投注的认识和态度，并将在大幅缩小选号范围、减少投注注数和投注金额、降低投注风险的前提下，大幅提高你的中奖概率。

第一节 概述

一、正确认识彩票

（一）概念

彩票指国家为筹集社会公益资金，促进社会公益事业发展而特许发行、依法销售，自然人自愿购买，并按照特定规则获得中奖机会的凭证。

彩票本质上是一种有价证券，不过只有在中奖情况下彩票才有价值。若不中奖，彩票等同废纸。

（二）为彩票正名

彩票问世已经几千年了，最早出现于古罗马，我国南宋时期也有类似彩票形式的博彩。新中国成立初期也发行过彩票，但由于"文革"的发生，彩票销声匿迹了十几年，直到 1981 年才逐步恢复。彩票在国外更是大行其道，"强力球"、"超级百万"、"乐透 6"、"欧洲百万"……这些彩票玩法在相关地区有巨大影响力。

但在我国，大家对待彩票有以下几个误区：

（1）认为彩票登不了大雅之堂。

（2）买个彩票唯恐让人看到，要是买彩票时碰到熟人会感到脸上无光。

（3）除非是很熟的朋友，否则根本不会一起谈论彩票或彩票投注方法。

（4）认为买彩票就是投机取巧、不劳而获、不务正业。

（5）认为买彩票都是穷人干的事，有钱人谁去买彩票呢。

那么，大家为什么如此看待彩票呢？我想主要是因为大家对彩票的本质和作用不够了解。

彩票本质上是一种投资，在社会财富再分配领域有着独特的作用。据统计，2014 年中国彩票销售总量高达 3823 亿元，日均销售量高达 10.47 亿元，相当于每个中国人每天在彩票上投资 0.8 元左右，请问什么样的公司有这样的销售业绩和影响力？所以，彩票明显已成为国人理财的辅助性手段，并持续而又全面地影响着国人的日常生活。

大家都知道，小钱、零钱、闲钱只有集中到一起才能发挥更大的作用，才能带来更广泛的社会效益。彩票天生就有这种功能，它能以合法的形式、公平的原则重新分配社会闲散资金，协调社会矛盾，它能将人们的小钱、零钱、闲钱集中到一起，从而发挥更大的作用。

第一，给购买彩票的人带来希望。每个人都有权利合法地追求经济利益，想发财没有错，想发大财也没有错，想一夜暴富也不能算错。这纵然有点侥幸心理，却也符合人性、道德和法律。彩票本质上是一种投资理财手段，人们想通过这种手段获得投资回报完全合理合法，这与人们通过购买股票获得投资回报在本质上是一样的。任何人进行任何投资都只有一个目的，就是赚钱，就是追求高回报率。但只有彩票能够给人们一个获得数百万倍的投资回报率的机会，只有彩票能够满足人们用最小成本获取最大利益的期望。当然，任何投资都有风险，回报率越高，风险越大。所以，彩票作为一种投资，风险是很大的，中不了奖，你的投资就打了水漂。但如果你仅用小钱、零钱、闲钱买彩票，即便打了水漂，也谈不上什么大的风险。

第二，遍布各地的彩票投注站不但能够缓解社会就业压力，而且能够活跃社会主义市场经济，为国家的经济发展贡献一定力量。每一个彩票投注站都是一个独立的经济体，都能在一定程度上拉动内需，并间接带动周边相关产业的发展，如印刷业、广告业、餐饮业等，还能增加国家财政收入，扩大政府收入来源，其经济价值是不可小觑的。

第三，发行彩票筹集到的公益金对我国福利、体育等社会公众事业的发展具有重要的促进乃至保障作用。

以中国福利彩票为例，福彩公益金主要用于"扶老、助残、救孤、济困"。拿"扶老"来说，自福利彩票发行以来到 2009 年，福彩公益金在老年人福利基础设施类项目中的投入为 394.93 亿元，占整个国家在老年人福利基础设施类项目资金投入总额的 59.3%，这些投入主要用来建设遍布全国的养老福利机构、社会福利中心、农村五保供养服务设施、社区老年服务设施、老年组织配套设施等。

由此可见，彩票完全可以光明正大地走进人们的生活，按照法国人的话说，政府发行彩票是向公众推销机会和希望，公众购买彩票则是"微笑纳税"。

这样光彩的事业，怎么在中国就有点见不得人的感觉呢？看来这是一个误区，大家应逐渐转变这种观念，并且把彩票当成一种辅助性理财手段。既然是理财手段，就带来一个问题，简单说就是如何才能赚到钱，实际上就是如何才能提高彩票的投资回报率和中奖概率。

这就是我写本书的目的，即希望能够帮助大家提高中奖概率。那么，到底怎样才能做到这一点呢？这需要从很多方面去寻找彩票的规律和特征，但首要的是买彩票本身该遵循怎样的规则。

二、买彩规则

（一）基本规则

（1）不得把买彩票当成赌博，否则你不但中不了一等奖，反而有可能倾家荡产。

（2）不得用非法手段骗钱或者集资买彩票，更不得挪用公款买彩票，否则你不但中不了一等奖，反而有可能银铛入狱。

（3）必须用小钱、零钱、闲钱买彩票，不能把彩票当成一种主要的理财手段，只能当成一种辅助性理财手段。

（二）怎样才能中一等奖

期期中奖概率都比别人高很多，甚至期期都中一等奖是不可能的，所以大家不要有这种中奖期望。合理的中奖期望应该是：大多数情况下中奖概率都和别人一样，但偶尔有那么几次中奖概率比别人高很多，那么再加上一点点运气，就很有可能中得一等奖。

那么，怎样才能做到"偶尔有那么几次中奖概率比别人高很多"呢？这就是我写本书的原因。

有关彩票的一切投注方法与技巧若不能做到"偶尔有那么几次中奖概率比别人高很多"，那就是失败的方法与技巧。能否做到这一点，是衡量一种彩票投注方法与技巧是否有效的唯一标准，也是衡量一本彩票类书籍是否有用的唯一标准。

值得庆幸的是，本书推荐的很多方法都能做到这一点。

比如，本书推荐的其中一个方法，能够在接近 11% 的情况下确保你选对 1 个号码，而且还能确定其位置。确保选对 1 个号码，意思是选号范围只有 1 个号码，不用你选择，如果还需要你从两个或者多个号码里面去选择，那不叫确保。该方法每期对应 1 个号码，该号码并不固定，但该号码具有一个固定的属性，所以从这个意义上说，该号码每期都是确定的、唯一的。

这意味着什么呢？意味着你平均不到 10 期就有 1 期能够确定 1 个号码，还能确定其位置。统计发现，这种方法有时能将你的中奖概率提高 179 倍。

这种方法的统计期限是双色球 2003001 期至 2015023 期，共 1768 期。在本书写作过程中，双色球不断开奖，后来我就用新的开奖数据对这种方法进行了验证，验证期限为双色球 2015024 期至 2015050 期，结果这 26 期里，这种方法效果更好，平均每 4.33 期就能选对一个号码并确定其位置。

平均每 10 期左右，甚至平均每 4 期左右就确保有 1 期能够提高甚至大幅、巨幅提高中奖概率，这难道不是一个奇迹吗？

关键就在于，这里是确保。如果纯粹靠运气，你当然有可能选对一些号码。可如果加上"确保"就不同了，"确保选对一个号码并确定其位置"，再加上一点点运气，你的中奖概率就能大幅提高。若只靠运气，你的中奖概率永远都是一样的。彩票玩的就是概率，而一切彩票的投注方法与技巧所追求的也都是提高中奖概率。至于运气，你我都无法窥视，更无法把握。

再比如，本书推荐的一种选号方法，可以将选号范围缩小到只有 8 个号码，8 选 6，只有 28 种组合，这种方法平均每 40 期左右就能够选中一次前区 6 个号码。当然，这 8 个号码不是固定的，但的确只有 8 个号码；并且书中还提出了确定这 8 个号码的一些方法与技巧。如果你一直坚持用这种方法选号，至少在过去的十几年，你有 44 次机会将你中一等奖的概率提高无数倍。因为在这 44 期，你的选号范围只有 28 种组合，而别人的选号范围则有 1107568 种组合。别人的选号范围是你的 39556 倍，你的中奖概率与别人相比，当然就提高了 39556 倍。

我想，44 次机会，稍微加上一点点运气，你就有可能中一等奖，甚至有可能多次中一等奖。如果再加上本书推荐的其他方法，你的投注注数可能不需要 28 注。该方法的统计期限为双色球 2003001 期至 2015023 期，共 1768 期。

如果你觉得上面这个方法还不够好，那本书中还有更好的方法，这里再举一例。本书推荐了一种叫做十二值选号法的选号方法，该方法每期从具有固定属性的约 12 个号码中选择下期开奖号码。具有固定属性的号码意思是这些号码具有固定的属性，但号码本身并不固定。比如前区第二个号码减 2 所得的值对应的号码，该号码具有固定的属性，每期都是确定的、唯一的，但该号码又不是固定的，每期都可能与上一期不同。

我是经过连续 1768 期的统计得到该方法的，该方法统计到 2015023 期，总共测试了 1767 次。双色球开到 2015037 期时，我决定对这种方法进行验证，一直验证到 2015058 期（此时本书写完）。这次验证总共测试了 21 期，在这 21 期测试中，从该方法直接给出的约 12 个号码中开出 4 个号码的有 9 期、开出 5 个号码的有 1 期、开出 3 个号码的有 3 期、开出 2 个号码的有 7 期、开出 1 个号码的只有 1 期、没有 1 期开出 0 个号码。

双色球前区理论上从约 12 个号码中可以开出约 2.18 个号码，所以上面 21 期测试理论上可以从约 12 个号码中总共开出 21×2.18=45.78 个号码，但实际上却开出了 65 个号码！在这 21 期测试中，该方法平均每两期左右就有 1 期能从约 12 个号码中选对 4 个以上号码。选对 4 个号码理论上需要 22 个号码，可以说该方法将选对 4 个号码的概率提高了无数倍。更何况该方法在上面的 21 期测试中还有 1 期能够从约 12 个号码中选对 5 个号码！

理论上从约 12 个号码中开出 2 个号码都算正常，但该方法能在 10/21 即 47.62% 的情况下从约 12 个号码中开出 4 个以上号码，能在 13/21 即 61.9% 的情况下从约 12 个号码中开出 3 个以上号码，能在 20/21 即 95.24% 的情况下从约 12 个号码中开出 2 个以上号码，我想该方法的效果根本不用我多说了！

我在本书第六章将这次测试情况讲得清清楚楚，将开出不同号码的期数也标示得清清楚楚，大家都可以去验证。当然，该方法在前 1768 期的效果绝对没有这么好，不过这连续 21 期的测试，无论如何也不能说是特例或巧合。事实上这只能说明，我经过 1768 期的统计得到的十二值选号法是科学的、有效的、可行的，是经得起检验的。

至少在这 21 期测试中，该方法每 2.1 期就有 1 期能够从约 12 个号码中选对 4 个以上（本书所说"以上"均包含本数，"以下"均不包含本数）号码，也就是平均每两期左右就会有 1 期中奖概率比别人高无数倍。

你如果觉得上面这个方法不够好，那么本书中还有更好的方法，这里再举一例。本书推荐了十二值选号法，该方法每期从具有固定属性（意思是号码不固定，但具有固定属性。比如前区第二个号码减 2 所得的值对应的号码，该号码不固定，但该号码每期都是确定的、唯一的）的约 12 个号码中选择下期开奖号码。从约 12 个号码中选择下期开奖号码，理论上只能选对 2 个号码，但该方法能在 16.24% 的情况下从 12 个号码中选对 4 个以上（本书所说的以上均包含本数，以下均不包含本数）号码，也就是平均每 6 期左右能够确保从 12 个号码里面选对 4 个以上号码。只要坚持按这种方法进行选号，平均每 6 期左右就会有 1 期中奖概率比别人高数倍。

　　上面两个例子的统计期限都是双色球 2003001 期至 2015023 期，共 1768 期。

　　对于上面提到的十二值选号法，我从双色球第 2015024 期开始进行验证，一直验证到第 2015059 期，期间总共进行了 36 次测试。在这 36 次测试过程中，每期平均给出 12.5 个不同号码，其中下一期开奖号码中有 4 个号码在这 12.5 个不同号码中的情形出现 9 次，有 5 个号码在这 12.5 个不同号码中的情形出现了 1 次。也就是说在这 36 期中，该方法能在 10/36 的情况下从约 12 个号码中选对 4 个以上号码。10/36 就是 27.8%！也就是平均每 3.6 期，就能从约 12 个号码中选对 4 个以上号码，有那么一次还能选对 5 个号码！这就不止是"偶尔有那么几次中奖概率比别人高很多"了，而是"中奖概率经常都比别人高很多"。

　　你想想，能从约 12 个号码中选对 5 个号码，哪怕 36 期才遇到一期，再加上一点点运气，你就有很大可能中一等奖，至少你的中奖概率比别人高了很多倍。更何况，在这 36 期中还有 9 次能够选对 4 个号码！在这 36 期中选对 4 个号码的期次分别为 2015038 期、2015041 期、2015044 期、2015045 期、2015049 期、2015050 期、2015051 期、2015055 期、2015058 期；选对 5 个号码的期次为 2015052 期。我把这些期次标得清清楚楚，是为了方便大家进行验证。本书第六章对这次验证有详细说明，对十二值选号法有更详细的说明。

　　我再次强调，本书做不到让你每期中奖概率都比别人高很多倍，并且也绝对没有人能做到这一点。

　　从上面两个例子不难看出：买彩贵在坚持。

　　你若坚持按本书推荐的方法选号（本书推荐了很多选号方法，上面只是其中两个例子而已），那么你选中前区 6 个号码的概率有很多期都会比别人高很多倍，甚至高无数倍。

没有人能够保证你每期选中前区 6 个号码的概率都比别人高，更没有人能够保证你每期都中一等奖。但若能保证你部分期次选中前区 6 个号码的概率比别人高很多倍甚至高无数倍，则你在某些期次中一等奖的概率自然也会比别人高很多，甚至高无数倍，如果再加上一点点运气，你就有可能成为亿万富翁了。

既然买彩贵在坚持，那一次买彩的数量就要小。一次买几十注、几百注甚至成千上万注，那叫赌博，长此以往，必定倾家荡产、一无所获。所以，一次买彩最好不要超过 10 注，这样既能长期坚持，又不至于影响日常生活。

有句口号说得好：宁可错买一年，不能漏掉一期。这句话完全符合我前面提到的"合理的中奖期望"，你可能连续很多期中奖概率都和别人一样（这就是"宁可错买一年"的意思），但你若能不漏一期地坚持按我在书中推荐的方法选号，那你选中前区 6 个号码的概率有很多期都会比别人高很多倍。并且按书中推荐的方法选号，你也不可能真的错买一年，前面说过，我在书中推荐的方法有时平均每 4 期左右就能将中奖概率提高很多倍。

本部分的小标题是"怎样才能中一等奖"，现在答案已呼之欲出，就是：一期不漏地坚持按正确的方法选号。

现在最关键的就是找到正确的方法。

那么，什么是正确的方法？衡量一种方法正确与否的标准是什么呢？请看第二节。

第二节　方法

一、方法必须周密

任何方法都必须是周密的，不能遗漏任何情形。

网上有一种杀号方法是这样描述的：用双色球当期前区第六个号码减第一个号码所得的值杀下期后区一个号码，所得的值大于 16 时取其尾数进行杀号。该描述遗漏了一种情况，就是所得的值为 20 或 30 时怎么办？

本书不同，本书提供的一切方法都有完备的规则，都没有遗漏任何情形。上面提到的这个方法，本书也提到了，但本书明确规定取值为 20 或 30 时都杀号码 10。

二、方法必须清楚

任何方法都必须具有一个明确而又清晰的操作方式和执行程序，不能模糊。要是让人看后一头雾水，不知该怎么操作，就不是科学的方法。

网上有一种选号方法是这样描述的：从前三期后区开奖号码互加或者互减所得的值的尾数及其相邻值的尾数中选择下期后区开奖号码，成功率 99%。

说前三期后区开奖号码互加或者互减，到底是互加还是互减，还是既要互加又要互减，并且该怎么加、怎么减？这种描述不够清楚。该方法不是号称成功率 99% 吗？那我就将这种方法简称为 99 选号法，后面会对其进行专门批驳。

而本书不同，本书提供的一切方法都清清楚楚，都具有明确的、确定的操作程序，没有任何一点模糊不清，让大家不知道该如何去运算。

三、方法必须简洁

作为一种方法，最好还要简洁明了、易于操作。

网上还有一种选号方法是这样描述的：①前区 6 个号码相加得到一个总和；②总和减去每一个前区号码得到一个差值；③差值除以每一个前区号码，分别得到一个得数和一个余数；④舍弃余数，只考虑得数，用这个得数作参考，选择下期开奖号码。接着，该网友还举了一个例子，用得数的尾数作为选号参考，比如得数为 38，则下期可能在 08、18、28 之中开出相应的号码。但这种方法总共有 6 个得数，基本上会有 18 个号码作为选号参考，选号范围太大，若能开出一两个号码，那完全是应该的。按照概率，18 个号码里面最起码应该开出 3 个号码。

最后该方法也没有给出选号成功率，更没有说明具体统计期限，这完全是不负责任的行为。先不谈这种方法有效与否，仅仅这些运算就把人累得够呛，这会是好方法吗？

我对这种方法也进行了验证，结果这些数值中平均每期只开出 2 个号码左右，这与我在书中推荐的选号方法相比有着天壤之别。本书推荐有些选号法，预测对 6 个前区号码的情况比比皆是，而且这些方法都经过了连续的 1768 期的测试，都明确标出了成功次数和失败次数，绝对不像网上提到的方法那样只举一个例子就号称"经过长期观察得到的经验"、"规律性很强"等。

本书所有方法需要进行的运算都很简单，完全不需要任何复杂的组织和排列，都是一步到位，就算只有小学数学知识，也完全可以看得懂并能很好地进行运用。

四、结论必须明确

任何方法都必须有一个明确的结论，不能模糊。

网上有一种杀号方法是这样描述的：用双色球当期前区第三个号码减第二个号码所得的值杀下期前区一个号码，10 期一般会错 2~3 期，这种结论就不够明确。结论必须要确定，怎么能用"一般会错 2~3 期"这样不确定的表述作为结论呢？

还有人在网上随便提出一种杀号、定胆或选号方法，就号称其成功率高达99%，但却要广大网友去验证，这完全属于哗众取宠、不负责任的行为。作为一个结论，如果网友不信，可以自己去验证，但既然你提出了这个结论，你自己首先就要去验证。你只举一两个例子，却要广大网友进行更广泛的验证，这算什么结论？

本书不同，本书提供的一切方法都有确定的结论，绝对没有任何模糊的空间，更不需要广大网友去验证，因为本书一切方法和结论都至少验证了 1768 期。

本书提供的一切杀号、定胆和选号方法都标出了明确的成功率，也都标明了具体的统计期限、测试次数以及成功次数、失败次数等。

五、结论必须正确

任何一种方法，其结论必须是正确的，否则就是害人的方法。

统计发现，网上流传的很多杀号、定胆和选号方法，其结论都是错误的。

比如，某网友说"使用双色球当期前区第三个号码加 7 所得的值杀下期前区一个号码，67 期错了 23 期"，根据该网友的说法可知，这种杀号方法的胜率约为 65.67%。

我想，如果这种杀号方法胜率这么低，那完全可以反过来用于定胆。我测试了这种杀号方法，测试周期为双色球 2003001 期至 2015023 期，共 1768 期，所以总共测试了 1767 次（最后一次没有向下测试，因为当时还没有开出 2015024 期）。结果使用这种杀号方法进行杀号，成功 1466 次，失败 301 次，胜率为 82.97%。

上面那位网友的说法，错的有多离谱，一目了然。

那么，怎样才能得出正确的结论呢？我想，只有通过科学而又有效的统计，才能得出正确的结论。

六、统计

为了找出真正有效而又正确的杀号、定胆和选号方法与技巧，我在网上搜索了双色球所有历史开奖数据，2003001 期至 2015023 期，共 1768 期。本书写作过程中，双色球像往常一样开奖，但我不能每开出一期新数据就重新统计一次，所以我将主要统计范围限定在了 2003001 期至 2015023 期。

本书的一切方法、技巧、观点、结论都是建立在具体的数据基础之上的，都是在对这些原始数据进行统计、整理、测试、对比和分析的基础上得出的。

根据统计学基本理论可知，统计数据一定要有足够的代表性，能够覆盖绝大部分的可能性，能够概括事物的总体特征。依据这样的数据进行统计，得出的结论才能够说明问题，才是科学的、可信的、可靠的。

相反，如果你用期限很短或者代表性不足的数据作为基础进行统计，纵然能够得出某种结论，但这种结论也是经不起检验的，是不科学的、不可信的、不可靠的，甚至有可能是错误的。

比如，如果你统计"前区均值杀号法"的胜率，使用的刚好是双色球 2007060 期至 2007079 期这 20 期的开奖数据，那么你就会得出这种杀号方法胜率为 100% 的结论。因为在这 20 期使用杀号方法进行杀号，成功 20 次，失败 0 次。

那么，这个结论正确吗？可靠吗？我也统计过这种杀号方法的胜率，使用的是双色球 2003001 期至 2015023 期这 1768 期的开奖数据，结果使用这种杀号方法进行杀号在 1768 期的胜率仅为 80.81%。可见，前面依据短期统计数据得出的结论是多么不可靠。

所以，统计数据一定要有足够的长度，这样才能够正确反映事物的内在属性和基本规律。也就是说，期限越长的统计数据越有说服力。

　　我认为，双色球到目前为止开出的 1700 多期开奖数据是有足够的代表性的，是能够说明问题的。通过对这些数据进行统计所得出的结论，是能够反映双色球不同号码的内在属性和基本规律的，是科学的、可信的、可靠的，是经得起检验的，对投注是有指导意义的。

　　我在网上看到过很多统计，但对这些统计实在不敢苟同。比如有的只统计 10 期、20 期或 30 期就得出结论，有的统计周期甚至更短，我认为这种行为很荒谬。

　　我就见过一些这样的说法，比如"用数值 16 减后区号码所得的值杀下期后区号码，这种方法在近 30 期只错过 4 期"、"上两期前区第六个号码互减所得的值，杀下期前区一个号码，在最近 20 期成功率高达 95%（统计发现，这种杀号方法在双色球 2003001 期至 2015023 期这 1768 期中成功率只有 81.26%）"……我认为这些说法很不严谨，也没有什么意义，都是为了博取眼球。本书通过对双色球 1700 多期历史开奖数据的统计和测试，也找到了一些成功率极高的杀号方法，有的杀号成功率高达 95.98%，相信这对大家来说绝对是一个福音。

　　网上有很多定胆方法，这些方法也都有例子，但我没见过哪个定胆方法明确说明其测试过多少期的，也很少见哪个定胆方法明确指出过其成功率和失败率的。我认为这些定胆方法没什么实际意义，都是列举一些刚好符合其方法的特殊例子而已。比如，我曾在网上看到过这样一段话："可以用双色球当期前区第五个号码减第一个号码所得的值来确定胆码。例如……"这段话提到了一个定胆方法，并列举了两个例子，然后就没有下文了，到此结束了。可以看出，这段话并没有明确指出这种定胆方法的成功率，也没有明确指出这种定胆方法测试了多少期，只不过是列举了两个刚好符合这种定胆方法的成功例子而已。那么这种定胆方法可靠吗？其成功率又是多少？相信大家无从判断，因为这段话所包含的信息量不足。对这种定胆方法，我也进行了统计和测试，测试期限为双色球 2003001 期至 2015023 期，共 1768 期。也就是说使用这种定胆方法进行了 1767 次的测试，其中成功 338 次，失败 1429 次，胜率仅为 19.13%。大家若用这种方法进行定胆，5 次都还不一定能够成功 1 次，这可靠吗？相信大家心中有数。

　　本书与上面这种不负责任的说法绝对不同，本书也提出了若干种定胆方法，但每一种定胆方法都测试了双色球 1700 多期历史开奖数据，并且都明确指出了其成功率。我认为这才是有说服力的统计，这也是本书的一个独创。本书有的定胆方法成功率超过了 80%，也就是说使用这种方法定胆，10 次可以成功 8 次左右。这意味着什么？意味着 10 次投注，你有 8 次左右的机会可以预测对至少 1 个号码。可别小看这一点，这绝对能够大幅提高你的中奖概率，相信这对大家来说绝对又是一个福音。

这一切是怎么得来的呢？当然是通过科学而又有效的统计得来的。经过统计，本书得出了很多表格，这些表格从侧面反映了双色球号码分布特点和出号规律，内容丰富、形式简单、一目了然，希望大家对这些表格重点关注。

本书统计的前区杀号方法和后区杀号方法加起来有 800 多种，为什么要统计这么多，统计这么多有什么意义？统计这么多，目的只有一个，就是找出胜率较高乃至最高的杀号方法和胜率较低乃至最低的杀号方法，前者自然用来杀号，那么后者又有什么用呢？一种杀号方法每期都杀一个固定号码，该号码出现次数越多，则这种杀号方法杀错次数越多，其胜率越低。也就是说，胜率越低的杀号方法每期所杀的号码的出现次数越多，所以胜率较低乃至最低的杀号方法每期所杀的号码自然可以反过来用于定胆。这就是统计这么多杀号方法的意义。

七、拨乱

下面我就对网上流行的一些极其夸张的、带有强烈欺骗性的杀号、定胆和选号方法进行集中批驳（即拨乱），以揭露其本来面目，从而避免广大网友再上其当。

（1）有人说：前区末尾两码的积取尾杀号法，胜率高达 85%……（举了几个例子）。我对这种杀号方法进行了验证，结果在双色球 2003001 期至 2015023 期这 1768 期中，使用这种方法总共测试了 1767 次，其中成功 916 次，失败 851 次，胜率仅为 51.84%。

（2）有人说：使用上期开奖号码中最大的奇数号码和最小的奇数号码的平均值杀下期前区一个号码，准确率高达 98%。我对这种杀号方法也进行了验证，结果在双色球 2003001 期至 2015023 期这 1768 期中，这种方法只使用了 1625 次（在前区只开出一个奇数号码或全部开出偶数号码的情况下无法使用该方法），其中成功 1325 次，失败 300 次，胜率只有 81.54%。

（3）有人说：隔 10 期以上连续 3 期的边码会开出 4~6 个号码。天哪，这都能说出口！隔 10 期以上连续 3 期就是倒数第 13 期、第 12 期和第 11 期，3 期的边码总共才 6 个号码，而且这 6 个号码里面还可能有重号，从这 6 个号码里面能开出 4~6 个号码？要是这样的话，提供这种方法的人早就成世界首富了。我对这种方法也进行了验证，验证期限为双色球 2003001 期至 2015030 期，共 1775 期，由于要用到第 13 期之前的数据，所以只测试了 1762 次。我原本指望每期能够从隔 10 期以上连续 3 期的边码中开出 4~6 个号码，结果 1 个号码都没有开出的有 568 次、开出 1 个号码的有 763 次、开出 2 个号码的有 356 次、开出 3 个号码的有 69 次、开出 4 个号码的仅有 5 次、开出 5 个号码的只有 1 次、开出 6 个号码的为 0 次！

（4）有人说：使用双色球前区第一个号码和第二个号码的和值杀下期前区一个号码，和值大于 33 则减 33，所得余数杀下期前区一个号码。这段话到这里就完了，他提出了一种杀号方法，但却没有指出这种方法的胜率，也没有举例子，更没有说统计了多少期。这就是没有统计数据的结论，这就是模糊表述，让广大网友也不知道这种方法到底好不好用。我对这种方法也进行了验证，结果在双色球 2003001 期至 2015023 期这 1768 期中，这种杀号方法的胜率仅为 81.95%。在我所统计的杀号方法之中，这种胜率只能排在第 220 位。

（5）有人说：前区号码加减特定数值所得的值在下期一般会开出 1~2 个，准确率达 95%，不信大家可以验证。前区号码加减特定数值所得的值通常都会有 12 个取值，从这 12 个取值里面开出 1~2 个，这概率哪有什么提高？因为前区本来就是从 33 个号码中开出 6 个，平均每 11 个号码里面理论上都会开出 2 个，你现在从 12 个取值里面开出 1~2 个，又有什么意义？所以这种方法本身没有任何意义，只是为了吸引大家注意，才标出了准确率达 95% 的字样，但他自己又不去验证，反而让大家去验证，这算什么？

（6）现在我重点批驳前面提到的 99 选号法。该方法在网上有数百万人阅读，3 万多人下载，但其纰漏百出，错得相当离谱。该方法用前三期后区开奖号码互加或互减所得的值取尾后再加减 1 所得的值作为下期后区选号范围，号称"成功率 99%"、"经过长期观察和摸索"、"统计了 600 期"，这完全是胡扯。该方法举了一个例子，我现在就按照这个例子的加减方式进行测试，这个加减方式是：倒数第三期+倒数第二期+倒数第一期、倒数第三期−倒数第二期+倒数第一期、倒数第三期+倒数第二期−倒数第一期、倒数第一期−（倒数第三期−倒数第二期）。这样加减会得到 4 个数值，若所得的值大于 16，则对其取尾；若所得的值为负，则取其绝对值，绝对值大于 16，同样对其取尾。我的测试期限为双色球 2003001

期至 2015054 期，共 1799 期，由于要用到此前三期的开奖数据，所以这种方法只测试了 1796 次。上述 4 个数值分别加减 1 得到 8 个数值，再加上这 4 个数值本身，所以理论上每期的选号范围为 12 个数值。但实际上这些数值经常重复，经过我 1796 次的测试，这种方法每期不重复的选号个数为 8.6225 个。那么这种方法的选号效果到底如何呢？真如上面描述的那样，统计了 600 期而且成功率高达 99%吗？

实际结果让人大跌眼镜。在这 1796 次测试中，这种方法成功了 941 次，失败了 855 次，成功率只有 52.39%，哪来的成功率高达 99%？我甚至可以说统计了 855 期，成功率高达 100%呢，因为我可以只用那 855 次成功的例子，而不用那 941 次失败的例子。

这种方法最早出现于 2012 年 6 月 14 日，这种方法与我在书中推荐的一种后区选号方法相比，差别非常大。我在书中推荐的方法每期选号个数比这种方法少1 个，但选号成功率却比该方法高，选号效果比该方法好。而且我在书中也证明了这种方法不但没有提高中奖概率，反而降低了中奖概率。

另外，如果该方法真的经过 600 期统计，其成功率无论如何都不可能达到99%，除非只用成功的例子进行统计。如果 600 期成功率 99%的话，那么连续600 期成功次数应该是 594 次。事实上，经过我的严格统计，该方法在双色球2003001 期到 2015054 期之中，任意连续 600 期成功次数都不超过 400 次，怎么可能有 99%的成功率呢？

所以我说这个方法绝对是个欺骗，因为该方法绝对没有经过连续 600 期的测试。而且该方法描述模糊，用的字眼是"互加或互减"，让人根本不知道到底该用"互加"，还是该用"互减"，于是只好按照他举例所用的加减方式进行运算。

我刚看到这种方法时也非常激动，如获至宝。我相信大家和我感觉一样，所以才有那么多人阅读和下载。但经过统计发现真相后，我有一种被骗的感觉。我不希望大家和我一样再上其当，所以我在这里对这种方法进行了批驳。

上面只是举几个例子而已，事实上网上到处泛滥着各种双色球杀号、定胆和选号方法与技巧，这些方法与技巧都有以下几个特点：①缺乏统计数据甚至没有统计数据的支持。②哗众取宠，不负责任，任意夸大胜率。③表述模糊，蒙混过关。④复杂烦琐，糊弄大众。⑤漏洞重重，无法应用。⑥结论错误，却要大家去验证。

那么，为什么网上会到处泛滥着这些没有经过统计就得出的错误方法和结论呢？我想主要有以下几个原因：①双色球数据库太过庞大，统计起来相当有难度，所以很多人根本不愿付出这种辛苦去统计。②双色球数据库太过庞大，要一一验证太过困难，所以大家看到一种方法或结论时，通常都会选择相信，而不去验证，这就给了骗子以可乘之机。③没有人给出正确的方法和结论，于是骗子就可以"横行天下"。

不过现在我给出了正确的方法和结论，至少这些方法和结论都经过了 1768 期的统计，其有效性远超那些只经过几期统计或只举几个例子就得出的方法和结论。

我相信，一旦正确的东西出现，错误的东西也就无处藏身了。网上所有的双色球杀号、定胆和选号方法，只要没有标明明确的、足够长的统计期限和成功次数、失败次数，大家都不要相信。因为没有标明这些，说明其方法没有经过科学而又有效的统计，那就是不负责任，就是哗众取宠，就是欺骗和愚弄。对这种现象和行为，大家应该警惕。

八、反正

拨乱之后自然就是反正。前面论述了任何方法都必须具备的几个基本要素，现在谈谈什么样的方法才是好方法。

好方法除了必须具备五个要素之外，还必须有效、高效。效果越好，方法越好。效果好与不好需要一个衡量标准，并且要在多种不同的方法之间进行对比。本书提供了很多杀号、定胆和选号方法，这些方法相互之间可以对比，也可与网络上类似的方法进行对比，并且这里也会给出一个衡量标准。

（一）杀号

（1）双色球前区每期从 33 个号码中开出 6 个号码，所以理论上每个号码每期开出的概率为 6/33，即 18.18%，那么理论上每个号码每期开不出的概率就是 81.82%。理论上每个号码每期开不出的概率就是双色球前区杀一个号码的理论胜率。所以，双色球前区杀一个号码的理论胜率为 81.82%，这就是衡量双色球前区杀号方法好坏标准。

（2）本书总共测试了 613 种双色球前区杀号方法，这 613 种方法的平均胜率为 81.81%，与理论胜率惊人的巧合。但是本书中胜率最高的杀号方法，胜率高达 86.3%，远超理论胜率。这里的测试周期为双色球 2003001 期至 2015023 期，共 1768 期，所以每种杀号方法都测试了 1767 次。

胜率为 86.3% 意味着什么呢？意味着 1767 次的测试中，该方法每期所杀的号码（该号码不是固定的，但却有一个固定的属性，所以这个号码每期都是确定的、唯一的）只出现了 242 次，而在 1767 次测试过程中双色球前区每个号码的理论出现次数应该是 321.24 次。

杀号方法每期所杀的号码出现的次数越少越好，出现次数多了，杀号成功率就低了。本书发现的胜率最高的杀号方法每期所杀的号码的出现次数比理论出现次数少了将近 80 次，所以该方法绝对算得上是好的杀号方法。

本书中的很多杀号方法的胜率都远超理论胜率，都是好的杀号方法。另外，本书发现了胜率高达 95.98% 的后区杀号方法。后区选号范围只有 16 个号码，能在接近 96% 的情况下杀对 1 个号码，效果很不错。

（二）定胆

（1）前面说过，双色球前区理论上每个号码每期开出的概率为 18.18%，这是用一个号码定一个胆码的定胆方法的理论成功率，也是衡量用一个号码定一个胆码的定胆方法好坏标准。

（2）本书找到了一种成功率高达 21.68% 的用一个号码定一个胆码的定胆方法，测试周期同样为 1768 期。意味着不到 5 期你就有 1 期能够确保选对 1 个号码。这就是效果，你见过网上有人敢确保你不到 5 期就能选对 1 个号码的吗？同样，这里最关键的就是"确保"二字，能够"确保"，再加上一点点运气，你的中奖概率就会比别人高很多。

另外，如果将选号范围扩大到 6 个号码左右（绝对不超过 7 个号码，有时只有 3 个、4 个或者 5 个号码），本书的定胆方法可以平均每期定对 1.34 个号码，定胆成功率更是接近 82%。用这种方法进行定胆，定对 2 个以上号码的次数高达 715 次，测试周期同样为 1768 期。也就是说，在超过 40% 的情况下，能够确保你从 6 个号码中选对 2 个以上号码。

双色球前区每期从 33 个号码中开出 6 个号码，理论上每 11 个号码才开出 2 个号码。想一想，你有 40% 的机会能从 6 个号码中选对 2 个以上号码，则你在超过 40% 的情况下，也就是平均不到 2.5 期就有 1 期中奖概率比别人高很多倍。这意味着什么，相信大家心中有数。

（三）选号

任何选号方法都有且仅有一个目标：缩小选号范围的同时提高中奖概率。本章第一节说过，本书推荐的很多选号方法都能做到"偶尔有那么几次中奖概率比别人高很多"，并且还向大家介绍了本书推荐的几种选号方法。

网上很多人推荐用双色球不同号码进行数学运算所得的值进行杀号、定胆和选号，这些方法没有一个是经过有效统计的，大家不要轻易相信。本书对大部分进行了检证，大家可以从书中选择最有效的方法。

为了说明书中方法的效果，我举一个例子。我对本书做最后一次修改是 2015 年 5 月 25 日，这时双色球开到了第 2015059 期。前面提到过一种选号方法，该方法能在 16.24% 的情况下从约 12 个号码中选对 4 个以上号码，也就是平均每 6 期左右能够确保你从 12 个号码里面选对 4 个以上号码。那么，这种方法的实际效果如何呢？

这种方法经过了双色球 2003001 期至 2015023 期共 1768 期的统计和测试，现在双色球开到了第 2015059 期，也就是过了 36 期。经过我的统计，在这 36 期之中，这种方法每期平均给出 12.5 个不同号码，其中下一期开奖号码中有 4 个号码出自约 12 个不同号码中的情形出现了 9 次，有 5 个号码出自约 12 个不同号码中的情形出现了 1 次。也就是说在这 36 期中，该方法能在 10/36 的情况下从约 12 个号码中选对 4 个以上号码。10/36 就是 27.8%！也就是平均每 3.6 期，你就能从约 12 个号码中选对 4 个以上号码，有 1 次还能选对 5 个号码！这效果还用得着我说吗？这不止是"偶尔有那么几次中奖概率比别人高很多"了，而是"中奖概率经常比别人高很多"。

能从约 12 个号码中选对 5 个号码，哪怕 36 期才遇到 1 期，再加上一点点运气，你就有很大可能中一等奖，至少你的中奖概率比别人高了很多倍。更何况，在这 36 期中还有 9 次能够选对 4 个号码！

第三节　特征

一、具体特征

在对双色球 1768 期开奖数据进行统计的过程中，我发现了一个基本特征，就是双色球前区或后区不同号码、不同号码组合、不同类别号码的冷热差别是很大的。

双色球前区 33 个号码冷热差别非常大，在双色球 2003001 期至 2015023 期这 1768 期中，最热的号码出现 354 次，最冷的号码只出现 284 次，二者相差 70 次。

我统计的 613 种前区杀号方法，每种方法每期都杀一个固定号码，但有的方法每期所杀的号码在这 1768 期的 1767 次测试过程中出现了 383 次，有的只出现 242 次，二者相差更是高达 141 次。

如果是绝对的随机事件，二者的出现次数相差 1%~3% 算正常，但现在二者的出现次数相差高达 8%，用纯粹的随机事件怎么解释？我认为，这就是特征。彩票投注当然要弃冷守热，追热不追冷。所以大家可以根据"双色球不同号码的冷热差别是很大的"这一特征，选择热号，放弃冷号。

不过，选择固定热号并不科学，因为固定热号与我统计的一些杀号方法每期所杀的号码相比根本算不上热号。所以，守固定热号不如守固定方法。简单说就是，守号码不如守方法。

下面再举几个例子来说明这一特征。

（1）双色球前区不同号码组合（书中会有详解）的冷热差别同样非常大，在双色球 2003001 期至 2015023 期这 1768 期中，最热的两号组合（书中同样会有详解）出现 76 次，最冷的两号组合只出现 30 次，前者的出现次数是后者的 2.53 倍。

那么，大家该优先选择哪些两号组合进行投注呢？当然是优先选择最热的或者较热的那些两号组合。

（2）双色球后区 16 个号码用某种方式划分为两个不同的区，每个区都有 8 个号码，理论上这两个区的号码出现次数应该不相上下，但在双色球 2003001 期至 2015054 期这 1799 期中，其中一个区的号码出现次数为 943 次，另一个区只有 856 次，二者相差高达 5%。那么，大家该优先选择哪一区的号码进行投注呢？当然是优先选择出现次数为 943 次的那一区的号码。

（3）双色球前区 33 个号码按某种方式划分为号码个数完全相同的 3 个区之后，统计其在不同位置的出现次数。理论上，不同区的不同号码在不同位置出现次数应该不相上下，但实际上有的区的号码在有的位置上出现了 728 次，有的区的号码在有的位置上却只出现 478 次，二者的出现次数占比居然相差 13.9%。

上面几个例子的具体内容，书中都有详述。通过这些例子完全可以看出，中彩票并不是绝对的运气和概率问题，也不是完全的随机事件，而是有一定的特征可以把握的。

就拿后区杀号方法来说吧，前面说过，我发现的胜率最高的后区杀号方法胜率接近 96%，该方法每期所杀的号码在双色球 2003001 期至 2015023 期这 1768 期的 1767 次测试过程中只出现了 71 次，而另外有一种后区杀号方法每期所杀的号码则出现了 135 次，这么大的差别难道不可以称为特征吗？

你可以说这不是特征，但你不得不承认这是事实，而且这种事实的确可以帮助大家进行杀号、定胆或选号。出现次数少的可以用来杀号，出现次数多的自然可以用来定胆或选号。事实胜于雄辩，名称并不重要。你可以认为上述现象不是特征，但你绝对不能否认它们事实上可以指导大家进行选号。当然，你也不能阻止我称其为特征。

本书所有杀号、定胆和选号方法与技巧都可以说是对双色球出号特征的描述，书中通过很多方式对双色球不同号码进行了多种形式的分类，并找出了每一种分类的特征，从而能够帮助大家从多个方面选择投注号码。

这里再举一个例子。书中有关章节对双色球前区连号情形进行了极为细致的分类和统计，前区 6 个号码可以分成 5 种"只有两个号码相连"的情形，这 5 种情形中出现次数最多的达 304 次，出现次数最少的只有 210 次，前者几乎是后者的 1.5 倍。这不是特征是什么？请问你选号时是选择前者呢还是选择后者呢？当然是选择前者了。

这就是本书总结出的对大家选号具有指导意义的选号特征。你可以说它们不是特征，但你不能否认它们的指导意义。

二、观点交锋

（1）现在有一种观点，说彩票出号根本没有任何特征，彩票类书籍完全是招摇撞骗。我认为，这种观点荒谬至极。首先，万事万物都是运动变化的，都是有规律可循的，都有其独特的属性和特征。其次，没有经过任何统计和证明就一棍子打死，认定彩票完全没有任何特征或规律，这根本不符合逻辑。最后，以彩票的公益性为幌子，认为大家买彩票只能抱着公益心，不能抱着中一等奖的侥幸心理，所以不能对彩票出号特征进行专门研究，否则就只有功利心而没有公益心了。其实买彩票想中一等奖很正常，谁不想中一等奖呢？

（2）我读过很多彩票类书籍，其中一些书籍提到这样的观点：彩票出号是完全不可预测的，凡是根据对历史开奖数据的统计教人预测号码的所谓专家都是骗子。但接下来该书会用自己的方式为大家推荐选号方法，而其基础同样是对历史开奖数据的统计。请问这不是预测是什么？这不是自相矛盾吗？这一类书籍大多都提出了深奥的数学或者易学理论，说实话，我读个开头就读不下去了。要说，我的数学成绩从来都不差。但是彩票本就不是一件多么复杂的事情，你搞那么复杂，又有谁能够理解和运用呢？而你最后所依据的基础不也是历史开奖数据吗？没有对这些数据的统计，你能够得出任何结论或者所谓的模型和程序吗？

根据历史开奖数据是可以统计出一些特征的，前面的例子已充分说明了这一点。不过我在这里必须声明一点：本书所推荐的一切方法都只能提高甚至大幅、巨幅提高你的中奖概率，但绝对不能保证你中一等奖，请原谅。

（3）彩票是绝对的随机事件，无论如何都不可能提高中奖概率。可是事实证明，有很多种方法都可以大幅甚至巨幅提高中奖概率。本书中很多方法都能做到这一点，这里再举一个例子。双色球前区要是能够定对 3 个胆码，那意义将会非常重大。理论上双色球前区用任意三个号码就能定对 3 个胆码的概率为 0.37%，但本书推荐的定胆方法用 3 个号码定对 3 个胆码的概率则高达 1.02%，比理论概率高了将近 3 倍。如果是绝对的随机事件，没有任何特征，那这么大的差距该怎么解释？其实彩票也是一门科学，看似绝对随机的事件其实也是有规律可循的，也是有特征可以把握的。这话可不是我说的，是世界著名彩票专家盖尔·霍华德说的。为了说明彩票是绝对的随机事件，有人说如果把那些开奖号码全部换成不同的砖块、汉字、动物的名称，还有什么特征或规律可言？那不就成了绝对的随机事件了吗？很简单，无论你把这些开奖号码换成什么，你总得将它们区别开来吧，如果完全没有任何区别，那你怎么确定中奖与否？按照这种观点，假如现在将双色球前区 33 个号码全部换成汉字，那你肯定得换成 33 个不同的汉字。那么，为了研究方便，我完全可以对这些不同的汉字进行编号，当然是编成 01~33 这 33 个号码。那么，经过这 1700 多期的开奖，我同样能够总结出上面提到的那些特征。就算你把这些号码换成 33 种不同的动物又如何？本质上都一样。无论换成什么，都得将它们区别开来，有区别就可以进行编号，就可以总结出特征。你要说每天在不同的汉字、不同的动物、不同的砖块和不同的物品之间随意切换，比如今天选 8 个不同的汉字、8 种不同的动物、8 块不同的砖块、9 个不同的茶壶，明天选 8 只不同的杯子、8 种不同的植物、8 种不同的饮料、9 枚不同的导弹，后天再换 33 种不同的物品……那就真成了绝对的随机事件了。但是，要是那样的话，还有几个人会买彩票呢？

通过以上分析可知，彩票的确有一些特征可以把握，可以用来指导大家进行选号。大家完全可以研究彩票，而研究彩票也完全可以借助一定的手段，即彩票类书籍。但这些书籍所推荐的方法和结论一定要经过充分而又有效的统计，一定要能够提高甚至大幅、巨幅提高中奖概率。本书自信符合这些要求，所以才敢拿来供大家参考。

三、科学投注

科学投注就是根据双色球的出号特征，按照正确而又有效的方法进行投注。前面提到过两点：一是买彩贵在坚持；二是守号码不如守方法。这两点就是科学投注的关键。

很多人投注时都没有经过认真分析，这时如果运气特别好的话，也有可能中一等奖。但本书不研究运气问题，本书坚持认为彩票是有特征可以把握的，中奖概率是可以大幅提高的。

大家都有自己的理想号码，比如出生年月、幸运数字以及结婚纪念日等，如果你的这些理想号码刚好包含双色球最热的几个号码或者热号组合，那么恭喜你，你的中奖概率将会比别人高很多。反之，如果你的理想号码刚好包含双色球最冷的几个号码或者号码组合，那你的中奖概率可要比别人低很多。

举个例子，假如你的理想号码里面包含号码 01、10 和 12，而你每次投注前区都包含这 3 个号码，那么你在双色球 2003001 期至 2015023 期这 1768 期中，连一次选对 6 个前区号码的机会都没有，因为这个三号组合（书中会有详解）在这 1768 期中没有出现一次。但是如果你的理想号码里面包含号码 03、07 和 10，那效果就完全不同了，你将有 17 期选对 6 个前区号码的机会，而且在这 17 期你的中奖概率将比别人高 273 倍。有 17 次中奖概率比别人高 273 倍的机会，总有一次可能中一等奖。这两种情况差别有多大，真是一目了然。

读完本书后，你就不会被自己的理想号码左右了，你会发现，原来你的很多投注一开始就选择了最不可能出现的号码或者号码组合。这时你应该做出改变，本书将帮你做出这种改变。比如，我在书中推荐的一种后区杀号方法，胜率接近 96%，如果你不知道这一点，那么你的投注组合里面，后区就有可能包含该方法每期所杀的号码，则你将在接近 96% 的情况下选择一个绝对不可能出现的后区号码。再比如，前面列举过很多网上流行的选号方法，就拿"隔 10 期以上连续 3 期的边码会开出 4~6 个号码"这种方法来说，你若不读本书，一定会被其迷惑，然后就会用"隔 10 期以上连续 3 期的边码"作为选号范围，那你可惨了，你在双色球 2003001 期至 2015030 期这 1775 期中，连一次选对 6 个前区号码的机会都没有，因为在这 1775 期从"隔 10 期以上连续 3 期的边码"中开出 6 个号码的次数为 0。这就是我前面说的"原来你的很多投注一开始就选择了最不可能出现的号码或者号码组合"，可是看完本书后，你绝对不会再做出这种选择了。

本书对数百种杀号、定胆和选号方法进行了全面、详尽而又精确的统计、整理、测试、对比和分析，对网络谬论进行了客观、深入而又犀利的批驳，相信能够帮助大家做出正确的投注选择。但任何方法都不可能做到 100% 的成功率，不可能每一期都将你的中奖概率大幅提高，因为无论用什么方式对双色球不同号码进行分类，都不可能得到每一期都会出现的号码。

如果有人鼓吹每一期都能提高中奖概率，那他绝对是个骗子。既然如此，我们只能退而求其次，力争做到"偶尔有那么几次中奖概率比别人高很多"。如果能做到这一点，就是好方法。如果能做到"偶尔有那么几次中奖概率比别人高很多倍"，那就是更好的方法。事实上，在排除绝对的运气情况下，只有做到"偶尔有那么几次中奖概率比别人高很多倍"，你才可能中一等奖。本书虽然一再强调，不能保证你中一等奖，但会竭尽全力让你中一等奖，至少会竭尽全力提高甚至大幅、巨幅提高你中一等奖的概率。

前面说过，本书中很多方法都能做到"偶尔有那么几次中奖概率比别人高很多甚至高无数倍"，这里不再赘述。这里只想说明，只有坚守正确而又有效的方法去投注，你的某些期次的中奖概率才有可能大大高于别人，也才有可能中一等奖。否则你中一等奖的概率将永远不会得到提高。比如，某种方法可以确定某个具有某种固定属性的号码平均 10 期左右必定在某个位置出现一次，那么该怎么运用这种方法进行投注呢？你会说，当号码在相应位置出现的那一期时用正确方法进行投注。如果能做到这一点，当然是最好。可是根本不可能做到这一点，没有人知道那个号码会在哪一期的相应位置出现。所以只有坚守，才能换取 1 期中奖概率比别人高无数倍的效果。

综上所述，彩票投注只有坚守正确而又有效的方法，才能提高中奖概率。坚守正确而又有效的方法，就是科学地守号。本书就是教你如何更科学地守号。本书中很多方法都是"正确而又有效"的，因为这些方法都经过了至少 1768 期的测试，都经得起检验。

第四节　纪略

一、指标

网上有很多关于双色球的统计数据，其中大部分包括基本走势、和值走势、均值走势、跨度走势、位置分布、区域分布、奇偶分布、质合分布、大小分布、连号分布、斜连号分布、重号分布、余数分布、同尾号分布、遗漏情况、K 线图、柱状图、行列图、号码序值、AC 值……这些用来研究双色球的技术指标可以说是纷繁复杂、浩如烟海，并且这些技术指标都处于不断变动的过程中。大家若依照这些不断变动的技术指标去选号，难免顾此失彼，甚至会被搞得晕头转向、手忙脚乱。万事万物都处于运动、变化之中，但都有规律可循。上述这些不断变动的技术指标也一样有规律可循。找出这些不断变动的技术指标的内在属性和基本规律，就不再被这些技术指标的不断变动影响了，因为指标会围着规律转。一旦找到这些不断变动的技术指标的内在属性和基本规律，就可以不考虑这些技术指标的变动，而是以不变应万变，按照技术指标的内在属性和基本规律去选号。

它变你也变，则你的中奖概率也在变，你的中奖概率就不会得到提高。如果以不变应万变，按照这些技术指标的内在属性和基本规律去选号，让这些不断变动的技术指标围着你转，那么你的中奖概率就会大幅提高。比如前区大小比，在双色球 2003001 期至 2015052 期这 1797 期开奖历史中，前区大小比为 3∶3 的类型出现了 627 次，是出现频率最高的大小比类型；前区大小比为 2∶4 的类型出现了 461 次，出现频率次之。这两种类型的大小比出现总次数为 1088 次，占比超过了 60%。这就是趋势，这就是特点，这就是双色球前区大小比的内在属性和基本规律。这说明双色球前区大小比倾向于 3∶3 和 2∶4 两种类型。至于 1∶5、5∶1、6∶0、0∶6 等其他类型的前区大小比，它们的出现实属小概率事件。因此，大家选号时应该依据规律、顺应趋势，应该倾向于选择前区大小比为 3∶3 的组合，搭配前区大小比为 2∶4 的组合，并且予以坚持，以不变应万变，而不必再关注不断变动的前区大小比了，这样才能提高中奖概率。否则，你总是根据不断变动的前区大小比改变你的投注组合的大小比，你的中奖概率永远都将处于变动之中，永远不会得到提高。

该如何找寻这些不断变动的技术指标的内在属性和基本规律呢？只有通过对双色球 1700 多期历史开奖数据进行统计、整理、测试、对比和分析，才能找到这些技术指标的内在属性和基本规律。本书有关章节将会对这些处于不断变动中的技术指标进行统计、整理和总结，并得出最有说服力的结论，形成相应的选号方法，从而帮助大家更深入、更全面地了解这些技术指标，掌握双色球前区和后区不同号码的分布特点和出号规律。对于这些技术指标，本书都有相应的表格予以清晰的反映。相信通过这些表格，大家能够对双色球各种技术指标有迅速、准确、全面而又深刻的了解和掌握。本书对这些技术指标的统计至少都经过 1768 期，所以本书得出的关于这些技术指标的结论都是最可靠、最具代表性和最有说服力的。并且这些结论都像书中的表格一样，很简单、很清晰，完全不需要你具备多么深厚的数学知识和理论知识，也完全不需要你花费太多时间和精力去研究。

二、独创

（1）特殊现象。在对双色球 1700 多期原始数据进行统计的过程中，我发现了一些特殊现象，比如"当双色球前区第二个号码减第一个号码所得的值为 18 时，下期每次都开出号码 18"、"当双色球前区第二个号码减第一个号码所得的值为 19 时，下期却从来没有开出过号码 19"……这一类特殊现象还有很多。本书有关章节会对此进行详细的描述和分析，供大家选号时参考。

（2）杀号和定胆。本书对双色球前区和后区 800 多种杀号及定胆方法进行了详细而又精确的统计、整理、测试、对比和分析，并全部用表格的形式体现了出来，测试范围都是双色球 2003001 期至 2015023 期，共 1768 期，从而为大家找出了胜率极高的杀号方法（有的胜率接近 96%），也找出了比较有效的定胆方法。

（3）号码和号码组合的冷热。本书对双色球前区 33 个号码、后区 16 个号码、前区 528 个两号组合和 5456 个三号组合在双色球 2003001 期至 2015023 期这 1768 期历史开奖数据中的出现次数进行了精确的统计和对比，也全部用表格的形式体现了出来。本书还对双色球前区两个号码伴生现象进行了深入、细致的统计、对比和分析，制作成相应的表格，并按照每个号码与其他号码一起出现的次数由高到低进行排序。通过这些表格，大家能够直接、迅速而又清晰地掌握双色球每个号码与其他号码的伴生情况。这对确定胆码后选择拖码具有重要意义。就拿前区号码 01 来说，在双色球 2003001 期至 2015023 期这 1768 期中，与号码 01 一起出现次数最多的号码是 13，这两个号码一起出现了 66 次；与号码 01 一起出现次数最少的号码是 33，这两个号码仅一起出现 40 次。那么当你选择号码 01 作为胆码时，该选择哪些号码作为拖码呢？当然是选择那些与号码 01 结伴出现次数较多甚至是最多的号码，并尽量避开那些与号码 01 结伴出现次数较少甚至是最少的号码。本例中当然是选择号码 13，放弃号码 33。

（4）号码的位置分布。本书对双色球前区 33 个号码在不同位置的出现次数进行了统计和对比，找出了不同号码最容易出现的位置，也找出了不同位置最容易出现的号码，并通过这些统计形成了位置选号法。这种方法不但可以确定号码，还可以确定号码位置，能够大大缩小选号范围。这些统计也全部用表格的形式体现了出来，统计周期都是双色球 2003001 期至 2015023 期，共 1768 期。

（5）重号和连号分布。本书对双色球前区重号和连号情形进行了极为精细的分类，将重号情形细分成了 36 种不同类型，将连号情形细分成了 15 种不同类型，分别统计出其出现次数，并进行了排序，统计周期为双色球 2003001 期至 2015023 期，共 1768 期。这绝对是本书的一个独创，大家在其他任何地方都看不到这样的统计。看完本部分内容，你将对双色球前区重号和连号分布有极为深入的了解和掌握。

（6）断行断列。对断行断列的统计，本书也不同于你所见过的任何统计。双色球前区有 33 个号码，只有将其分成 3 行 11 列或者 3 列 11 行，每行或者每列之间号码个数才会相同。但网上从来没有这样分行分列的。本书将双色球前区 33 个号码分成了 3 行 11 列，并统计出了数十种断行断列情形的出现次数，提出了行列选号法，其中有的方法能够把选号范围缩小到个位数，同时还能够大大提高中奖概率。

书中还有很多方法都是本人独创，这里不再一一列举。

三、说明

本书的一个遗憾是统计周期不完全统一，因为在写作过程中，双色球还在不断开奖，而我又想尽量用更长期限的数据作为统计对象，所以书中有一些统计周期略短，有一些统计周期略长。但书中不存在跨周期进行对比的情况，所以不影响结论的正确性和说服力。同时，本书所有统计都标明了具体的统计周期，绝对不会引起任何混淆。

我想大家读完总论后，一定对本书充满期待。本书不会让大家失望，只要你用心读完本书，并按照书中的方法进行投注，相信你一定会有所收获，甚至有可能中得双色球一等奖。

最后，衷心祝愿大家梦想成真，万事如意。

第二章　双色球详解

双色球——"33 选 6 加 16 选 1"，是中国福利彩票发行管理中心推出的一种全新大盘彩票玩法。

本章主要结合双色球游戏规则，重点从投注方式、奖级设置和中奖规定等方面为大家详细解析双色球，希望能够帮助大家更深入地了解该游戏。

本章亮点：①详细解释了复式投注和胆拖投注的算法。②详细统计了双色球总销量、期均销量和历年销量、历年期均销量。③对双色球各奖级中奖概率进行了极为精确的统计。

第一节　投注

双色球 33 选 6 加 16 选 1 属于双区选号玩法，可以从前区 01~33 共 33 个号码中任意选取 6 个号码，从后区 01~16 共 16 个号码中任意选取 1 个号码组成一注单式投注，号码顺序不限。双色球投注方式分为单式投注、复式投注、胆拖投注和多倍投注。

一、单式投注

单式投注是指从前区 01~33 共 33 个号码中任意选取 6 个号码，并从后区 01~16 共 16 个号码中任意选取 1 个号码构成一个组合进行投注，每注金额 2 元。

二、复式投注

复式投注是指所选号码个数超过单式投注号码个数，所选号码可组合为每一种单式投注的多注投注。

复式投注包括三种形式：

（1）前区复式：从前区 01~33 共 33 个号码中任意选取 7 个以上号码，从后区 01~16 共 16 个号码中任意选取 1 个号码。

（2）后区复式：从前区 01~33 共 33 个号码中任意选取 6 个号码，从后区 01~16 共 16 个号码中任意选取 2 个以上号码。

（3）双区复式：从前区 01~33 共 33 个号码中任意选取 7 个以上号码，从后区 01~16 共 16 个号码中任意选取 2 个以上号码。

复式投注都可以拆分为 2 个以上单式投注。

三、胆拖投注

胆拖投注是指选择少于基本投注号码个数的号码作为每注都包含的号码，也即胆码，再选取除胆码以外的号码作为拖码，由胆码和拖码组合成多注单式投注。

双色球只有前区可以进行胆拖投注，具体方式为：从前区 01~33 共 33 个号码中任意选取 1~5 个号码作为胆码，再选取除胆码以外的号码作为拖码，胆码和拖码共同组成前区投注组合（胆码和拖码个数之和必须大于或等于 7）。

双色球后区只能进行单式投注或复式投注，不能进行胆拖投注。

胆拖投注也都可以拆分为 2 个以上单式投注。

四、多倍投注

购买者可对其选定的投注号码进行多倍投注，投注倍数范围为 2~99 倍。

单式投注、复式投注、胆拖投注均可进行多倍投注，但单张彩票最大投注金额不得超过 2 万元。

五、投注途径

（1）可在各省福彩机构设置的销售网点投注。投注号码经投注机打印出对奖凭证，交购买者保存，此对奖凭证即为双色球彩票。

（2）可选择机选号码投注、自选号码投注。机选号码投注是指由投注机随机产生投注号码进行投注，自选号码投注是指将购买者选定的号码输入投注机进行投注。

（3）若因销售终端故障、通信线路故障和投注站信用额度受限等造成投注不成功，应退还购买者投注金额。

第二节　奖金、奖级和中奖

一、奖金和奖池

双色球分别按当期销售额的50%、15%和35%计提彩票奖金、彩票发行费和彩票公益金。彩票奖金分为当期奖金和调节基金，其中，49%为当期奖金，1%为调节基金。

双色球采取全国统一奖池计奖，奖池资金由未中出的高奖级奖金和超出单注奖金封顶限额部分的奖金组成，奖池资金用于支付一等奖奖金。

调节基金包括按销售总额的1%提取部分、逾期未退票的票款、浮动奖奖金按元取整后的余额。调节基金用于支付不可预见的奖金支出风险，以及设立特别奖。

当一等奖的单注奖金低于二等奖的单注奖金时，将一等奖和二等奖的奖金总额相加，由一等奖和二等奖的中奖者按注均分；当二等奖的单注奖金低于三等奖的单注奖金的两倍时，由调节基金将二等奖的单注奖金补足为三等奖单注奖金的两倍。

双色球的当期奖金和奖池资金不足以兑付当期中奖奖金时，由调节基金补足，调节基金不足时，用彩票兑奖周转金垫支。在出现彩票兑奖周转金垫支的情况下，当调节基金有资金滚入时优先偿还垫支的彩票兑奖周转金。

二、销量

（1）本部分关于双色球销量的统计都是从 2003001 期至 2014152 期，共 1745 期。

（2）统计周期内，双色球总销量为 374587897909 元（第 2006079 期销量为 113367343 元，是个奇数，其他所有期次销量都是偶数），平均每期销量为 214663551.81 元。

（3）单期销量高于 4 亿元的有 61 期，高于 3 亿元低于 4 亿元的有 504 期。

（4）双色球第 2003002 期销量为 7398870 元，是统计周期内单期最低销量；第 2012061 期销量为 451440342 元，是统计周期内单期最高销量。

（5）双色球 2003 年总销量为 2829714538 元，期均销量为 31794545.37 元。

2004 年总销量为 9309839266 元，期均销量为 76310158.16 元。

2005 年总销量为 13112106468 元，期均销量为 85700042.27 元。

2006 年总销量为 16842299541 元，期均销量为 109365581.44 元。

2007 年总销量为 19027822872 元，期均销量为 124364855.37 元。

2008 年总销量为 24730171508 元，期均销量为 160585529.27 元。

2009 年总销量为 34014282042 元，期均销量为 220871961.31 元。

2010 年总销量为 38880202536 元，期均销量为 254118970.82 元。

2011 年总销量为 48745547350 元，期均销量为 318598348.69 元。

2012 年总销量为 54876847832 元，期均销量为 356343167.74 元。

2013 年总销量为 54898574212 元，期均销量为 356484248.13 元。

2014 年总销量为 57320489714 元，期均销量为 377108484.96 元。

从以上统计可以看出，双色球总销量和期均销量都是连年递增的。其中，2014 年总销量超过 573 亿元，期均销量超过 3.7 亿元，这充分说明双色球对广大彩民朋友具有很大的吸引力，并在中国彩票市场占有举足轻重的地位。

三、奖级

双色球奖级设置分为高奖级和低奖级，一等奖和二等奖为高奖级，三等奖至六等奖为低奖级。当期奖金减去当期低奖级奖金为当期高奖级奖金。各奖级和奖金规定如下：

一等奖：当奖池资金低于 1 亿元时，奖金总额为当期高奖级奖金的 75% 与奖池中累积的资金之和，单注奖金按注均分，单注最高 500 万元封顶。当奖池资金高于 1 亿元（含）时，奖金总额包括两部分：一部分为当期高奖级奖金的 55% 与奖池中累积的资金之和，单注奖金按注均分，单注最高 500 万元封顶；另一部分为当期高奖级奖金的 20%，单注奖金按注均分，单注最高 500 万元封顶。

二等奖：奖金总额为当期高奖级奖金的 25%，单注奖金按注均分，单注最高 500 万元封顶。

三等奖：单注奖金固定为 3000 元。

四等奖：单注奖金固定为 200 元。

五等奖：单注奖金固定为 10 元。

六等奖：单注奖金固定为 5 元。

高奖级中奖者按各奖级的中奖注数均分该奖级奖金，并以元为单位取整计算；低奖级中奖者按各奖级的单注固定奖金获得相应奖金。

四、中奖

（1）双色球根据购买者所选的单式投注号码（复式投注和胆拖投注按其包含的每一注单式投注计）与当期开奖号码的相符情况，确定相应的中奖资格。具体规定如下：

一等奖：投注号码与当期开奖号码全部相同（顺序不限，下同），即中奖；

二等奖：投注号码与当期开奖号码中的 6 个红色球号码相同，即中奖；

三等奖：投注号码与当期开奖号码中的任意 5 个红色球号码和 1 个蓝色球号码相同，即中奖；

四等奖：投注号码与当期开奖号码中的任意 5 个红色球号码相同，或与任意

4 个红色球号码和 1 个蓝色球号码相同，即中奖；

五等奖：投注号码与当期开奖号码中的任意 4 个红色球号码相同，或与任意 3 个红色球号码和 1 个蓝色球号码相同，即中奖；

六等奖：投注号码与当期开奖号码中的 1 个蓝色球号码相同，即中奖。

（2）一等奖中奖概率为 1/17721088，约为 0.000005643%；

二等奖中奖概率约为 1/1181405.867，即 0.0000846449%；

三等奖中奖概率约为 1/109389.4321，即 0.0009141651%；

四等奖中奖概率约为 1/2302.935413，即 0.0434228418%；

五等奖中奖概率约为 1/128.9040771，即 0.7757706525%；

六等奖中奖概率约为 1/16.98007742，即 5.8892546552%；

总中奖率约为 6.71%。

（3）表 2-1 为双色球亿元大奖幸运榜，摘自福彩官方网站。

表 2-1　双色球亿元大奖幸运榜

排名	中奖金额（亿元）	开奖时间	期数	中奖地点
1	5.70	2012 年 6 月 12 日	2012068 期	北京朝阳
2	5.65	2011 年 7 月 26 日	2011086 期	浙江绍兴
3	5.2	2014 年 10 月 5 日	2014115 期	山西太原
4	3.599	2009 年 10 月 8 日	2009118 期	河南安阳
5	2.6	2012 年 2 月 7 日	2012014 期	四川巴中
6	2.59	2010 年 8 月 10 日	2010092 期	上海杨浦
7	2.58	2010 年 10 月 5 日	2010116 期	河南驻马店
8	2.2	2012 年 10 月 9 日	2012119 期	山西省太原
9	2.08	2013 年 6 月 16 日	2013069 期	湖北武汉
10	2.01	2014 年 1 月 14 日	2014006 期	江西
11	1.68	2012 年 12 月 25 日	2012152 期	广东湛江
12	1.39	2012 年 11 月 18 日	2012136 期	河南邓州
13	1.3	2013 年 11 月 10 日	2013132 期	陕西榆林
14	1.27	2011 年 4 月 17 日	2011043 期	黑龙江牡丹江
15	1.149	2012 年 6 月 28 日	2012075 期	山东青岛
16	1.138	2007 年 11 月 27 日	2007139 期	甘肃嘉峪关
17	1.09	2013 年 4 月 28 日	2013048 期	河南安阳
18	1.086	2013 年 3 月 5 日	2013025 期	广东广州
19	1.07	2013 年 3 月 24 日	2013033 期	广东广州

从表 2-1 可以看出，双色球奖金成色还是很足的。

第三节　详解复式投注和胆拖投注

一、详解复式投注

（一）复式投注的算法

复式投注的要素是所选号码个数超过基本投注号码个数，比如前区选 7 个以上号码、后区选 2 个以上号码或者前区选 7 个以上号码的同时后区选 2 个以上号码。

假如前区选了 13 个号码，就相当于从 13 个号码里面选择 6 个号码进行组合，有多少种组合，就有多少个前区投注组合。

根据数学上的组合数公式：

$c(n，m) = n! / ((n-m)! \times m!)$，$n \geq m$

即，

$c(13，6) = 13! / 7! \times 6! = 1716$

有 1716 种组合，也就是有 1716 个前区投注组合。

后区道理也是一样的，若前区和后区同时选择超过基本投注号码个数的号码，则将前区和后区所分别组成的组合个数相乘即是总投注个数。例如，前区选了 11 个号码，后区选了 4 个号码，前区有 462 种组合，后区有 4 种组合，则前区和后区共有 $462 \times 4 = 1848$ 种组合，也就是共有 1848 注单式投注。

（二）复式投注的特点

复式投注可以提高彩票包含的投注注数，从而提高中奖概率，并且在中得大奖的情况下，往往还会收获一连串小奖，进一步提高奖金成色。复式投注还具有操作简单、兑奖方便、省时省力等优点，渐渐地被越来越多的彩民朋友所选择和喜爱，逐渐成为了一种主要的投注方式，并且屡屡擒获大奖。不过由于组合的增多，投注金额相应增加，复式投注的风险也被同步放大。在日常应用中，可以将复式投注变成一种选号方式，选好复式投注号码后，运用缩水及过滤软件或者设定特定条件，过滤掉那些出现概率极低的投注组合。比如，选择 11、12、13、14、15、16、17 这七个号码组成前区复式投注，一般情况下六连号的出现概率极低，而这组复式投注中总共包含了两注六连号，我们就可以将这两注六连号过滤掉。

大家一定要善于利用网络资源，网上有很多免费的缩水及过滤软件，可以帮助大家过滤掉一些垃圾投注组合，从而有效减少投注数量。我在这里推荐大家使用旋转矩阵对复式投注进行缩水及过滤，旋转矩阵是世界著名彩票专家、澳大利亚著名数学家底特罗夫研究出来的，它可以帮助大家锁定若干个喜爱的号码并提高中奖概率。

二、详解胆拖投注

（一）胆拖投注的算法

胆拖投注的要素是胆码和拖码，胆码是每注投注都包含的号码，选定胆码后还需选择胆码以外的若干个号码作为拖码，才能共同组成一注投注。前区胆码不得少于 1 个，也不得超过 5 个，胆码和拖码的和不得少于 7 个号码。

如果前区胆码和拖码的和少于 7 个号码，要么无法构成一注前区投注组合，要么只能构成一注前区单式投注组合。比如选取 03、19 作为胆码，选取 20、26、28 作为拖码，总共只有 5 个前区号码，根本无法构成一注前区投注组合；选取 03、19 作为胆码，选取 06、20、26、28 作为拖码，共有 6 个前区号码，则无法形成胆拖投注，只能构成一注前区单式投注组合。胆码和拖码不得重合，因为一个号码不可能在一注单式投注中出现两次。

关于胆拖投注的算法，说起来比较抽象，还是直接举例。假如选取 08、11 两个胆码，15、20、23、29、32、33 六个拖码，这时你每注前区投注组合都包含号码 08、11，由于前区需要 6 个号码才能组成一注投注组合，剩下 4 个号码需要从你选取的 6 个拖码里面进行选择。从 6 个拖码里面选择 4 个号码，不按顺序，有多少种选择就有多少注前区投注组合。这与复式投注是一样的，相当于数学上的组合。根据前述关于组合数的公式可知，本例共有 15 种组合，也就是共有 15 个前区投注组合。

（二）胆拖投注的特点

胆拖投注本质上也是一种复式投注，所以复式投注的优点，胆拖投注都有。同时，胆拖投注还能屏蔽一般复式投注的缺陷。与复式投注相比，在相同的选号范围内，胆拖投注可以大幅减少投注注数、节约投注金额。比如，双色球前区选定 10 个号码进行复式投注，就是 10 选 6，共计 210 注，投注金额为 420 元。若进行胆拖投注选定 4 胆 6 拖的话，只需投注 15 注，投注金额为 30 元，大幅减少了投注注数和投注金额，并且还有可能过滤掉复式投注中出现概率极低的垃圾投注组合。

复式投注属于大范围选号，而胆拖投注则能适当缩小选号范围，同时还能更好地迎合彩民的选号心理。彩民可以选出自己中意的号码作为胆码，再选定适当数量的号码作为拖码，这样不但能够保留自己中意的号码，还能够减少投注注数和投注金额。

近年来，复式投注和胆拖投注渐渐成为中奖利器。但运用时都要注意缩水及过滤，一方面要过滤掉那些出现概率极低的组合；另一方面也要过滤掉曾经中出过 6 个前区号码的组合，毕竟一注号码两次中得双色球 6 个前区号码的概率实在太低了。

网上有很多复式投注和胆拖投注注数、投注金额、中奖情况对比表以及复式投注和胆拖投注计算表、计算器等，大家可以搜索。

第四节　特别提示

（1）不得向未成年人出售彩票或兑付奖金。

（2）双色球按期销售，每周销售三期，期号以开奖日界定，按日历年度编排。2003001 期至 2015055 期总共开出了 1800 期。当然，接下来会继续开奖。

（3）当期每注投注号码只有一次中奖机会，不能兼中兼得，特别设立奖除外。也就是说你的一注单式投注不能中两个或两个以上等级的奖。假如你当期投注中得一等奖，也就是中了6个前区号码加1个后区号码，那你当然也相当于中了6个前区号码加0个后区号码、5个前区号码加1个后区号码等，但你只能中一个等级的奖，就是最高等级的那个一等奖，不能兼中二、三、四、五、六等奖。

（4）双色球兑奖当期有效。中奖者应当自开奖之日起60个自然日内，持中奖彩票到指定的地点兑奖。逾期未兑奖视为弃奖，弃奖奖金纳入彩票公益金。

弃奖事件尤其是弃大奖事件屡屡发生，不容忽视。

2010年6月17日，双色球第2010069期1注1000万元头奖截至2010年8月16日仍未见得主现身领奖，成为中国彩市第一大弃奖；2011年4月12日，双色球第2011041期1注1000万元头奖截至2011年6月12日也未见得主现身领奖，成为弃奖；2012年7月3日，双色球第2012077期1注843万元头奖成为弃奖……

弃奖原因多半是彩民买彩后忘了关注开奖信息，甚至忘了自己曾买彩票这一件事，或者根本不相信自己能中奖，就懒得去关注开奖信息。对此一定要引以为戒，一定要对自己的彩票有信心，要相信自己能够中奖。

（5）中奖彩票为兑奖唯一凭证，中奖彩票因玷污、损坏等不能正确识别的，不能兑奖。现在通过投注站进行投注依然是主要的投注方式，所以要保护好彩票，一旦损毁便无法兑奖，若因此错过大奖，则悔之晚矣。

（6）大家应该随时关注中国福利彩票发行管理中心或者各地福彩中心推出的有关双色球的派奖活动、抽奖活动、促销活动等，这些活动关乎彩民朋友的切身利益，都可能使彩民朋友得到某种实惠。

第三章　前区杀号方法

　　双色球前区选号区间为 01~33 共 33 个号码，从中选出 6 个号码组成一注前区投注组合，共有 1107568 种选择，选择范围十分广泛。

　　那么该如何缩小选择范围、减少投注注数和投注金额、降低投注风险呢？

　　杀号就是不错的方法。本章对双色球前区 613 种杀号方法，根据双色球 2003001 期至 2015023 期这 1768 期的历史开奖数据，进行了系统而又精确的统计、整理、测试、对比和分析，得出了双色球前区各种杀号方法的胜率，为大家找出了最有效的双色球前区杀号方法。

　　在对这些数据进行统计和分析的过程中，我发现了许多特殊现象。比如，当双色球前区第二个号码减第一个号码所得的值为 18 时，下期前区每次都开出号码 18；当双色球前区第三个号码减第一个号码所得的值为 20、21 或 24 时，使用第三个号码减第一个号码所得的值杀号法胜率为 100%……

　　这一类特殊现象还有很多，我会在本章列举出来，供大家参考。

　　从某种意义上说，这些特殊的双色球前区出号现象意味着本书找到了在特定条件下杀号和定胆成功率高达 100% 的方法。

第一节　概述

一、概念

杀号就是将下期开奖中你认为不会出现的号码剔除，从而缩小选号范围、减少投注注数和投注金额、降低投注风险的方法。比如，如果你认为号码 18 不会在下期开奖中出现，你就可以把号码 18 从你的选号范围内剔除，你的每一注投注组合都不会包含号码 18。

杀号可能杀对，也可能杀错。比如号码 18，如果下期没有开出号码 18，你就杀对了；如果下期开出了号码 18，你就杀错了。正因如此，才有必要寻找一些杀号成功率较高的方法。

二、规则

第一条，本规则适用于本章所有的杀号方法，本章一律将本规则简称为"杀号规则"。

第二条，一个数值对应一个号码，比如数值 1 对应号码 01、数值 2 对应号码 02、数值 3 对应号码 03……相同的数值，无论有多少个，都对应且只对应同一个号码。

第三条，数值若在 1~33 范围内，则直接杀该数值对应的号码。

第四条，数值若超出 1~33 的范围，则按以下规则进行杀号：

1）数值为 0，杀号码 10。

2）数值尾数为 0，杀号码 10。比如数值为 40、50、60……时，都杀号码 10。数值尾数即数值的个位数。

3）数值尾数不为 0，杀其尾数对应的号码。比如，数值为 34 时，杀其尾数 4 对应的号码 04；数值为 35 时，杀其尾数 5 对应的号码 05；数值为 44 时，杀其尾数 4 对应的号码 04；数值为 45 时，杀其尾数 5 对应的号码 05……

4）数值为负时，取其绝对值进行杀号，绝对值超出 1~33 的范围时按本条第 2 项、第 3 项的规定杀号。比如，数值为–1 时，杀其绝对值 1 对应的号码 01；数值为–2 时，杀其绝对值 2 对应的号码 02；数值为–3 时，杀其绝对值 3 对应的号码 03……数值为–34 时，杀其绝对值 34 的尾数 4 对应的号码 04；数值为–35 时，杀其绝对值 35 的尾数 5 对应的号码 05；数值为–44 时，杀其绝对值 44 的尾数 4 对应的号码 04；数值为–55 时，杀其绝对值 55 的尾数 5 对应的号码 05……

三、杀号胜率

杀号胜率是在一个特定的统计周期内，杀号成功次数与测试总次数的比率。假如这里给定某种杀号方法，统计周期为 101 期，测试总次数为 100 次。如果运用该杀号方法杀号成功 80 次，那么杀号胜率就是 80%。

总论里面说过，双色球前区杀 1 个号码的理论胜率为 81.82%。

第二节 前区号码互减所得的值杀号法

一、概念

（1）前区号码互减所得的值就是双色球当期前区 6 个号码两两相减所得的值。这里规定用大的号码减小的号码，也就是将双色球前区 6 个开奖号码按由小到大的顺序进行排列后，用后面的号码减前面的号码。比如，双色球 2005036 期前区开出 12、19、20、21、26、31，那么前区号码互减所得的值就是 19–12=7、20–12=8、21–12=9、26–12=14、31–12=19、20–19=1、21–19=2、26–19=7、31–19=12、21–20=1、26–20=6、31–20=11、26–21=5、31–21=10、31–26=5。

（2）前区号码互减所得的值杀号法是用双色球当期前区号码互减所得的值对应的号码分别杀下期前区 1 个号码的方法。比如，双色球 2005108 期前区开出

03、10、12、24、29、30，前区号码互减所得的值分别为 7、9、21、26、27、2、14、19、20、12、17、18、5、6、1，其对应的号码按由小到大的顺序进行排列后分别为 01、02、05、06、07、09、12、14、17、18、19、20、21、26、27，那么下期前区选号时就可以剔除这些号码中的任意一个，假如这里剔除号码 20，结果双色球第 2005109 期前区开出 03、05、13、15、17、31，号码 20 没有开出，杀号成功。

二、分类

双色球前区 6 个号码两两相减共有 15 个取值，所以有 15 种不同的杀号方法，分别为：

（1）第六个号码减第一个号码所得的值杀号法，就是用双色球当期前区第六个号码减第一个号码所得的值对应的号码杀下期前区 1 个号码的方法，本章统一用 A_{6-1} 指代这种杀号方法。比如，双色球第 2005097 期前区开出 05、10、23、27、28、30，第六个号码减第一个号码所得的值为 25，其对应的号码是 25，那么下期前区选号时就可以剔除号码 25，结果双色球第 2005098 期前区开出 12、15、19、22、31、33，号码 25 没有开出，杀号成功。

第一个号码是双色球前区 6 个开奖号码按由小到大的顺序进行排列后处于第一位的号码；第二个号码是双色球前区 6 个开奖号码按由小到大的顺序进行排列后处于第二位的号码；第三个号码是双色球前区 6 个开奖号码按由小到大的顺序进行排列后处于第三位的号码……

（2）第六个号码减第二个号码所得的值杀号法，这里不再详述及举例（下同），本章统一用 A_{6-2} 指代这种杀号方法。

（3）第六个号码减第三个号码所得的值杀号法，本章统一用 A_{6-3} 指代这种杀号方法。

……

（15）第二个号码减第一个号码所得的值杀号法，本章统一用 A_{2-1} 指代这种杀号方法。

三、数据与分析

（1）表 3-1 为双色球前区号码互减所得的值杀号法所包含的 15 种不同杀号方法的胜率统计表，统计周期为双色球 2003001 期至 2015023 期，共 1768 期，该表已经按胜率由高到低进行了排序。

表 3-1　统计（一）

杀号方法	成功次数	失败次数	胜率（%）
A_{6-1}	1460	307	82.63
A_{6-4}	1458	309	82.51
A_{5-2}	1455	312	82.34
A_{5-4}	1449	318	82.00
A_{4-1}	1448	319	81.95
A_{3-1}	1444	323	81.72
A_{6-3}	1443	324	81.66
A_{4-3}	1441	326	81.55
A_{3-2}	1439	328	81.44
A_{6-2}	1439	328	81.44
A_{5-3}	1437	330	81.32
A_{6-5}	1433	334	81.10
A_{5-1}	1429	338	80.87
A_{2-1}	1425	342	80.65
A_{4-2}	1411	356	79.85

（2）由于统计周期为 1768 期，所以以上每种杀号方法测试总次数都是 1767 次，下同。

（3）从表 3-1 可以看出，A_{6-1} 胜率最高，A_{4-2} 胜率最低，但这些杀号方法胜率与理论胜率都相差无几，所以我不建议大家使用前区号码互减所得的值杀号法进行杀号。

（4）之所以统计这些杀号方法，是因为网上到处都有对这些杀号方法的介绍乃至吹嘘。现在大家通过以上表格能够清晰地看出这些杀号方法的胜率，所以对网上那些介绍乃至吹嘘就不必关注了。

（5）以表格的形式反映杀号方法的胜率，直截了当、一目了然。大家可以根据上面的表格自主决定采用何种杀号方法进行杀号。

四、特殊现象

在对双色球前区号码互减所得的值杀号法进行统计的过程中，我发现在双色球 2003001 期至 2015023 期这 1768 期中都有效的特殊现象，列举如下：

（1）当双色球前区第二个号码减第一个号码所得的值为 18 时，下期每次都开出号码 18。比如，双色球第 2010083 期前区开出 02、20、21、22、23、31，第二个号码减第一个号码所得的值为 18，结果双色球第 2010084 期前区开出 02、10、14、18、20、30，开出了号码 18。再比如，双色球第 2010145 期前区开出 03、21、24、27、28、31，第二个号码减第一个号码所得的值为 18，结果双色球第 2010146 期前区开出 01、17、18、22、25、32，开出了号码 18。

（2）当双色球前区第二个号码减第一个号码所得的值为 19 时，下期从来没有开出过号码 19。也就是说，当双色球前区第二个号码减第一个号码所得的值为 19 时，使用第二个号码减第一个号码所得的值杀号法胜率为 100%。比如，双色球第 2010053 期前区开出 03、22、24、27、28、30，第二个号码减第一个号码所得的值为 19，那么下期前区选号时就可以剔除号码 19，结果双色球第 2010054 期前区开出 01、06、08、12、14、25，号码 19 没有开出，杀号成功。由于本章发现了很多特殊现象，所以为精简文字，举例到此为止，以后本章提到特殊现象时都不再举例。

（3）当双色球前区第三个号码减第一个号码所得的值为 20、21 或 24 时，使用第三个号码减第一个号码所得的值杀号法胜率为 100%。

（4）当双色球前区第四个号码减第一个号码所得的值为 28 或 30 时，使用第四个号码减第一个号码所得的值杀号法胜率为 100%。

（5）当双色球前区第五个号码减第一个号码所得的值为 28 或 31 时，使用第五个号码减第一个号码所得的值杀号法胜率为 100%。

（6）当双色球前区第三个号码减第二个号码所得的值为 17 或 20 时，使用第三个号码减第二个号码所得的值杀号法胜率为 100%。

（7）当双色球前区第四个号码减第二个号码所得的值为 24 时，使用第四个号码减第二个号码所得的值杀号法胜率为 100%。

（8）当双色球前区第五个号码减第二个号码所得的值为 3 或 29 时，使用第五个号码减第二个号码所得的值杀号法胜率为 100%。

（9）当双色球前区第六个号码减第二个号码所得的值为 6 或 9 时，使用第六个号码减第二个号码所得的值杀号法胜率为 100%。

（10）当双色球前区第六个号码减第三个号码所得的值为 28 时，使用第六个号码减第三个号码所得的值杀号法胜率为 100%。

（11）当双色球前区第五个号码减第四个号码所得的值为 15 时，使用第五个号码减第四个号码所得的值杀号法胜率为 100%。

（12）当双色球前区第六个号码减第四个号码所得的值为 21 或 24 时，使用第六个号码减第四个号码所得的值杀号法胜率为 100%。

这里需注意以下三点：①以上现象都不是只出现一两次的特例，但出现次数也不是特别多。②虽然以上现象在双色球 2003001 期至 2015023 期这 1768 期中都是有效的，但不代表以后永远都有效。③大家遇到以上现象时应当予以重视，毕竟在过去的 1768 期中当以上现象出现时，使用相应的杀号或定胆方法胜率为 100%。

这三点适用于本章发现的所有特殊现象，后面不再解释。

第三节　前区号码互加所得的值杀号法

一、概念

（1）前区号码互加所得的值就是双色球当期前区六个号码两两相加所得的值。比如，双色球第 2007018 期前区开出 01、12、18、20、21、26，那么前区号码互加所得的值就是 1+12=13、1+18=19、1+20=21、1+21=22、1+26=27、12+18=30、12+20=32、12+21=33、12+26=38、18+20=38、18+21=39、18+26=44、20+21=41、20+26=46、21+26=47。

（2）前区号码互加所得的值杀号法就是用双色球当期前区号码互加所得的值

对应的号码分别杀下期前区一个号码的方法。比如，双色球第 2007019 期前区开出 04、11、16、23、29、31，前区号码互加所得的值分别为 15、20、27、33、35、27、34、40、42、39、45、47、52、54、60，按照杀号规则的规定，此时应该从下面这些号码中选择要杀的号码：15、20、27、33、05、27、04、10、02、09、05、07、02、04、10，假如这里杀号码 02，结果双色球第 2007020 期前区开出 05、10、16、20、28、31，号码 02 没有开出，杀号成功。

二、分类

双色球前区 6 个号码两两相加共有 15 个取值，所以就有 15 种不同的杀号方法。

（1）第六个号码加第一个号码所得的值杀号法，就是用双色球当期前区第六个号码加第一个号码所得的值对应的号码杀下期前区 1 个号码的方法，本章统一用 B_{6+1} 指代这种杀号方法。比如，双色球第 2005097 期前区开出 05、10、23、27、28、30，第六个号码加第一个号码所得的值为 25，其对应的号码就是 25，那么下期前区选号时就可以剔除号码 25，结果双色球第 2005098 期前区开出 12、15、19、22、31、33，号码 25 没有开出，杀号成功。

（2）第六个号码加第二个号码所得的值杀号法，这里不再详述及举例（下同），本章统一用 B_{6+2} 指代这种杀号方法。

（3）第六个号码加第三个号码所得的值杀号法，本章统一用 B_{6+3} 指代这种杀号方法。

……

（15）第二个号码加第一个号码所得的值杀号法，本章统一用 B_{2+1} 指代这种杀号方法。

三、数据与分析

（1）表 3-2 为双色球前区号码互加所得的值杀号法所包含的 15 种不同杀号方法的胜率统计表，统计周期为双色球 2003001 期至 2015023 期，共 1768 期，该表已经按胜率由高到低进行了排序。

表 3-2　统计（二）

杀号方法	成功次数	失败次数	胜率（%）
B_{5+2}	1472	295	83.31
B_{6+2}	1466	301	82.97
B_{6+4}	1465	302	82.91
B_{5+3}	1454	313	82.29
B_{5+1}	1451	316	82.12
B_{6+3}	1451	316	82.12
B_{2+1}	1448	319	81.95
B_{4+1}	1448	319	81.95
B_{4+3}	1448	319	81.95
B_{5+4}	1447	320	81.89
B_{3+2}	1446	321	81.83
B_{4+2}	1443	324	81.66
B_{6+1}	1436	331	81.27
B_{3+1}	1428	339	80.81
B_{6+5}	1420	347	80.36

（2）从表 3-2 可以看出，B_{5+2} 胜率最高，B_{6+5} 胜率最低，而且 B_{5+2} 胜率已明显高于理论胜率，所以如果大家使用前区号码互加所得的值杀号法进行杀号的话，我建议大家使用 B_{5+2} 进行杀号。

四、特殊现象

在对双色球前区号码互加所得的值杀号法进行统计的过程中，我发现在双色球 2003001 期至 2015023 期这 1768 期中都有效的特殊现象，列举如下：

（1）当双色球前区第二个号码加第一个号码所得的值为 31 或 33 时，使用第二个号码加第一个号码所得的值杀号法胜率为 100%。

（2）按照杀号规则的规定，双色球前区第四个号码加第一个号码所得的值杀号法杀号码 03 时胜率为 100%。

（3）当双色球前区第六个号码加第一个号码所得的值为 21 时，使用第六个号码加第一个号码所得的值杀号法胜率为 100%。

（4）当双色球前区第四个号码加第二个号码所得的值为 11 时，使用第四个号码加第二个号码所得的值杀号法，胜率为100%。

（5）当双色球前区第五个号码加第二个号码所得的值为11、13、14或15时，使用第五个号码加第二个号码所得的值杀号法胜率为100%。

（6）当双色球前区第六个号码加第二个号码所得的值为15、18、21或23时，使用第六个号码加第二个号码所得的值杀号法胜率为100%。

（7）当双色球前区第五个号码加第四个号码所得的值为13、14、15、16、17、20、21或22时，使用第五个号码加第四个号码所得的值杀号法胜率为100%。

（8）当双色球前区第六个号码加第四个号码所得的值为19、22、23、25、26、27或28时，使用第六个号码加第四个号码所得的值杀号法胜率为100%。

（9）当双色球前区第六个号码加第五个号码所得的值为24、26、27、31或33时，使用第六个号码加第五个号码所得的值杀号法胜率为100%。

第四节　前区号码加减特定数值所得的值杀号法

一、概念

（1）前区号码加减特定数值所得的值就是双色球当期前区6个号码分别加减特定数值所得的值。比如，双色球第2005036期前区开出12、19、20、21、26、31，那么前区号码加减1所得的值就是12-1=11、12+1=13、19-1=18、19+1=20、20-1=19、20+1=21、21-1=20、21+1=22、26-1=25、26+1=27、31-1=30、31+1=32。

（2）前区号码加减特定数值所得的值杀号法，就是用双色球当期前区号码加减特定数值所得的值对应的号码分别杀下期前区1个号码的方法。比如，双色球第2005108期前区开出03、10、12、24、29、30，前区号码加减30所得的值分别为33、-27、40、-20、42、-18、54、-6、59、-1、60、0，按照杀号规则的规定，此时应该从下面这些号码中选择要杀的号码：33、27、10、20、02、18、

04、06、09、01、10、10，假如这里杀号码 02，结果双色球第 2005109 期前区开出 03、05、13、15、17、31，号码 02 没有开出，杀号成功。

二、分类

（一）具体类别

本章统计了双色球前区 6 个号码分别加减 0~33、67~69 和神秘数字 142857 这 38 个特定数值的情况，双色球前区 6 个号码分别加减这些特定数值总共有 450 个取值，所以就有 450 种不同的杀号方法。

（1）第一个号码减 1 所得的值杀号法，就是用双色球当期前区第一个号码减 1 所得的值对应的号码杀下期前区 1 个号码的方法，本章统一用 C_{1-1} 指代这种杀号方法。比如，双色球第 2005097 期前区开出 05、10、23、27、28、30，第一个号码减 1 所得的值为 4，其所对应的号码就是 04，那么下期前区选号时就可以剔除号码 04，结果双色球第 2005098 期前区开出 12、15、19、22、31、33，号码 04 没有开出，杀号成功。

（2）第一个号码加 1 所得的值杀号法，这里不再详述及举例（下同），本章统一用 C_{1+1} 指代这种杀号方法。

（3）第二个号码减 1 所得的值杀号法，本章统一用 C_{2-1} 指代这种杀号方法。

……

（444）第六个号码加 142857 所得的值杀号法，本章统一用 $C_{6+142857}$ 指代这种杀号方法。

（445）第一个号码加减 0 所得的值杀号法，本章统一用 C_1 指代这种杀号方法。

……

（450）第六个号码加减 0 所得的值杀号法，本章统一用 C_6 指代这种杀号方法。

（二）说明

（1）本章统一用大写字母 C 带下标的方式指代前区号码加减特定数值所得的值杀号法，这些下标都由以下三部分组成：

第一部分为数字，表示不同位置的号码。比如"1"表示第一个号码、"2"表示第二个号码……

第二部分为运算符号，"+"即加号，"−"即减号。

第三部分也是数字，表示具体的数值。

比如，C_{3-14} 就指代第三个号码减 14 所得的值杀号法、C_{5+68} 就指代第五个号码加 68 所得的值杀号法、C_{2+17} 就指代第二个号码加 17 所得的值杀号法……

（2）需要特别说明的是双色球前区号码加减 0 的情况，这种情况相当于用双色球前区 6 个号码分别杀下期前区 1 个号码，所以统一用大写字母 C 带数字下标的方式指代这些杀号方法，这些下标只有数字部分，该数字表示双色球前区对应的号码。比如，C_1 指代第一个号码加减 0 所得的值杀号法、C_2 指代第二个号码加减 0 所得的值杀号法、C_3 指代第三个号码加减 0 所得的值杀号法……

（3）之所以统计双色球前区 6 个号码分别加减 1~33 的情况，是因为双色球前区是从 01~33 这 33 个号码中选取 6 个号码组成一注前区投注组合。把双色球前区 6 个号码分别加减 0 的情况也统计上，则是为了测试用双色球前区 6 个号码本身杀下期前区号码的情况。之所以统计双色球前区 6 个号码分别加减 67~69 的情况，是因为双色球前区 6 个号码分别加减 67~69 所得的值都超出了 1~33 的范围，我要测试一下这种情况下这些杀号方法的胜率。之所以统计双色球前区 6 个号码分别加减 142857 的情况，是因为网上到处流传着关于这个数字的神秘传说，并且还有很多网友问这个数字与彩票有没有关系。为了验证这一点，我统计了这种情况。

三、数据与分析

（1）表 3–3 为双色球前区号码加减特定数值所得的值杀号法所包含的 450 种不同杀号方法的胜率统计表，统计周期为双色球 2003001 期至 2015023 期，共1768 期，该表已经按胜率由高到低进行了排序。

表 3–3　统计（三）

杀号方法	成功次数	失败次数	胜率（%）
C_{2+2}	1495	272	84.61
C_{3+15}	1492	275	84.44
C_{1+27}	1487	280	84.15

续表

杀号方法	成功次数	失败次数	胜率（%）
C_{1+20}	1486	281	84.10
C_{3-29}	1485	282	84.04
C_{4+1}	1484	283	83.98
C_{3-1}	1483	284	83.93
C_{4+23}	1483	284	83.93
C_{5-4}	1481	286	83.81
C_{1-26}	1480	287	83.76
C_{2-18}	1479	288	83.70
C_{4-31}	1479	288	83.70
C_{2-28}	1478	289	83.64
C_{4+33}	1478	289	83.64
C_{1+18}	1477	290	83.59
C_{2+19}	1477	290	83.59
C_{4-17}	1477	290	83.59
C_{6+1}	1477	290	83.59
C_{1-20}	1475	292	83.47
C_{6-21}	1475	292	83.47
C_{1+28}	1474	293	83.42
C_{5-12}	1472	295	83.31
C_{1-16}	1471	296	83.25
C_{2+4}	1471	296	83.25
C_{3}	1470	297	83.19
C_{4+11}	1470	297	83.19
C_{4+8}	1470	297	83.19
C_{6+9}	1470	297	83.19
C_{6-5}	1470	297	83.19
C_{1+5}	1469	298	83.14
C_{1+24}	1468	299	83.08
C_{1-12}	1468	299	83.08
C_{2-14}	1468	299	83.08
C_{3+25}	1468	299	83.08
C_{6-1}	1468	299	83.08
C_{4+14}	1467	300	83.02
C_{6-8}	1467	300	83.02
C_{1+4}	1466	301	82.97
C_{1-22}	1466	301	82.97
C_{3+21}	1466	301	82.97

续表

杀号方法	成功次数	失败次数	胜率（%）
C_{3+7}	1466	301	82.97
C_{3-30}	1466	301	82.97
C_{2+14}	1465	302	82.91
C_{4+13}	1465	302	82.91
C_{4+19}	1465	302	82.91
C_{4+20}	1465	302	82.91
C_{2+15}	1464	303	82.85
C_{3+9}	1464	303	82.85
C_{5-30}	1464	303	82.85
C_{6-13}	1464	303	82.85
C_{2+32}	1463	304	82.80
C_{2-26}	1463	304	82.80
C_{3-25}	1463	304	82.80
C_{4+6}	1463	304	82.80
C_{5-11}	1463	304	82.80
C_{1+22}	1462	305	82.74
C_{2-24}	1462	305	82.74
C_{4+3}	1462	305	82.74
C_{6+14}	1462	305	82.74
C_{6-14}	1462	305	82.74
C_{1-28}	1461	306	82.68
C_{1-68}	1461	306	82.68
C_{3-21}	1461	306	82.68
C_2	1460	307	82.63
C_{2+30}	1460	307	82.63
C_{2-22}	1460	307	82.63
C_{2-68}	1460	307	82.63
C_{3+17}	1460	307	82.63
C_{3+69}	1460	307	82.63
C_{5+1}	1460	307	82.63
C_{5+19}	1460	307	82.63
C_{5+29}	1460	307	82.63
C_{5+69}	1460	307	82.63
C_{6+24}	1460	307	82.63
C_{2+18}	1459	308	82.57
C_{2+26}	1459	308	82.57
C_{3-15}	1459	308	82.57

续表

杀号方法	成功次数	失败次数	胜率（%）
C_{3-4}	1459	308	82.57
C_{4+17}	1459	308	82.57
C_{4+29}	1459	308	82.57
C_{4+30}	1459	308	82.57
C_{4+69}	1459	308	82.57
C_{4-7}	1459	308	82.57
C_{6-68}	1459	308	82.57
C_{1+12}	1458	309	82.51
C_{2+16}	1458	309	82.51
C_{2+27}	1458	309	82.51
C_{2-27}	1458	309	82.51
C_{2-69}	1458	309	82.51
C_{5+13}	1458	309	82.51
C_{6+2}	1458	309	82.51
C_{1-2}	1457	310	82.46
$C_{2+142857}$	1457	310	82.46
C_{2+67}	1457	310	82.46
C_{2-33}	1457	310	82.46
C_{4-29}	1457	310	82.46
C_{5+14}	1457	310	82.46
C_{5+2}	1457	310	82.46
C_{5+7}	1457	310	82.46
C_{1+2}	1456	311	82.40
C_{1-24}	1456	311	82.40
C_{2+20}	1456	311	82.40
C_{3+29}	1456	311	82.40
C_{4-21}	1456	311	82.40
C_{4-24}	1456	311	82.40
C_{5+4}	1456	311	82.40
C_{6+13}	1456	311	82.40
C_{6-28}	1456	311	82.40
C_{1-30}	1455	312	82.34
C_{3-5}	1455	312	82.34
C_{5-26}	1455	312	82.34
C_{6-15}	1455	312	82.34
C_{1-6}	1454	313	82.29
C_{1-8}	1454	313	82.29

杀号方法	成功次数	失败次数	胜率（%）
C_{2+21}	1454	313	82.29
C_{3-23}	1454	313	82.29
C_{3-69}	1454	313	82.29
C_{4-30}	1454	313	82.29
C_{5+22}	1454	313	82.29
$C_{5-142857}$	1454	313	82.29
C_{5-25}	1454	313	82.29
C_{5-67}	1454	313	82.29
C_{1+17}	1453	314	82.23
C_{1+68}	1453	314	82.23
C_{3+18}	1453	314	82.23
C_{4-20}	1453	314	82.23
C_{5+16}	1453	314	82.23
C_{5-10}	1453	314	82.23
C_{6+12}	1453	314	82.23
C_{6+19}	1453	314	82.23
C_{6+29}	1453	314	82.23
C_{6+69}	1453	314	82.23
C_{6+7}	1453	314	82.23
C_{1+11}	1452	315	82.17
C_{1+32}	1452	315	82.17
C_{1+6}	1452	315	82.17
C_{1-29}	1452	315	82.17
C_{2+22}	1452	315	82.17
C_{3+2}	1452	315	82.17
C_{5+32}	1452	315	82.17
C_{5+6}	1452	315	82.17
C_{6-17}	1452	315	82.17
C_{6-2}	1452	315	82.17
C_{1+69}	1451	316	82.12
C_{1+9}	1451	316	82.12
C_{1-13}	1451	316	82.12
C_{1-18}	1451	316	82.12
C_{4+12}	1451	316	82.12
C_5	1451	316	82.12
C_{5-2}	1451	316	82.12
C_{6+17}	1451	316	82.12

续表

杀号方法	成功次数	失败次数	胜率（%）
C_{6-26}	1451	316	82.12
C_{6-69}	1451	316	82.12
C_{6-9}	1451	316	82.12
C_{2-13}	1450	317	82.06
C_{2-9}	1450	317	82.06
C_{3-17}	1450	317	82.06
C_{4-10}	1450	317	82.06
C_{5+15}	1450	317	82.06
$C_{6+142857}$	1450	317	82.06
C_{6+27}	1450	317	82.06
C_{6+3}	1450	317	82.06
C_{6+67}	1450	317	82.06
C_{2+7}	1449	318	82.00
C_{2-31}	1449	318	82.00
C_{4-4}	1449	318	82.00
C_{5+5}	1449	318	82.00
C_{5-16}	1449	318	82.00
C_6	1449	318	82.00
C_{5-10}	1449	318	82.00
C_{1-27}	1448	319	81.95
C_{2+3}	1448	319	81.95
C_{4-11}	1448	319	81.95
C_{4-22}	1448	319	81.95
C_{5+10}	1448	319	81.95
C_{5+12}	1448	319	81.95
C_{5-24}	1448	319	81.95
C_{5-27}	1448	319	81.95
C_{2+69}	1447	320	81.89
C_{2+8}	1447	320	81.89
C_{3+14}	1447	320	81.89
C_{3-2}	1447	320	81.89
C_{4+22}	1447	320	81.89
C_{4-1}	1447	320	81.89
C_{4-23}	1447	320	81.89
C_{4-26}	1447	320	81.89
C_{5+8}	1447	320	81.89
C_{6+22}	1447	320	81.89

续表

杀号方法	成功次数	失败次数	胜率（%）
C_{6+23}	1447	320	81.89
C_{6+32}	1447	320	81.89
C_{6+33}	1447	320	81.89
C_{6-3}	1447	320	81.89
C_{6-30}	1447	320	81.89
C_{1+23}	1446	321	81.83
C_{1+26}	1446	321	81.83
C_{3+10}	1446	321	81.83
C_{3+33}	1446	321	81.83
C_{3+4}	1446	321	81.83
C_{4-15}	1446	321	81.83
C_{5+24}	1446	321	81.83
C_{5-23}	1446	321	81.83
C_{5-6}	1446	321	81.83
$C_{6-142857}$	1446	321	81.83
C_{6-67}	1446	321	81.83
C_{1-33}	1445	322	81.78
C_{2+17}	1445	322	81.78
C_{2-20}	1445	322	81.78
C_{3-26}	1445	322	81.78
C_{3-68}	1445	322	81.78
C_{4+2}	1445	322	81.78
C_{4-3}	1445	322	81.78
C_{5-33}	1445	322	81.78
C_{6-18}	1445	322	81.78
C_1	1444	323	81.72
C_{2-25}	1444	323	81.72
C_{2-8}	1444	323	81.72
C_{3+1}	1444	323	81.72
C_{3-19}	1444	323	81.72
C_{4-6}	1444	323	81.72
C_{4-69}	1444	323	81.72
C_{5-19}	1444	323	81.72
C_{6-23}	1444	323	81.72
C_{6-27}	1444	323	81.72
C_{1-1}	1443	324	81.66
C_{3+13}	1443	324	81.66

杀号方法	成功次数	失败次数	胜率（%）
C_{3-14}	1443	324	81.66
C_{4+24}	1443	324	81.66
C_{4+9}	1443	324	81.66
C_{5+23}	1443	324	81.66
C_{5+25}	1443	324	81.66
C_{5-15}	1443	324	81.66
C_{2-16}	1442	325	81.61
C_{4-32}	1442	325	81.61
C_{5+30}	1442	325	81.61
C_{6+6}	1442	325	81.61
C_{1+10}	1441	326	81.55
C_{1+8}	1441	326	81.55
C_{2+24}	1441	326	81.55
C_{2-29}	1441	326	81.55
C_{2-3}	1441	326	81.55
C_{2-30}	1441	326	81.55
C_{3+23}	1441	326	81.55
C_{3+8}	1441	326	81.55
C_{4}	1441	326	81.55
C_{4+32}	1441	326	81.55
C_{4+7}	1441	326	81.55
C_{5+18}	1441	326	81.55
C_{5-13}	1441	326	81.55
C_{5-69}	1441	326	81.55
C_{6+15}	1441	326	81.55
C_{6+4}	1441	326	81.55
C_{1+14}	1440	327	81.49
$C_{1+142857}$	1440	327	81.49
C_{1+30}	1440	327	81.49
C_{1+67}	1440	327	81.49
C_{2+1}	1440	327	81.49
C_{2+29}	1440	327	81.49
C_{3+19}	1440	327	81.49
C_{4-16}	1440	327	81.49
C_{5+3}	1440	327	81.49
C_{5+33}	1440	327	81.49
C_{6-16}	1440	327	81.49

续表

杀号方法	成功次数	失败次数	胜率（%）
C_{1-7}	1439	328	81.44
C_{2+13}	1439	328	81.44
C_{2+5}	1439	328	81.44
C_{2+6}	1439	328	81.44
C_{2-1}	1439	328	81.44
C_{2-21}	1439	328	81.44
C_{3+16}	1439	328	81.44
C_{3+24}	1439	328	81.44
C_{3-12}	1439	328	81.44
C_{3-18}	1439	328	81.44
$C_{4+142857}$	1439	328	81.44
C_{4+67}	1439	328	81.44
C_{4-28}	1439	328	81.44
C_{5-18}	1439	328	81.44
C_{6+25}	1439	328	81.44
C_{6-29}	1439	328	81.44
C_{1+29}	1438	329	81.38
C_{1-10}	1438	329	81.38
C_{1-11}	1438	329	81.38
C_{1-4}	1438	329	81.38
C_{2+33}	1438	329	81.38
C_{3+28}	1438	329	81.38
$C_{3-142857}$	1438	329	81.38
C_{3-67}	1438	329	81.38
C_{4+10}	1438	329	81.38
C_{4+27}	1438	329	81.38
C_{4+4}	1438	329	81.38
C_{5+20}	1438	329	81.38
C_{6+10}	1438	329	81.38
C_{6-31}	1438	329	81.38
C_{1+16}	1437	330	81.32
C_{2+10}	1437	330	81.32
C_{2+25}	1437	330	81.32
C_{2+31}	1437	330	81.32
C_{2-12}	1437	330	81.32
C_{2-17}	1437	330	81.32
C_{3+11}	1437	330	81.32

杀号方法	成功次数	失败次数	胜率（%）
C_{3+26}	1437	330	81.32
C_{3+31}	1437	330	81.32
C_{3-28}	1437	330	81.32
C_{3-9}	1437	330	81.32
C_{5-29}	1437	330	81.32
C_{6+20}	1437	330	81.32
C_{6+30}	1437	330	81.32
C_{6+5}	1437	330	81.32
C_{6-6}	1437	330	81.32
C_{2-11}	1436	331	81.27
C_{2-4}	1436	331	81.27
C_{3+30}	1436	331	81.27
C_{3-31}	1436	331	81.27
C_{4-8}	1436	331	81.27
$C_{5+142857}$	1436	331	81.27
C_{5+27}	1436	331	81.27
C_{5+67}	1436	331	81.27
C_{5-21}	1436	331	81.27
C_{6-33}	1436	331	81.27
$C_{1-142857}$	1435	332	81.21
C_{1-15}	1435	332	81.21
C_{1-67}	1435	332	81.21
C_{2+12}	1435	332	81.21
C_{3+12}	1435	332	81.21
C_{3+6}	1435	332	81.21
C_{3-27}	1435	332	81.21
C_{3-8}	1435	332	81.21
C_{5-3}	1435	332	81.21
C_{6+21}	1435	332	81.21
C_{6+31}	1435	332	81.21
C_{6-22}	1435	332	81.21
C_{1+31}	1434	333	81.15
C_{3+32}	1434	333	81.15
C_{3+68}	1434	333	81.15
C_{3-16}	1434	333	81.15
$C_{4-142857}$	1434	333	81.15
C_{4-5}	1434	333	81.15

续表

杀号方法	成功次数	失败次数	胜率（%）
C_{4-67}	1434	333	81.15
C_{5-20}	1434	333	81.15
C_{6-4}	1434	333	81.15
C_{2-32}	1433	334	81.10
C_{3-6}	1433	334	81.10
C_{5+11}	1433	334	81.10
C_{5+26}	1433	334	81.10
C_{1-25}	1432	335	81.04
C_{1-31}	1432	335	81.04
C_{3-20}	1432	335	81.04
C_{3-32}	1432	335	81.04
C_{3-7}	1432	335	81.04
C_{5-68}	1432	335	81.04
C_{6-25}	1432	335	81.04
C_{2+23}	1431	336	80.98
C_{3+22}	1431	336	80.98
C_{4-18}	1431	336	80.98
C_{4-9}	1431	336	80.98
C_{5+28}	1431	336	80.98
C_{5+68}	1431	336	80.98
C_{5-28}	1431	336	80.98
C_{5-7}	1431	336	80.98
C_{5-8}	1431	336	80.98
C_{1+7}	1430	337	80.93
C_{1-23}	1430	337	80.93
C_{1-32}	1430	337	80.93
C_{2-7}	1430	337	80.93
C_{5-17}	1430	337	80.93
C_{6+11}	1430	337	80.93
C_{6-19}	1430	337	80.93
C_{1+19}	1429	338	80.87
C_{1-17}	1429	338	80.87
C_{1-3}	1429	338	80.87
C_{3+20}	1429	338	80.87
C_{3+27}	1429	338	80.87
C_{5-1}	1429	338	80.87
C_{1+25}	1428	339	80.81

续表

杀号方法	成功次数	失败次数	胜率（%）
C_{2-15}	1428	339	80.81
C_{3-10}	1428	339	80.81
C_{3-22}	1428	339	80.81
C_{4+18}	1428	339	80.81
C_{4+25}	1428	339	80.81
C_{5+9}	1428	339	80.81
C_{6+8}	1428	339	80.81
C_{4+5}	1427	340	80.76
C_{4-13}	1427	340	80.76
C_{1-21}	1426	341	80.70
C_{2+11}	1426	341	80.70
$C_{2-142857}$	1426	341	80.70
C_{2-67}	1426	341	80.70
C_{3+3}	1426	341	80.70
C_{4-19}	1426	341	80.70
C_{6-20}	1426	341	80.70
C_{1-14}	1425	342	80.65
C_{3+5}	1425	342	80.65
C_{5-22}	1425	342	80.65
C_{2+28}	1424	343	80.59
C_{2-23}	1424	343	80.59
C_{4-33}	1424	343	80.59
C_{5-5}	1424	343	80.59
C_{3-13}	1423	344	80.53
C_{4+28}	1423	344	80.53
C_{4+31}	1423	344	80.53
C_{4+68}	1423	344	80.53
C_{5+17}	1423	344	80.53
C_{5+21}	1423	344	80.53
C_{5-32}	1423	344	80.53
C_{1-5}	1422	345	80.48
C_{3-24}	1422	345	80.48
C_{4-25}	1422	345	80.48
C_{5-31}	1422	345	80.48
C_{2-5}	1421	346	80.42
C_{3-3}	1421	346	80.42
C_{5+31}	1421	346	80.42

杀号方法	成功次数	失败次数	胜率（%）
C_{4+21}	1420	347	80.36
C_{4+26}	1420	347	80.36
C_{1+3}	1419	348	80.31
C_{1-19}	1419	348	80.31
$C_{3+142857}$	1419	348	80.31
C_{3+67}	1419	348	80.31
C_{4-12}	1419	348	80.31
C_{4-2}	1419	348	80.31
C_{3-33}	1418	349	80.25
C_{6+16}	1418	349	80.25
C_{6-32}	1418	349	80.25
C_{1+13}	1417	350	80.19
C_{1+21}	1417	350	80.19
C_{2-19}	1417	350	80.19
C_{6+18}	1417	350	80.19
C_{6+26}	1417	350	80.19
C_{2+68}	1416	351	80.14
C_{2-6}	1416	351	80.14
C_{4+15}	1416	351	80.14
C_{6+28}	1416	351	80.14
C_{6+68}	1416	351	80.14
C_{1+33}	1415	352	80.08
C_{2+9}	1415	352	80.08
C_{4+16}	1415	352	80.08
C_{4-27}	1415	352	80.08
C_{5-14}	1415	352	80.08
C_{3-11}	1414	353	80.02
C_{5-9}	1414	353	80.02
C_{6-12}	1414	353	80.02
C_{2-10}	1412	355	79.91
C_{6-24}	1412	355	79.91
C_{1+1}	1411	356	79.85
C_{1+15}	1409	358	79.74
C_{1-69}	1409	358	79.74
C_{1-9}	1409	358	79.74
C_{4-68}	1408	359	79.68
C_{2-2}	1405	362	79.51

杀号方法	成功次数	失败次数	胜率（%）
C_{6-7}	1402	365	79.34
C_{6-11}	1398	369	79.12
C_{4-14}	1384	383	78.32

（2）从表 3-3 可以看出：C_{2+2} 胜率最高，C_{4-14} 胜率最低，并且 C_{2+2} 胜率明显大幅高于理论胜率，所以我建议大家使用 C_{2+2} 进行杀号。

（3）对双色球前区杀号方法的统计，终于有了实质性进展。前面统计的杀号方法的胜率与理论胜率差别都不是很大，彼此之间胜率的差别也不是很大。但前区号码加减特定数值所得的值杀号法所包含的 450 种杀号方法的胜率与理论胜率已经有了明显的、较大的差别，彼此之间胜率的差别同样如此。

某种杀号方法胜率高，说明这种杀号方法每期所杀的号码出现次数少；胜率低，说明这种杀号方法每期所杀的号码出现次数多。所以，胜率明显大幅高于理论胜率的，自然用来杀号；胜率明显大幅低于理论胜率的，则可反过来用于定胆。

四、特殊现象

在对双色球前区号码加减特定数值所得的值杀号法进行统计的过程中，我发现在双色球 2003001 期至 2015023 期这 1768 期中都有效的特殊现象，列举如下（双色球前区号码加减特定数值所得的值杀号法种类繁多，这里只统计了有关双色球前区号码加减 1、2、3 所得的值杀号法的特殊现象）。

（1）当双色球前区第一个号码为 18、19、22 或 24 时，使用第一个号码减 1 所得的值杀号法胜率为 100%。

（2）当双色球前区第二个号码为 23、24、25 或 26 时，使用第二个号码减 1 所得的值杀号法胜率为 100%。

（3）当双色球前区第三个号码为 03、28 或 29 时，使用第三个号码减 1 所得的值杀号法胜率为 100%。

（4）当双色球前区第四个号码为 06 时，使用第四个号码减 1 所得的值杀号法胜率为 100%。

（5）当双色球前区第一个号码为 17、18、20、22 或 24 时，使用第一个号码加 1 所得的值杀号法胜率为 100%。

（6）当双色球前区第三个号码为 04、28 或 29 时，使用第三个号码加 1 所得的值杀号法胜率为 100%。

（7）当双色球前区第五个号码为 11 时，使用第五个号码加 1 所得的值杀号法胜率为 100%。

（8）当双色球前区第一个号码为 19、20 或 24 时，使用第一个号码减 2 所得的值杀号法胜率为 100%。

（9）当双色球前区第二个号码为 24 或 25 时，使用第二个号码减 2 所得的值杀号法胜率为 100%。

（10）当双色球前区第三个号码为 28 时，使用第三个号码减 2 所得的值杀号法胜率为 100%。

（11）当双色球前区第四个号码为 31 时，使用第四个号码减 2 所得的值杀号法胜率为 100%。

（12）当双色球前区第六个号码为 11、14 或 16 时，使用第六个号码减 2 所得的值杀号法胜率为 100%。

（13）当双色球前区第二个号码为 23、24、25 或 28 时，使用第二个号码加 2 所得的值杀号法胜率为 100%。

（14）当双色球前区第三个号码为 04 或 29 时，使用第三个号码加 2 所得的值杀号法胜率为 100%。

（15）当双色球前区第四个号码为 05 或 07 时，使用第四个号码加 2 所得的值杀号法胜率为 100%。

（16）当双色球前区第五个号码为 07、09 或 12 时，使用第五个号码加 2 所得的值杀号法胜率为 100%。

（17）当双色球前区第二个号码为 24、25、26 或 28 时，使用第二个号码减 3 所得的值杀号法胜率为 100%。

（18）当双色球前区第四个号码为 06 或 28 时，使用第四个号码减 3 所得的值杀号法胜率为 100%。

（19）当双色球前区第五个号码为 07、08、09 或 12 时，使用第五个号码减 3 所得的值杀号法胜率为 100%。

（20）当双色球前区第一个号码为 17、19、20 或 22 时，使用第一个号码加 3 所得的值杀号法胜率为 100%。

（21）当双色球前区第四个号码为 05 时，使用第四个号码加 3 所得的值杀号法胜率为 100%。

（22）当双色球前区第五个号码为 07、08 或 09 时，使用第五个号码加 3 所得的值杀号法胜率为 100%。

（23）当双色球前区第一个号码为 17、18、20、22 或 24 时，使用第一个号码加 4 所得的值杀号法和第一个号码加 8 所得的值杀号法胜率都是 100%。

（24）当双色球前区第二个号码为 23、25 或 28 时，使用第二个号码加 5 所得的值杀号法胜率为 100%。

（25）当双色球前区第四个号码为 05、07 或 31 时，使用第四个号码减 4 所得的值杀号法胜率为 100%。

（26）当双色球前区第五个号码为 08 或 09 时，使用第五个号码减 5 所得的值杀号法胜率为 100%。

（27）当双色球前区第五个号码为 09、10 或 11 时，使用第五个号码减 6 所得的值杀号法胜率为 100%。

（28）当双色球前区第六个号码为 11、15 或 16 时，使用第六个号码减 5 所得的值杀号法和第六个号码减 10 所得的值杀号法胜率都是 100%。

（29）当双色球前区第六个号码为 18 时，使用第六个号码减 7 所得的值杀号法和第六个号码减 8 所得的值杀号法胜率都是 100%。

第五节　前区其他杀号法

一、上两期前区对应号码互减所得的值杀号法

（一）概念

（1）上两期前区对应号码互减所得的值就是双色球上两期前区对应的 6 个号码分别相减所得的值，也就是上两期前区 6 个开奖号码中第一个号码减第一个号码、第二个号码减第二个号码……所得的 6 个数值，这里规定用数值大的号码减数值小的号码。数值相等的，差值为 0。比如，双色球第 2003004 期前区开出 04、06、07、10、13、25，第 2003005 期前区开出 04、06、15、17、30、31，那么上两期前区对应号码互减所得的值就是 4−4=0、6−6=0、15−7=8、17−10=7、30−13=17、31−25=6。

（2）上两期前区对应号码互减所得的值杀号法，是用双色球上两期前区对应号码互减所得的值对应的号码分别杀下期前区一个号码的方法。比如，双色球第 2003006 期前区开出 01、03、10、21、26、27，第 2003007 期前区开出 01、09、19、21、23、26，上两期前区对应号码互减所得的值分别为 0、6、9、0、3、1，按照杀号规则的规定，此时应该从下面这些号码中选择要杀的号码：10、06、09、10、03、01，假如这里杀号码 03，结果双色球第 2003008 期前区开出 05、08、09、14、17、23，号码 03 没有开出，杀号成功。

（二）分类

双色球上两期前区对应号码互减所得的值共有 6 个取值，所以就有 6 种不同的杀号方法。

（1）上两期前区第一个号码互减所得的值杀号法，就是用双色球上两期前区第一个号码互减所得的值对应的号码杀下期前区 1 个号码的方法，本章统一用

D_1 指代这种杀号方法。比如，双色球第 2005097 期前区开出 05、10、23、27、28、30，第 2005098 期前区开出 12、15、19、22、31、33，上两期前区第一个号码互减所得的值为 7，对应的号码就是 07，那么下期前区选号时就可以剔除号码 07，结果双色球第 2005099 期前区开出 10、13、16、22、24、31，号码 07 没有开出，杀号成功。

（2）上两期前区第二个号码互减所得的值杀号法，这里不再详述及举例（下同），本章统一用 D_2 指代这种杀号方法。

（3）上两期前区第三个号码互减所得的值杀号法，本章统一用 D_3 指代这种杀号方法。

......

（6）上两期前区第六个号码互减所得的值杀号法，本章统一用 D_6 指代这种杀号方法。

（三）数据与分析

（1）表 3-4 为双色球上两期前区对应号码互减所得的值杀号法所包含的 6 种不同杀号方法的胜率统计表，统计周期为双色球 2003001 期至 2015023 期，共 1768 期，该表已经按胜率由高到低进行了排序。

表 3-4　统计（四）

杀号方法	成功次数	失败次数	胜率（%）
D_4	1446	320	81.88
D_2	1441	325	81.60
D_3	1435	331	81.26
D_6	1435	331	81.26
D_5	1433	333	81.14
D_1	1432	334	81.09

（2）由于统计周期为 1768 期，所以上述各种杀号方法的测试总次数都是 1766 次。后面遇到用上两期数据作为杀号依据的杀号方法，测试总次数都是 1766 次，在此不再解释。

（3）从表 3-4 可以看出，这些杀号方法的胜率与理论胜率几乎没什么差别，所以这些方法无论是用于杀号，还是用于定胆都没有意义。只是因为网上有很多关于上两期前区对应号码互减所得的值杀号法的介绍，所以这里将这些杀号方法统计、整理出来。

二、上两期前区对应号码互加所得的值杀号法

（一）概念

（1）上两期前区对应号码互加所得的值就是双色球上两期前区对应的 6 个号码分别相加所得的值，也就是上两期前区 6 个开奖号码中第一个号码加第一个号码、第二个号码加第二个号码……所得的 6 个数值。比如，双色球第 2011043 期前区开出 04、13、14、17、25、31，第 2011044 期前区开出 03、14、16、26、27、31，那么上两期前区对应号码互加所得的值就是 4+3=7、13+14=27、14+16=30、17+26=43、25+27=52、31+31=62。

（2）上两期前区对应号码互加所得的值杀号法，就是用双色球上两期前区的对应号码互加所得的值的号码分别杀下期前区 1 个号码的方法。比如，双色球第 2011045 期前区开出 02、16、17、20、26、32，第 2011046 期前区开出 09、17、18、26、29、30，上两期前区对应号码互加所得的值分别为 11、33、35、46、55、62，按照杀号规则的规定，此时应该从下面这些号码中选择要杀的号码：11、33、05、06、05、02，假如这里杀号码 11，结果双色球第 2011047 期前区开出 04、13、23、25、27、33，号码 11 没有开出，杀号成功。

（二）分类

双色球上两期前区对应号码互加所得的值共有 6 个取值，所以就有 6 种不同的杀号方法。

（1）上两期前区第一个号码互加所得的值杀号法，就是用双色球上两期前区第一个号码互加所得的值对应的号码杀下期前区 1 个号码的方法，本章统一用 E_1 指代这种杀号方法。比如，双色球第 2011048 期前区开出 10、14、18、25、26、27，第 2011049 期前区开出 01、11、17、18、27、31，上两期前区第一个号码互加所得的值为 11，对应的号码就是 11，那么下期前区选号时就可以剔除号码 11，结果双色球第 2011050 期前区开出 04、05、19、22、28、29，号码 11 没有

开出，杀号成功。

（2）上两期前区第二个号码互加所得的值杀号法，这里不再详述及举例（下同），本章统一用 E_2 指代这种杀号方法。

（3）上两期前区第三个号码互加所得的值杀号法，本章统一用 E_3 指代这种杀号方法。

……

（6）上两期前区第六个号码互加所得的值杀号法，本章统一用 E_6 指代这种杀号方法。

（三）数据与分析

（1）表 3-5 为双色球上两期前区对应号码互加所得的值杀号法所包含的 6 种不同杀号方法的胜率统计表，统计周期为双色球 2003001 期至 2015023 期，共 1768 期，该表已经按胜率由高到低进行了排序。

表 3-5　统计（五）

杀号方法	成功次数	失败次数	胜率（%）
E_6	1478	288	83.69
E_3	1455	311	82.39
E_4	1449	317	82.05
E_2	1448	318	81.99
E_1	1444	322	81.77
E_5	1433	333	81.14

（2）从表 3-5 可以看出，上两期前区对应号码互加所得的值杀号法所包含的 6 种不同杀号方法之中，除了 E_5 之外，胜率都与理论胜率相差无几。

E_5 的胜率明显低于理论胜率，如果大家使用上两期前区对应号码互加所得的值杀号法进行杀号的话，我建议大家使用 E_5 进行杀号。

三、上两期前区对应号码均值杀号法

(一) 概念

(1) 上两期前区对应号码均值就是双色球上两期前区对应的 6 个号码分别相加再除以 2 并四舍五入后所得的值,也就是上两期前区 6 个开奖号码中第一个号码加第一个号码再除以 2 并四舍五入、第二个号码加第二个号码再除以 2 并四舍五入……所得的 6 个数值。比如,双色球第 2003070 期前区开出 01、02、04、17、18、19,第 2003071 期前区开出 09、11、12、14、15、33,那么上两期前区对应号码均值就是 (1+9)/2=5、(2+11)/2=6.5 (四舍五入后取值 7)、(4+12)/2=8、(17+14)/2=15.5 (四舍五入后取值 16)、(15+18)/2=16.5 (四舍五入后取值17)、(19+33)/2=26。

(2) 上两期前区对应号码均值杀号法,就是用双色球上两期前区对应号码均值对应的号码分别杀下期前区 1 个号码的方法。比如,双色球第 2003075 期前区开出 16、17、19、22、31、33,第 2003076 期前区开出 01、13、16、18、20、29,上两期前区对应号码均值分别为 9、15、18、20、26、31,其对应的号码分别为 09、15、18、20、26、31,那么下期前区选号时就可以剔除这些号码中的任意一个,假如这里剔除号码 09,结果双色球第 2003077 期前区开出 04、12、16、22、24、25,号码 09 没有开出,杀号成功。

(二) 分类

双色球上两期前区对应号码均值共有 6 个取值,所以就有 6 种不同的杀号方法。

(1) 上两期前区第一个号码均值杀号法,就是用双色球上两期前区第一个号码均值对应的号码杀下期前区 1 个号码的方法,本章统一用 F_1 指代这种杀号方法。比如,双色球第 2008023 期前区开出 08、16、18、25、26、32,第 2008024 期前区开出 11、20、21、26、28、30,上两期前区第一个号码均值为 10,对应的号码就是 10,那么下期前区选号时就可以剔除号码 10,结果双色球第 2008025 期前区开出 08、16、17、18、19、21,号码 10 没有开出,杀号成功。

（2）上两期前区第二个号码均值杀号法，这里不再详述及举例（下同），本章统一用 F_2 指代这种杀号方法。

（3）上两期前区第三个号码均值杀号法，本章统一用 F_3 指代这种杀号方法。

……

（6）上两期前区第六个号码均值杀号法，本章统一用 F_6 指代这种杀号方法。

（三）数据与分析

（1）表 3-6 为双色球上两期前区对应号码均值杀号法所包含的 6 种不同杀号方法的胜率统计表，统计周期为双色球 2003001 期至 2015023 期，共 1768 期，该表已经按胜率由高到低进行了排序。

表 3-6　统计（六）

杀号方法	成功次数	失败次数	胜率（%）
F_2	1454	312	82.33
F_3	1452	314	82.22
F_5	1451	315	82.16
F_6	1446	320	81.88
F_4	1442	324	81.65
F_1	1415	351	80.12

（2）从表 3-6 可以看出，上两期前区对应号码均值杀号法的胜率与上两期前区对应号码互减所得的值杀号法的胜率情况类似，其胜率与理论胜率都没有明显差别，所以这里不再进行具体分析。

四、末尾两码的积取尾所得的值杀号法

（一）概念

（1）末尾两码的积就是双色球当期前区第五个号码和第六个号码的乘积。得出该乘积之后，取其尾数，该尾数对应的取值在 0~39 范围内的 4 个同尾数值即是末尾两码的积取尾所得的值。比如，双色球第 2003079 期前区开出 12、15、

22、23、26、31，末尾两码的积为 26×31=806，该乘积尾数为 6，6 所对应的取值在 0~39 范围内的 4 个同尾数值分别为 6、16、26、36，这 4 个数值就是本期末尾两码的积取尾所得的值。

（2）末尾两码的积取尾所得的值杀号法，就是用双色球末尾两码的积取尾所得的值对应的号码分别杀下期前区 1 个号码的方法。比如，双色球第 2003082 期前区开出 07、17、18、19、30、31，末尾两码的积取尾所得的值分别为 0、10、20、30，按照杀号规则的规定，此时应该从下面这些号码中选择要杀的号码：01、10、20、30，假如这里杀号码 20，结果双色球第 2003083 期前区开出 01、03、14、18、26、28，号码 20 没有开出，杀号成功。

（二）分类

双色球末尾两码的积取尾所得的值共有 4 个取值，所以就有 4 种不同的杀号方法。

（1）末尾两码的积取尾所得的第一个值杀号法，就是用双色球末尾两码的积取尾所得的第一个值对应的号码杀下期前区 1 个号码的方法，本章统一用 G_1 指代这种杀号方法。比如，双色球第 2008049 期前区开出 03、10、12、13、19、25，末尾两码的积取尾所得的第一个值为 5，对应的号码就是 05，那么下期前区选号时就可以剔除号码 05，结果双色球第 2003050 期前区开出 01、11、19、24、26、27，号码 05 没有开出，杀号成功。

（2）末尾两码的积取尾所得的第二个值杀号法，这里不再详述及举例（下同），本章统一用 G_2 指代这种杀号方法。

（3）末尾两码的积取尾所得的第三个值杀号法，本章统一用 G_3 指代这种杀号方法。

（4）末尾两码的积取尾所得的第四个值杀号法，本章统一用 G_4 指代这种杀号方法。

（三）数据与分析

（1）表 3-7 为双色球末尾两码的积取尾所得的值杀号法所包含的 4 种不同杀号方法的胜率统计表，统计周期为双色球 2003001 期至 2015023 期，共 1768 期，该表已经按胜率由高到低进行了排序。

表 3-7　统计（七）

杀号方法	成功次数	失败次数	胜率（%）
G_1	1472	295	83.31
G_2	1461	306	82.68
G_4	1455	312	82.34
G_3	1441	326	81.55

（2）从表 3-7 可以看出，G_1 胜率最高，G_3 胜率最低，而且 G_1 胜率已明显高于理论胜率，如果大家使用末尾两码的积取尾所得的值杀号法进行杀号的话，我建议大家使用 G_1 进行杀号。

五、末尾两码的商取尾所得的值杀号法

（一）概念

（1）末尾两码的商就是双色球当期前区第六个号码除以第五个号码所得的值。得出该值之后，通过四舍五入，保留小数点后两位数，然后取小数点后最后一个数值，该数值对应的取值在 0~39 范围内的 4 个同尾数值即是末尾两码的商取尾所得的值。比如，双色球第 2008087 期前区开出 01、07、26、29、30、31，第六个号码除以第五个号码所得的值通过四舍五入，保留小数点后两位数，其值为 31/30=1.03，该值小数点后最后一位数值为 3，3 所对应的取值在 0~39 范围内的 4 个同尾数值分别为 3、13、23、33，这 4 个数值就是本期末尾两码的商取尾所得的值。

（2）末尾两码的商取尾所得的值杀号法，就是用双色球末尾两码的商取尾所得的值对应的号码分别杀下期前区 1 个号码的方法。比如，双色球第 2008088 期前区开出 01、06、08、16、17、23，末尾两码的商取尾所得的值分别为 5、15、25、35，按照杀号规则的规定，此时应该从下面这些号码中选择要杀的号码：05、15、25、05，假如这里杀号码 05，结果双色球第 2008089 期前区开出 03、06、11、16、22、27，号码 05 没有开出，杀号成功。

（二）分类

双色球末尾两码的商取尾所得的值共有 4 个取值，所以就有 4 种不同的杀号方法。

（1）末尾两码的商取尾所得的第一个值杀号法，就是用双色球末尾两码的商取尾所得的第一个值对应的号码杀下期前区 1 个号码的方法，本章统一用 H_1 指代这种杀号方法。比如，双色球第 2008090 期前区开出 02、07、14、18、19、24，末尾两码的商取尾所得的第一个值为 6，对应的号码就是 06，那么下期前区选号时就可以剔除号码 06，结果双色球第 2008091 期前区开出 03、12、14、23、31、32，号码 06 没有开出，杀号成功。

（2）末尾两码的商取尾所得的第二个值杀号法，这里不再详述及举例（下同），本章统一用 H_2 指代这种杀号方法。

（3）末尾两码的商取尾所得的第三个值杀号法，本章统一用 H_3 指代这种杀号方法。

（4）末尾两码的商取尾所得的第四个值杀号法，本章统一用 H_4 指代这种杀号方法。

（三）数据与分析

（1）表 3-8 为双色球末尾两码的商取尾所得的值杀号法所包含的 4 种不同杀号方法的胜率统计表，统计周期为双色球 2003001 期至 2015023 期，共 1768 期，该表已经按胜率由高到低进行了排序。

表 3-8　统计（八）

杀号方法	成功次数	失败次数	胜率（%）
H_3	1460	307	82.63
H_1	1448	319	81.95
H_4	1444	323	81.72
H_2	1443	324	81.66

（2）从表 3-8 可以看出，这些杀号方法的胜率与理论胜率几乎没什么差别，所以这些方法无论是用于杀号，还是用于定胆都没有意义。

六、后区号码加减特定数值所得的值杀号法

(一) 说明

第四节专门讲前区号码加减特定数值所得的值杀号法，这里论述后区号码加减特定数值所得的值杀号法与前区号码加减特定数值所得的值杀号法概念、形式、分类都很相似，所以这里不再详谈。唯一需要注意的是这里用大写字母 I 指代后区号码减特定数值，用大写字母 J 指代后区号码加特定数值。比如，I_1 指代后区号码减 1 所得的值杀号法，I_2 指代后区号码减 2 所得的值杀号法……J_1 指代后区号码加 1 所得的值杀号法，J_2 指代后区号码加 2 所得的值杀号法……

本章统计了双色球后区号码分别加减 1~34 这 34 个特定数值的情况。

(二) 数据与分析

(1) 表 3–9 为双色球后区号码加减特定数值所得的值杀号法所包含的 68 种不同杀号方法的胜率统计表，统计周期为双色球 2003001 期至 2015023 期，共 1768 期，该表已经按胜率由高到低进行了排序。

表 3–9　统计 (九)

杀号方法	成功次数	失败次数	胜率 (%)
I_{10}	1481	286	83.81
I_{25}	1476	291	83.53
I_2	1470	297	83.19
I_{24}	1470	297	83.19
J_9	1464	303	82.85
J_{30}	1464	303	82.85
I_1	1461	306	82.68
I_{31}	1461	306	82.68
J_{16}	1460	307	82.63
J_1	1459	308	82.57
J_{14}	1459	308	82.57
I_7	1459	308	82.57
J_{29}	1458	309	82.51
J_{13}	1457	310	82.46

续表

杀号方法	成功次数	失败次数	胜率（%）
J_{28}	1457	310	82.46
I_{20}	1457	310	82.46
I_{14}	1455	312	82.34
J_8	1454	313	82.29
J_3	1453	314	82.23
J_{22}	1453	314	82.23
J_6	1452	315	82.17
J_{18}	1452	315	82.17
I_8	1452	315	82.17
I_{30}	1451	316	82.12
J_5	1450	317	82.06
J_{10}	1449	318	82.00
J_{15}	1449	318	82.00
J_{21}	1449	318	82.00
J_{33}	1449	318	82.00
I_{12}	1449	318	82.00
J_{23}	1448	319	81.95
I_{19}	1447	320	81.89
J_{34}	1446	321	81.83
I_{11}	1446	321	81.83
I_{34}	1446	321	81.83
I_3	1445	322	81.78
I_{29}	1444	323	81.72
I_{23}	1443	324	81.66
J_{20}	1442	325	81.61
J_{25}	1442	325	81.61
J_{17}	1441	326	81.55
J_{32}	1441	326	81.55
I_{18}	1441	326	81.55
J_4	1440	327	81.49
I_{17}	1440	327	81.49
I_{21}	1440	327	81.49
J_{19}	1439	328	81.44
J_{27}	1439	328	81.44
I_6	1437	330	81.32
J_{12}	1436	331	81.27
I_{16}	1435	332	81.21

续表

杀号方法	成功次数	失败次数	胜率（%）
I_{26}	1434	333	81.15
I_{28}	1434	333	81.15
J_{26}	1432	335	81.04
I_{27}	1431	336	80.98
J_{24}	1429	338	80.87
J_7	1428	339	80.81
I_5	1427	340	80.76
I_{33}	1427	340	80.76
I_9	1420	347	80.36
I_{22}	1419	348	80.31
J_{31}	1417	350	80.19
I_{15}	1416	351	80.14
J_{11}	1411	356	79.85
J_2	1407	360	79.63
I_{13}	1405	362	79.51
I_4	1403	364	79.40
I_{32}	1401	366	79.29

（2）从表 3-9 可以看出：I_{10} 胜率最高，I_{32} 胜率最低，并且这两种杀号方法的胜率都已明显偏离理论胜率。所以这里推荐大家用前者杀号，用后者定胆。

七、前区减后区所得的值杀号法

（一）概念

（1）前区减后区所得的值就是双色球前区 6 个号码分别减后区号码所得的值。比如，双色球第 2009015 期前区开出 02、04、06、15、17、32，后区开出号码 05，前区第一个号码减后区号码所得的值就是 2-5=-3。

（2）前区减后区所得的值杀号法就是用双色球当期前区减后区所得的值对应的号码杀下期前区 1 个号码的方法。比如，双色球第 2009016 期前区开出 02、07、13、16、20、33，后区开出号码 03，前区减后区所得的值就是-1、4、10、13、17、30，按照杀号规则的规定，此时应该从下面这些号码中选择要杀的号码：01、04、10、13、17、30，假如这里杀号码 30，结果双色球第 2009017 期前区开出 06、14、15、19、25、26，号码 30 没有开出，杀号成功。

（二）分类

双色球前区减后区所得的值共有 6 个取值，所以就有 6 种不同的杀号方法。

（1）前区第一个号码减后区号码所得的值杀号法，就是用双色球前区第一个号码减后区号码所得的值对应的号码杀下期前区 1 个号码的方法，本章统一用 K_1 指代这种杀号方法。比如，双色球第 2003003 期前区开出 01、07、10、23、28、32，后区开出号码 16，前区减后区所得的值就是 -15，按照杀号规则的规定，此时应该杀号码 15，结果双色球第 2003004 期前区开出 04、06、07、10、13、25，号码 15 没有开出，杀号成功。

（2）前区第二个号码减后区号码所得的值杀号法，这里不再详述及举例（下同），本章统一用 K_2 指代这种杀号方法。

（3）前区第三个号码减后区号码所得的值杀号法，本章统一用 K_3 指代这种杀号方法。

……

（6）前区第六个号码减后区号码所得的值杀号法，本章统一用 K_6 指代这种杀号方法。

（三）数据与分析

（1）表 3-10 为双色球前区减后区所得的值杀号法所包含的 6 种不同杀号方法的胜率统计表，统计周期为双色球 2003001 期至 2015023 期，共 1768 期，该表已经按胜率由高到低进行了排序。

表 3-10　统计（十）

杀号方法	成功次数	失败次数	胜率（%）
K_5	1466	301	82.97
K_1	1447	320	81.89
K_2	1445	322	81.78
K_4	1436	331	81.27
K_6	1431	336	80.98
K_3	1411	356	79.85

（2）从表 3-10 可以看出，在前区减后区所得的值杀号法所包含的 6 种不同杀号方法中，除了 K_3 之外，胜率都与理论胜率相差无几。但 K_3 的胜率明显低于理论胜率，该杀号方法每期所杀的号码出现了 356 次，超过了最热号码 17 的出现次数，所以大家可以用这种杀号方法每期所杀的号码反过来进行定胆。

八、前区均值杀号法

（1）前区均值就是双色球前区六个号码的和除以 6 所得的值。若前区均值含有小数，则需四舍五入。比如，双色球第 2008108 期前区开出 09、10、15、17、23、30，则前区 6 个号码的和除以 6 所得的值为 $(9+10+15+17+23+30)/6=100/6\approx17.33$，四舍五入取整后值为 17，前区均值就是 17。

（2）前区均值杀号法就是用双色球当期前区均值对应的号码杀下期前区 1 个号码的方法。比如，双色球第 2008109 期前区开出 04、07、09、16、21、28，前区均值为 14，对应的号码就是 14，那么下期前区选号时就可以剔除号码 14，结果双色球第 2008110 期前区开出 10、16、22、23、29、31，号码 14 没有开出，杀号成功。至于如何确定前区均值，大家可以自己计算，也可以通过有关网站进行查询。

（3）经过对双色球 2003001 期至 2015023 期这 1768 期的统计和测试（共测试 1767 次，下同），前区均值杀号法杀号成功次数为 1428 次，失败次数为 339 次，胜率为 80.81%。

九、后区号码杀号法

（1）后区号码杀号法就是用双色球当期后区号码杀下期前区一个号码的方法。比如，双色球第 2008111 期后区开出号码 06，那么下期前区选号时就可以剔除号码 06，结果双色球第 2008112 期前区开出 05、13、14、19、22、23，号码 06 没有开出，杀号成功。

（2）经过对双色球 2003001 期至 2015023 期这 1768 期的统计和测试，后区号码杀号法杀号成功次数为 1455 次，失败次数为 312 次，胜率为 82.34%。

十、后区号码 2 倍的值杀号法

（1）后区号码 2 倍的值就是双色球后区号码乘以 2 所得的值。比如，双色球第 2008112 期后区开出号码 06，后区号码乘以 2 所得的值就是 6×2=12。

（2）后区号码 2 倍的值杀号法就是用双色球当期后区号码 2 倍的值对应的号码杀下期前区 1 个号码的方法。比如，双色球第 2008117 期后区开出号码 07，后区号码 2 倍的值就是 14，对应的号码就是 14，那么下期前区选号时就可以剔除号码 14，结果双色球第 2008118 期前区开出 04、09、16、27、31、33，号码 14 没有开出，杀号成功。

（3）经过对双色球 2003001 期至 2015023 期这 1768 期的统计和测试，后区号码 2 倍的值杀号法杀号成功次数为 1429 次，失败次数为 338 次，胜率为 80.87%。

十一、大奇小奇均值杀号法

（1）大奇小奇均值就是双色球前区 6 个号码之中最大的奇数号码加最小的奇数号码再除以 2 所得的值。比如，双色球第 2009010 期前区开出 03、10、17、19、20、24，6 个号码之中最大的奇数号码为 19，最小的奇数号码为 03，两者相加再除以 2 所得的值就是 11，大奇小奇均值就是 11。

（2）2 个奇数的和必定是 1 个偶数，1 个偶数除以 2 必定是一个整数，所以大奇小奇均值不可能包含小数，也就不存在四舍五入的问题了。

（3）大奇小奇均值杀号法就是用双色球当期前区大奇小奇均值对应的号码杀下期前区 1 个号码的方法。比如，双色球第 2009012 期前区开出 05、11、14、17、18、28，大奇小奇均值为 11，对应的号码就是 11，那么下期前区选号时就可以剔除号码 11，结果双色球第 2009013 期前区开出 04、08、09、21、26、27，号码 11 没有开出，杀号成功。

（4）使用大奇小奇均值杀号法有一个前提，就是双色球前区 6 个号码之中必须有 2 个或者 2 个以上的奇数号码。当双色球前区全是偶数号码或者只有 1 个奇数号码（不管该号码在什么位置）时，不适用大奇小奇均值杀号法。比如，双色球第 2004026 期前区开出 04、10、14、18、28、32，全是偶数号码，则不适用大奇小奇均值杀号法。再比如，双色球第 2003028 期前区开出 06、13、16、20、28、32，只有 1 个奇数号码，同样不适用大奇小奇均值杀号法。以上两种情况在双色球 2003001 期至 2015023 期这 1768 期中总共出现了 142 次，所以本章关于大奇小奇均值杀号法的测试总次数为 1767–142=1625 次。

（5）我之所以提出大奇小奇均值杀号法，是因为网上广泛流传着一个"谎言"，即有人未经任何统计就指出大奇小奇均值杀号法胜率高达 98%，并以此为幌子吸引不明真相的网友浏览或者下载其文章。经过我对双色球 2003001 期至 2015023 期这 1768 期的统计和测试，这种杀号方法胜率仅为 81.54%，而且其适用次数也仅为 1625 次。其胜率在本章所统计的杀号方法中算是很低的，而且其适用次数也不足 1767 次，所以这里不推荐大家使用该方法进行杀号。

十二、当六减上一所得的值杀号法

（1）当六减上一所得的值就是双色球当期前区第六个号码减上一期前区第一个号码所得的值。比如，双色球第 2009019 期前区开出 06、17、19、20、26、27，上一期即第 2009018 期前区开出 02、05、06、19、27、30，当期前区第六个号码为 27，上一期前区第一个号码为 02，所以当六减上一所得的值就是 27–2=25。

（2）当六减上一所得的值杀号法就是用双色球当六减上一所得的值对应的号码杀下期前区一个号码的方法。比如，双色球第 2009023 期前区开出 01、06、07、15、24、30，上一期即第 2009022 期前区开出 05、08、09、10、11、18，当六减上一所得的值就是 25，对应的号码就是 25，那么下期前区选号时就可以剔除号码 25，结果双色球第 2009024 期前区开出 01、03、17、23、30、33，号码 25 没有开出，杀号成功。

（3）经过对双色球 2003001 期至 2015023 期这 1768 期的统计和测试，当六减上一所得的值杀号法杀号成功次数为 1461 次，失败次数为 305 次，胜率为 82.73%。

十三、上六减当一所得的值杀号法

（1）上六减当一所得的值就是双色球上一期前区第六个号码减当期前区第一个号码所得的值。比如，双色球第 2009026 期前区开出 11、15、17、18、20、30，上一期即第 2009025 期前区开出 10、20、22、23、26、33，上一期前区第六个号码为 33，当期前区第一个号码为 11，所以上六减当一所得的值就是 33-11=22。

（2）上六减当一所得的值杀号法就是用双色球上六减当一所得的值对应的号码杀下期前区 1 个号码的方法。比如，双色球第 2009030 期前区开出 08、14、24、26、28、32，上一期即第 2009029 期前区开出 12、13、15、22、23、29，上六减当一所得的值就是 21，对应的号码就是 21，那么下期前区选号时就可以剔除号码 21，结果双色球第 2009031 期前区开出 01、02、03、15、30、33，号码 21 没有开出，杀号成功。

（3）经过对双色球 2003001 期至 2015023 期这 1768 期的统计和测试，上六减当一所得的值杀号法杀号成功次数为 1476 次，失败次数为 290 次，胜率为 83.58%，该胜率已明显高于理论胜率，所以大家可以使用该方法进行杀号。

十四、上两期后区相减所得的值杀号法

（1）上两期后区相减所得的值就是双色球上两期后区号码互减所得的值。这里规定用数值大的号码减数值小的号码。数值相等的，差值为 0。比如，双色球第 2012056 期后区开出号码 10，上一期即第 2012055 期后区开出号码 01，上两期后区相减所得的值就是 10-1=9。

（2）上两期后区相减所得的值杀号法就是用双色球上两期后区相减所得的值对应的号码杀下期前区 1 个号码的方法。比如，双色球第 2012059 期后区开出号码 01，上一期即第 2012058 期后区开出号码 04，上两期后区相减所得的值就是 3，对应的号码就是 03，那么下期前区选号时就可以剔除号码 03，结果双色球第 2012060 期前区开出 07、10、13、16、17、29，号码 03 没有开出，杀号成功。

（3）经过对双色球 2003001 期至 2015023 期这 1768 期的统计和测试（因为

要用到连续两期的数据，所以共测试 1766 次，下同），上两期后区相减所得的值杀号法杀号成功次数为 1468 次，失败次数为 298 次，胜率为 83.13%。

十五、上两期后区相加所得的值杀号法

（1）上两期后区相加所得的值就是双色球上两期后区号码相加所得的值。比如，双色球第 2012062 期后区开出号码 07，上一期即第 2012061 期后区开出号码 14，上两期后区相加所得的值就是 7+14=21。

（2）上两期后区相加所得的值杀号法就是用双色球上两期后区相加所得的值对应的号码杀下期前区 1 个号码的方法。比如，双色球第 2012064 期后区开出号码 11，上一期即第 2012063 期后区开出号码 12，上两期后区相加所得的值就是 23，对应的号码就是 23，那么下期前区选号时就可以剔除号码 23，结果双色球第 2012065 期前区开出 08、10、18、19、27、31，号码 23 没有开出，杀号成功。

（3）经过对双色球 2003001 期至 2015023 期这 1768 期的统计和测试，上两期后区相加所得的值杀号法杀号成功次数为 1416 次，失败次数为 350 次，胜率为 80.18%。

十六、上两期后区均值杀号法

（1）上两期后区均值就是双色球上两期后区号码相加再除以 2 并四舍五入后所得的值。比如，双色球第 2012067 期后区开出号码 16，上一期即第 2012066 期后区开出号码 12，上两期后区均值就是 (12+16)/2=14。

（2）上两期后区均值杀号法就是用双色球上两期后区均值对应的号码杀下期前区 1 个号码的方法。比如，双色球第 2012069 期后区开出号码 06，上一期即第 2012068 期后区开出号码 10，上两期后区均值就是 8，对应的号码就是 08，那么下期前区选号时就可以剔除号码 08，结果双色球第 2012070 期前区开出 02、03、04、24、31、32，号码 08 没有开出，杀号成功。

（3）经过对双色球 2003001 期至 2015023 期这 1768 期的统计和测试，上两期后区均值杀号法杀号成功次数为 1435 次，失败次数为 331 次，胜率为 81.26%。

十七、前区均值减后区号码所得的值杀号法

（1）前区均值减后区号码所得的值杀号法就是用双色球前区均值减后区号码所得的值对应的号码杀下期前区 1 个号码的方法。比如，双色球第 2013021 期前区开出 01、06、17、19、26、31，后区开出号码 11，前区均值为 17，前区均值减后区号码所得的值 6，对应的号码就是 06，那么下期前区选号时就可以剔除号码 06，结果双色球第 2013022 期前区开出 02、04、07、09、15、20，号码 06 没有开出，杀号成功。

（2）经过对双色球 2003001 期至 2015023 期这 1768 期的统计和测试，前区均值减后区号码所得的值杀号法杀号成功次数为 1437 次，失败次数为 330 次，胜率为 81.32%。

十八、特殊现象

在对上述杀号方法进行统计的过程中，我发现在双色球 2003001 期至 2015023 期这 1768 期中都有效的特殊现象。

（1）当双色球上两期前区第一个号码互减所得的值为 15、16、17 或 21 时，使用上两期前区第一个号码互减所得的值杀号法胜率为 100%。

（2）当双色球上两期前区第五个号码互减所得的值为 18、20 或 21 时，使用上两期前区第五个号码互减所得的值杀号法胜率为 100%。

（3）当双色球上两期前区第三个号码互加所得的值为 15 时，使用上两期前区第三个号码互加所得的值杀号法和上两期前区第四个号码互加所得的值杀号法胜率都是 100%。

（4）当双色球上两期前区第四个号码互加所得的值为 15、18、21 或 22 时，使用上两期前区第四个号码互加所得的值杀号法和上两期前区第二个号码互加所得的值杀号法胜率都是 100%。

（5）当双色球上两期前区第五个号码互加所得的值为 24、25、26、27、30 或 32 时，使用上两期前区第五个号码互加所得的值杀号法胜率为 100%。

（6）当双色球上两期前区第三个号码均值为 24 时，使用上两期前区第三个

号码均值杀号法胜率为 100%。

（7）当双色球上两期前区第四个号码均值为 29、30 或 31 时，使用上两期前区第四个号码均值杀号法胜率为 100%。

（8）当双色球上两期前区第六个号码均值为 18 或 20 时，使用上两期前区第六个号码均值杀号法和上两期前区第五个号码均值杀号法胜率都是 100%。

（9）当双色球前区第三个号码减后区号码所得的值为 20、22、23、25 或 26 时，使用前区第三个号码减后区号码所得的值杀号法胜率为 100%。

（10）当双色球前区均值为 27 时，下期都开出了号码 27。

（11）当双色球前区上六减当一所得的值为 0、4、6、7、8、9、10 时，使用上六减当一所得的值杀号法胜率为 100%。

（12）当双色球上两期后区相加所得的值为 31 时，使用上两期后区相加所得的值杀号法胜率为 100%。

第六节　轮流杀号法

一、由来

截至目前，本章共统计了 590 种双色球前区杀号方法，其中胜率最高的杀号方法为 C_{2+2}，即第二个号码加 2 所得的值杀号法，其胜率为 84.61%，已经远远高于理论胜率。但我始终不满意，难道找不出胜率更高的杀号方法了吗？

我突然想到，在我进行杀号方法测试的过程中，使用某种杀号方法失败后，换一种杀号方法就会成功。那么我何不测试一下轮流使用胜率最高的若干种不同的双色球前区杀号方法的胜率呢？于是就有了轮流杀号法。

二、概念和分类

轮流杀号法就是按照特定顺序轮流使用胜率最高的若干种不同的双色球前区

杀号方法进行杀号的方法。

对于轮流杀号法，本章共测试了 23 种不同情形。

（1）从双色球 2003001 期开始，轮流使用胜率最高的两种杀号方法即 C_{2+2}、C_{3+15} 进行杀号的方法，本章统一用 L_2 指代这种杀号方法。比如，双色球第 2003001 期前区开出 10、11、12、13、26、28，根据 L_2 的定义，此时应该使用 C_{2+2} 即第二个号码加 2 所得的值杀号法进行杀号，即应该杀号码 13，结果双色球第 2003002 期前区开出 04、09、19、20、21、26，号码 13 没有开出，杀号成功。接下来应该使用 C_{3+15} 即第三个号码加 15 所得的值杀号法进行杀号，第 2003002 期前区第三个号码加 15 所得的值为 34，根据杀号规则的规定，此时应该杀号码 04，结果双色球第 2003003 期前区开出 01、07、10、23、28、32，号码 04 没有开出，杀号成功。

（2）从双色球 2003001 期开始，轮流使用胜率最高的 3 种杀号方法即 C_{2+2}、C_{3+15}、C_{1+27} 进行杀号的方法，本章统一用 L_3 指代这种杀号方法。接上面的例子，接下来应该使用 C_{1+27} 即第一个号码加 27 所得的值杀号法进行杀号，第 2003003 期前区第一个号码加 27 所得的值为 28，所以应该杀号码 28，结果双色球第 2003004 期前区开出 04、06、07、10、13、25，号码 28 没有开出，杀号成功。

（3）从双色球 2003001 期开始，轮流使用胜率最高的 4 种杀号方法即 C_{2+2}、C_{3+15}、C_{1+27}、C_{1+20} 进行杀号的方法，本章统一用 L_4 指代这种杀号方法。接上面的例子，接下来应该使用 C_{1+20} 即第一个号码加 20 所得的值杀号法进行杀号，第 2003004 期前区第一个号码加 20 所得的值为 24，所以应该杀号码 24，结果双色球第 2003005 期前区开出 04、06、15、17、30、31，号码 24 没有开出，杀号成功。下面不再举例。

（4）从双色球 2003001 期开始，轮流使用胜率最高的 5 种杀号方法即 C_{2+2}、C_{3+15}、C_{1+27}、C_{1+20}、C_{3-29} 进行杀号的方法，本章统一用 L_5 指代这种杀号方法。

（5）从双色球 2003001 期开始，轮流使用胜率最高的 6 种杀号方法即 C_{2+2}、C_{3+15}、C_{1+27}、C_{1+20}、C_{3-29}、C_{4+1} 进行杀号的方法，本章统一用 L_6 指代这种杀号方法。

（6）从双色球 2003001 期开始，轮流使用胜率最高的 7 种杀号方法即 C_{2+2}、C_{3+15}、C_{1+27}、C_{1+20}、C_{3-29}、C_{4+1}、C_{3-1} 进行杀号的方法，本章统一用 L_7 指代这种杀号方法。

（7）从双色球 2003001 期开始，轮流使用胜率最高的 8 种杀号方法即 C_{2+2}、

C_{3+15}、C_{1+27}、C_{1+20}、C_{3-29}、C_{4+1}、C_{3-1}、C_{4+23} 进行杀号的方法，本章统一用 L_8 指代这种杀号方法。

（8）从双色球 2003001 期开始，轮流使用胜率最高的 9 种杀号方法即 C_{2+2}、C_{3+15}、C_{1+27}、C_{1+20}、C_{3-29}、C_{4+1}、C_{3-1}、C_{4+23}、C_{5-4} 进行杀号的方法，本章统一用 L_9 指代这种杀号方法。

（9）从双色球 2003001 期开始，轮流使用胜率最高的 10 种杀号方法即 C_{2+2}、C_{3+15}、C_{1+27}、C_{1+20}、C_{3-29}、C_{4+1}、C_{3-1}、C_{4+23}、C_{5-4}、I_{10} 进行杀号的方法，本章统一用 L_{10} 指代这种杀号方法。

（10）从双色球 2003001 期开始，轮流使用胜率最高的 11 种杀号方法即 C_{2+2}、C_{3+15}、C_{1+27}、C_{1+20}、C_{3-29}、C_{4+1}、C_{3-1}、C_{4+23}、C_{5-4}、I_{10}、C_{1-26} 进行杀号的方法，本章统一用 L_{11} 指代这种杀号方法。

（11）从双色球 2003001 期开始，轮流使用胜率最高的 12 种杀号方法即 C_{2+2}、C_{3+15}、C_{1+27}、C_{1+20}、C_{3-29}、C_{4+1}、C_{3-1}、C_{4+23}、C_{5-4}、I_{10}、C_{1-26}、C_{2-18} 进行杀号的方法，本章统一用 L_{12} 指代这种杀号方法。

（12）从双色球 2003001 期开始，轮流使用胜率最高的 13 种杀号方法即 C_{2+2}、C_{3+15}、C_{1+27}、C_{1+20}、C_{3-29}、C_{4+1}、C_{3-1}、C_{4+23}、C_{5-4}、I_{10}、C_{1-26}、C_{2-18}、C_{4-31} 进行杀号的方法，本章统一用 L_{13} 指代这种杀号方法。

（13）从双色球 2003001 期开始，轮流使用胜率最高的 14 种杀号方法即 C_{2+2}、C_{3+15}、C_{1+27}、C_{1+20}、C_{3-29}、C_{4+1}、C_{3-1}、C_{4+23}、C_{5-4}、I_{10}、C_{1-26}、C_{2-18}、C_{4-31}、C_{2-28} 进行杀号的方法，本章统一用 L_{14} 指代这种杀号方法。

（14）从双色球 2003001 期开始，轮流使用胜率最高的 15 种杀号方法即 C_{2+2}、C_{3+15}、C_{1+27}、C_{1+20}、C_{3-29}、C_{4+1}、C_{3-1}、C_{4+23}、C_{5-4}、I_{10}、C_{1-26}、C_{2-18}、C_{4-31}、C_{2-28}、C_{4+33} 进行杀号的方法，本章统一用 L_{15} 指代这种杀号方法。

（15）从双色球 2003001 期开始，轮流使用胜率最高的 16 种杀号方法即 C_{2+2}、C_{3+15}、C_{1+27}、C_{1+20}、C_{3-29}、C_{4+1}、C_{3-1}、C_{4+23}、C_{5-4}、I_{10}、C_{1-26}、C_{2-18}、C_{4-31}、C_{2-28}、C_{4+33}、C_{1+18} 进行杀号的方法，本章统一用 L_{16} 指代这种杀号方法。

（16）从双色球 2003001 期开始，轮流使用胜率最高的 17 种杀号方法即 C_{2+2}、C_{3+15}、C_{1+27}、C_{1+20}、C_{3-29}、C_{4+1}、C_{3-1}、C_{4+23}、C_{5-4}、I_{10}、C_{1-26}、C_{2-18}、C_{4-31}、C_{2-28}、C_{4+33}、C_{1+18}、C_{2+19} 进行杀号的方法，本章统一用 L_{17} 指代这种杀号方法。

（17）从双色球 2003001 期开始，轮流使用胜率最高的 18 种杀号方法即 C_{2+2}、

C_{3+15}、C_{1+27}、C_{1+20}、C_{3-29}、C_{4+1}、C_{3-1}、C_{4+23}、C_{5-4}、I_{10}、C_{1-26}、C_{2-18}、C_{4-31}、C_{2-28}、C_{4+33}、C_{1+18}、C_{2+19}、C_{4-17} 进行杀号的方法，本章统一用 L_{18} 指代这种杀号方法。

（18）从双色球 2003001 期开始，轮流使用胜率最高的 19 种杀号方法即 C_{2+2}、C_{3+15}、C_{1+27}、C_{1+20}、C_{3-29}、C_{4+1}、C_{3-1}、C_{4+23}、C_{5-4}、I_{10}、C_{1-26}、C_{2-18}、C_{4-31}、C_{2-28}、C_{4+33}、C_{1+18}、C_{2+19}、C_{4-17}、C_{6+1} 进行杀号的方法，本章统一用 L_{19} 指代这种杀号方法。

（19）从双色球 2003001 期开始，轮流使用胜率最高的 20 种杀号方法即 C_{2+2}、C_{3+15}、C_{1+27}、C_{1+20}、C_{3-29}、C_{4+1}、C_{3-1}、C_{4+23}、C_{5-4}、I_{10}、C_{1-26}、C_{2-18}、C_{4-31}、C_{2-28}、C_{4+33}、C_{1+18}、C_{2+19}、C_{4-17}、C_{6+1}、I_{25} 进行杀号的方法，本章统一用 L_{20} 指代这种杀号方法。

（20）从双色球 2003001 期开始，轮流使用胜率最高的 21 种杀号方法即 C_{2+2}、C_{3+15}、C_{1+27}、C_{1+20}、C_{3-29}、C_{4+1}、C_{3-1}、C_{4+23}、C_{5-4}、I_{10}、C_{1-26}、C_{2-18}、C_{4-31}、C_{2-28}、C_{4+33}、C_{1+18}、C_{2+19}、C_{4-17}、C_{6+1}、I_{25}、C_{1-20} 进行杀号的方法，本章统一用 L_{21} 指代这种杀号方法。

（21）从双色球 2003001 期开始，轮流使用胜率最高的 22 种杀号方法即 C_{2+2}、C_{3+15}、C_{1+27}、C_{1+20}、C_{3-29}、C_{4+1}、C_{3-1}、C_{4+23}、C_{5-4}、I_{10}、C_{1-26}、C_{2-18}、C_{4-31}、C_{2-28}、C_{4+33}、C_{1+18}、C_{2+19}、C_{4-17}、C_{6+1}、I_{25}、C_{1-20}、C_{6-21} 进行杀号的方法，本章统一用 L_{22} 指代这种杀号方法。

（22）从双色球 2003001 期开始，轮流使用胜率最高的 23 种杀号方法即 C_{2+2}、C_{3+15}、C_{1+27}、C_{1+20}、C_{3-29}、C_{4+1}、C_{3-1}、C_{4+23}、C_{5-4}、I_{10}、C_{1-26}、C_{2-18}、C_{4-31}、C_{2-28}、C_{4+33}、C_{1+18}、C_{2+19}、C_{4-17}、C_{6+1}、I_{25}、C_{1-20}、C_{6-21}、C_{1+28} 进行杀号的方法，本章统一用 L_{23} 指代这种杀号方法。

（23）从双色球 2003001 期开始，轮流使用胜率最高的 24 种杀号方法即 C_{2+2}、C_{3+15}、C_{1+27}、C_{1+20}、C_{3-29}、C_{4+1}、C_{3-1}、C_{4+23}、C_{5-4}、I_{10}、C_{1-26}、C_{2-18}、C_{4-31}、C_{2-28}、C_{4+33}、C_{1+18}、C_{2+19}、C_{4-17}、C_{6+1}、I_{25}、C_{1-20}、C_{6-21}、C_{1+28}、C_{5-12} 进行杀号的方法，本章统一用 L_{24} 指代这种杀号方法。

从上面的分类中不难看出，胜率较高的杀号方法主要是前区号码加减特定数值所得的值杀号法，其中进行加减运算到 27、28、29 乃至 31、33 的情况都有出现，如果前面没有统计到前区号码加减 1~33 的所有情形，又怎能发现这么多胜率较高的杀号方法呢？

三、数据与分析

（1）表 3-11 为双色球轮流杀号法所包含的 23 种不同杀号方法的胜率统计表，统计周期为双色球 2003001 期至 2015023 期，共 1768 期，该表已经按胜率由高到低进行了排序。

表 3-11　统计（十一）

杀号方法	成功次数	失败次数	胜率（%）
L_7	1525	242	86.30
L_{14}	1511	256	85.51
L_9	1509	258	85.40
L_{11}	1501	266	84.95
L_{22}	1497	270	84.72
L_3	1496	271	84.66
L_5	1496	271	84.66
L_{10}	1496	271	84.66
L_6	1495	272	84.61
L_{18}	1495	272	84.61
L_{13}	1494	273	84.55
L_{15}	1494	273	84.55
L_{19}	1494	273	84.55
L_{12}	1489	278	84.27
L_{20}	1489	278	84.27
L_{17}	1488	279	84.21
L_{16}	1486	281	84.10
L_{24}	1485	282	84.04
L_{21}	1482	285	83.87
L_4	1481	286	83.81
L_8	1479	288	83.70
L_2	1474	293	83.42
L_{23}	1472	295	83.31

（2）从表 3-11 可以看出，轮流杀号法胜率都不低，这至少说明轮流使用不同的杀号方法进行杀号是科学的、可行的。在提出轮流杀号法之前，我能找到的胜率最高的杀号方法胜率仅为 84.61%，但现在我终于找到了胜率高达 86.3% 的

杀号方法，这种胜率已经远远高于理论胜率，更远远高于前面统计到的胜率最低的杀号方法。胜率最高的杀号方法 L_7 的胜率与胜率最低的杀号方法 B_{4-14} 相比，其胜率相差竟然高达 8%。相信看到表 3-11，大家都和我一样惊喜。因为前面统计了那么多杀号方法，其杀号成功次数没有一个达到 1500 次的，但从表 3-11 却看到了杀号成功次数高达 1525 次的杀号方法，这难道不是一个惊喜吗？所以毫无疑问，大家进行杀号一定要使用胜率最高的 L_7 杀号法。在这 1768 期中使用该方法比使用 B_{4-14} 杀号法杀号成功次数多了 141 次，这种差距还是很大的。至于其他类型的轮流杀号法，建议大家了解即可，无须深入研究。

（3）那么大家该如何使用 L_7 杀号法呢？显然，这 7 种杀号方法按照固定顺序轮流使用需要一张表格来标示，表 3-12 即为双色球开奖期数与杀号方法对应表。

表 3-12　双色球开奖期数与杀号方法对应表

时间	星期	期数	杀号方法	代号
2015 年 5 月 21 日	星期四	2015058	第一个号码加 20 所得的值杀号法	C_{1+27}
2015 年 5 月 24 日	星期日	2015059	第三个号码减 29 所得的值杀号法	C_{4+1}
2015 年 5 月 26 日	星期二	2015060	第四个号码加 1 所得的值杀号法	C_{2+2}
2015 年 5 月 28 日	星期四	2015061	第三个号码减 1 所得的值杀号法	C_{1+27}
2015 年 5 月 31 日	星期日	2015062	第二个号码加 2 所得的值杀号法	C_{4+1}
2015 年 6 月 2 日	星期二	2015063	第三个号码加 15 所得的值杀号法	C_{2+2}
2015 年 6 月 4 日	星期四	2015064	第一个号码加 27 所得的值杀号法	C_{1+27}
2015 年 6 月 7 日	星期日	2015065	第一个号码加 20 所得的值杀号法	C_{4+1}
2015 年 6 月 9 日	星期二	2015066	第三个号码减 29 所得的值杀号法	C_{2+2}
2015 年 6 月 11 日	星期四	2015067	第四个号码加 1 所得的值杀号法	C_{1+27}
2015 年 6 月 14 日	星期日	2015068	第三个号码减 1 所得的值杀号法	C_{4+1}
2015 年 6 月 16 日	星期二	2015069	第二个号码加 2 所得的值杀号法	C_{2+2}
2015 年 6 月 18 日	星期四	2015070	第三个号码加 15 所得的值杀号法	C_{1+27}
2015 年 6 月 21 日	星期日	2015071	第一个号码加 27 所得的值杀号法	C_{4+1}
2015 年 6 月 23 日	星期二	2015072	第一个号码加 20 所得的值杀号法	C_{2+2}
2015 年 6 月 25 日	星期四	2015073	第三个号码减 29 所得的值杀号法	C_{1+27}
2015 年 6 月 28 日	星期日	2015074	第四个号码加 1 所得的值杀号法	C_{4+1}
2015 年 6 月 30 日	星期二	2015075	第三个号码减 1 所得的值杀号法	C_{2+2}
2015 年 7 月 2 日	星期四	2015076	第二个号码加 2 所得的值杀号法	C_{1+27}
2015 年 7 月 5 日	星期日	2015077	第三个号码加 15 所得的值杀号法	C_{4+1}
2015 年 7 月 7 日	星期二	2015078	第一个号码加 27 所得的值杀号法	C_{2+2}
2015 年 7 月 9 日	星期四	2015079	第一个号码加 20 所得的值杀号法	C_{1+27}
2015 年 7 月 12 日	星期日	2015080	第三个号码减 29 所得的值杀号法	C_{4+1}

时间	星期	期数	杀号方法	代号
2015 年 7 月 14 日	星期二	2015081	第四个号码加 1 所得的值杀号法	C_{2+2}
2015 年 7 月 16 日	星期四	2015082	第三个号码减 1 所得的值杀号法	C_{1+27}
2015 年 7 月 19 日	星期日	2015083	第二个号码加 2 所得的值杀号法	C_{4+1}
2015 年 7 月 21 日	星期二	2015084	第三个号码加 15 所得的值杀号法	C_{2+2}
2015 年 7 月 23 日	星期四	2015085	第一个号码加 27 所得的值杀号法	C_{1+27}
2015 年 7 月 26 日	星期日	2015086	第一个号码加 20 所得的值杀号法	C_{4+1}
2015 年 7 月 28 日	星期二	2015087	第三个号码减 29 所得的值杀号法	C_{2+2}
2015 年 7 月 30 日	星期四	2015088	第四个号码加 1 所得的值杀号法	C_{1+27}
2015 年 8 月 2 日	星期日	2015089	第三个号码减 1 所得的值杀号法	C_{4+1}
2015 年 8 月 4 日	星期二	2015090	第二个号码加 2 所得的值杀号法	C_{2+2}
2015 年 8 月 6 日	星期四	2015091	第三个号码加 15 所得的值杀号法	C_{1+27}
2015 年 8 月 9 日	星期日	2015092	第一个号码加 27 所得的值杀号法	C_{4+1}
2015 年 8 月 11 日	星期二	2015093	第一个号码加 20 所得的值杀号法	C_{2+2}
2015 年 8 月 13 日	星期四	2015094	第三个号码减 29 所得的值杀号法	C_{1+27}
2015 年 8 月 16 日	星期日	2015095	第四个号码加 1 所得的值杀号法	C_{4+1}
2015 年 8 月 18 日	星期二	2015096	第三个号码减 1 所得的值杀号法	C_{2+2}
2015 年 8 月 20 日	星期四	2015097	第二个号码加 2 所得的值杀号法	C_{1+27}
2015 年 8 月 23 日	星期日	2015098	第三个号码加 15 所得的值杀号法	C_{4+1}
2015 年 8 月 25 日	星期二	2015099	第一个号码加 27 所得的值杀号法	C_{2+2}
2015 年 8 月 27 日	星期四	2015100	第一个号码加 20 所得的值杀号法	C_{1+27}
2015 年 8 月 30 日	星期日	2015101	第三个号码减 29 所得的值杀号法	C_{4+1}
2015 年 9 月 1 日	星期二	2015102	第四个号码加 1 所得的值杀号法	C_{2+2}
2015 年 9 月 3 日	星期四	2015103	第三个号码减 1 所得的值杀号法	C_{1+27}
2015 年 9 月 6 日	星期日	2015104	第二个号码加 2 所得的值杀号法	C_{4+1}
2015 年 9 月 8 日	星期二	2015105	第三个号码加 15 所得的值杀号法	C_{2+2}
2015 年 9 月 10 日	星期四	2015106	第一个号码加 27 所得的值杀号法	C_{1+27}
2015 年 9 月 13 日	星期日	2015107	第一个号码加 20 所得的值杀号法	C_{4+1}
2015 年 9 月 15 日	星期二	2015108	第三个号码减 29 所得的值杀号法	C_{2+2}
2015 年 9 月 17 日	星期四	2015109	第四个号码加 1 所得的值杀号法	C_{1+27}
2015 年 9 月 20 日	星期日	2015110	第三个号码减 1 所得的值杀号法	C_{4+1}
2015 年 9 月 22 日	星期二	2015111	第二个号码加 2 所得的值杀号法	C_{2+2}
2015 年 9 月 24 日	星期四	2015112	第三个号码加 15 所得的值杀号法	C_{3+15}
2015 年 9 月 27 日	星期日	2015113	第一个号码加 27 所得的值杀号法	C_{1+27}
2015 年 9 月 29 日	星期二	2015114	第一个号码加 20 所得的值杀号法	C_{1+20}
2015 年 10 月 1 日	星期四	2015115	第三个号码减 29 所得的值杀号法	C_{3-29}
2015 年 10 月 4 日	星期日	2015116	第四个号码加 1 所得的值杀号法	C_{4+1}
2015 年 10 月 6 日	星期二	2015117	第三个号码减 1 所得的值杀号法	C_{3-1}

续表

时间	星期	期数	杀号方法	代号
2015 年 10 月 8 日	星期四	2015118	第二个号码加 2 所得的值杀号法	C_{2+2}
2015 年 10 月 11 日	星期日	2015119	第三个号码加 15 所得的值杀号法	C_{3+15}
2015 年 10 月 13 日	星期二	2015120	第一个号码 27 所得的值杀号法	C_{1+27}
2015 年 10 月 15 日	星期四	2015121	第一个号码加 20 所得的值杀号法	C_{1+20}
2015 年 10 月 18 日	星期日	2015122	第三个号码减 29 所得的值杀号法	C_{3-29}
2015 年 10 月 20 日	星期二	2015123	第四个号码加 1 所得的值杀号法	C_{4+1}
2015 年 10 月 22 日	星期四	2015124	第三个号码减 1 所得的值杀号法	C_{3-1}
2015 年 10 月 25 日	星期日	2015125	第二个号码加 2 所得的值杀号法	C_{2+2}
2015 年 10 月 27 日	星期二	2015126	第三个号码加 15 所得的值杀号法	C_{3+15}
2015 年 10 月 29 日	星期四	2015127	第一个号码加 27 所得的值杀号法	C_{1+27}
2015 年 11 月 1 日	星期日	2015128	第一个号码加 20 所得的值杀号法	C_{1+20}
2015 年 11 月 3 日	星期二	2015129	第三个号码减 29 所得的值杀号法	C_{3-29}
2015 年 11 月 5 日	星期四	2015130	第四个号码加 1 所得的值杀号法	C_{4+1}
2015 年 11 月 8 日	星期日	2015131	第三个号码减 1 所得的值杀号法	C_{3-1}
2015 年 11 月 10 日	星期二	2015132	第二个号码加 2 所得的值杀号法	C_{2+2}
2015 年 11 月 12 日	星期四	2015133	第三个号码加 15 所得的值杀号法	C_{3+15}
2015 年 11 月 15 日	星期日	2015134	第一个号码加 27 所得的值杀号法	C_{1+27}
2015 年 11 月 17 日	星期二	2015135	第一个号码加 20 所得的值杀号法	C_{1+20}
2015 年 11 月 19 日	星期四	2015136	第三个号码减 29 所得的值杀号法	C_{3-29}
2015 年 11 月 22 日	星期日	2015137	第四个号码加 1 所得的值杀号法	C_{4+1}
2015 年 11 月 24 日	星期二	2015138	第三个号码减 1 所得的值杀号法	C_{3-1}
2015 年 11 月 26 日	星期四	2015139	第二个号码加 2 所得的值杀号法	C_{2+2}
2015 年 11 月 29 日	星期日	2015140	第三个号码加 15 所得的值杀号法	C_{3+15}
2015 年 12 月 1 日	星期二	2015141	第一个号码加 27 所得的值杀号法	C_{1+27}
2015 年 12 月 3 日	星期四	2015142	第一个号码加 20 所得的值杀号法	C_{1+20}
2015 年 12 月 6 日	星期日	2015143	第三个号码减 29 所得的值杀号法	C_{3-29}
2015 年 12 月 8 日	星期二	2015144	第四个号码加 1 所得的值杀号法	C_{4+1}
2015 年 12 月 10 日	星期四	2015145	第三个号码减 1 所得的值杀号法	C_{3-1}
2015 年 12 月 13 日	星期日	2015146	第二个号码加 2 所得的值杀号法	C_{2+2}
2015 年 12 月 15 日	星期二	2015147	第三个号码加 15 所得的值杀号法	C_{3+15}
2015 年 12 月 17 日	星期四	2015148	第一个号码加 27 所得的值杀号法	C_{1+27}
2015 年 12 月 20 日	星期日	2015149	第一个号码加 20 所得的值杀号法	C_{1+20}
2015 年 12 月 22 日	星期二	2015150	第三个号码减 29 所得的值杀号法	C_{3-29}
2015 年 12 月 24 日	星期四	2015151	第四个号码加 1 所得的值杀号法	C_{4+1}
2015 年 12 月 27 日	星期日	2015152	第三个号码减 1 所得的值杀号法	C_{3-1}
2015 年 12 月 29 日	星期二	2015153	第二个号码加 2 所得的值杀号法	C_{2+2}
2015 年 12 月 31 日	星期四	2015154	第三个号码加 15 所得的值杀号法	C_{3+15}

时间	星期	期数	杀号方法	代号
2016 年 1 月 3 日	星期日	2016001	第一个号码加 27 所得的值杀号法	C_{1+27}
2016 年 1 月 5 日	星期二	2016002	第一个号码加 20 所得的值杀号法	C_{1+20}
2016 年 1 月 7 日	星期四	2016003	第三个号码减 29 所得的值杀号法	C_{3-29}
2016 年 1 月 10 日	星期日	2016004	第四个号码加 1 所得的值杀号法	C_{4+1}
2016 年 1 月 12 日	星期二	2016005	第三个号码减 1 所得的值杀号法	C_{3-1}
2016 年 1 月 14 日	星期四	2016006	第二个号码加 2 所得的值杀号法	C_{2+2}
2016 年 1 月 17 日	星期日	2016007	第三个号码加 15 所得的值杀号法	C_{3+15}
2016 年 1 月 19 日	星期二	2016008	第一个号码加 27 所得的值杀号法	C_{1+27}
2016 年 1 月 21 日	星期四	2016009	第一个号码加 20 所得的值杀号法	C_{1+20}
2016 年 1 月 24 日	星期日	2016010	第三个号码减 29 所得的值杀号法	C_{3-29}
2016 年 1 月 26 日	星期二	2016011	第四个号码加 1 所得的值杀号法	C_{4+1}
2016 年 1 月 28 日	星期四	2016012	第三个号码减 1 所得的值杀号法	C_{3-1}
2016 年 1 月 31 日	星期日	2016013	第二个号码加 2 所得的值杀号法	C_{2+2}
2016 年 2 月 2 日	星期二	2016014	第三个号码加 15 所得的值杀号法	C_{3+15}
2016 年 2 月 4 日	星期四	2016015	第一个号码加 27 所得的值杀号法	C_{1+27}
2016 年 2 月 7 日	星期日	2016016	第一个号码加 20 所得的值杀号法	C_{1+20}
2016 年 2 月 9 日	星期二	2016017	第三个号码减 29 所得的值杀号法	C_{3-29}
2016 年 2 月 11 日	星期四	2016018	第四个号码加 1 所得的值杀号法	C_{4+1}
2016 年 2 月 14 日	星期日	2016019	第三个号码减 1 所得的值杀号法	C_{3-1}
2016 年 2 月 16 日	星期二	2016020	第二个号码加 2 所得的值杀号法	C_{2+2}
2016 年 2 月 18 日	星期四	2016021	第三个号码加 15 所得的值杀号法	C_{3+15}
2016 年 2 月 21 日	星期日	2016022	第一个号码加 27 所得的值杀号法	C_{1+27}
2016 年 2 月 23 日	星期二	2016023	第一个号码加 20 所得的值杀号法	C_{1+20}
2016 年 2 月 25 日	星期四	2016024	第三个号码减 29 所得的值杀号法	C_{3-29}
2016 年 2 月 28 日	星期日	2016025	第四个号码加 1 所得的值杀号法	C_{4+1}
2016 年 3 月 1 日	星期二	2016026	第三个号码减 1 所得的值杀号法	C_{3-1}
2016 年 3 月 3 日	星期四	2016027	第二个号码加 2 所得的值杀号法	C_{2+2}
2016 年 3 月 6 日	星期日	2016028	第三个号码加 15 所得的值杀号法	C_{3+15}
2016 年 3 月 8 日	星期二	2016029	第一个号码加 27 所得的值杀号法	C_{1+27}
2016 年 3 月 10 日	星期四	2016030	第一个号码加 20 所得的值杀号法	C_{1+20}
2016 年 3 月 13 日	星期日	2016031	第三个号码减 29 所得的值杀号法	C_{3-29}
2016 年 3 月 15 日	星期二	2016032	第四个号码加 1 所得的值杀号法	C_{4+1}
2016 年 3 月 17 日	星期四	2016033	第三个号码减 1 所得的值杀号法	C_{3-1}
2016 年 3 月 20 日	星期日	2016034	第二个号码加 2 所得的值杀号法	C_{2+2}
2016 年 3 月 22 日	星期二	2016035	第三个号码加 15 所得的值杀号法	C_{3+15}
2016 年 3 月 24 日	星期四	2016036	第一个号码加 27 所得的值杀号法	C_{1+27}
2016 年 3 月 27 日	星期日	2016037	第一个号码加 20 所得的值杀号法	C_{1+20}

续表

时间	星期	期数	杀号方法	代号
2016 年 3 月 29 日	星期二	2016038	第三个号码减 29 所得的值杀号法	C_{3-29}
2016 年 3 月 31 日	星期四	2016039	第四个号码加 1 所得的值杀号法	C_{4+1}
2016 年 4 月 3 日	星期日	2016040	第三个号码减 1 所得的值杀号法	C_{3-1}
2016 年 4 月 5 日	星期二	2016041	第二个号码加 2 所得的值杀号法	C_{2+2}
2016 年 4 月 7 日	星期四	2016042	第三个号码加 15 所得的值杀号法	C_{3+15}
2016 年 4 月 10 日	星期日	2016043	第一个号码加 27 所得的值杀号法	C_{1+27}
2016 年 4 月 12 日	星期二	2016044	第一个号码加 20 所得的值杀号法	C_{1+20}
2016 年 4 月 14 日	星期四	2016045	第三个号码减 29 所得的值杀号法	C_{3-29}
2016 年 4 月 17 日	星期日	2016046	第四个号码加 1 所得的值杀号法	C_{4+1}
2016 年 4 月 19 日	星期二	2016047	第三个号码减 1 所得的值杀号法	C_{3-1}
2016 年 4 月 21 日	星期四	2016048	第二个号码加 2 所得的值杀号法	C_{2+2}
2016 年 4 月 24 日	星期日	2016049	第三个号码加 15 所得的值杀号法	C_{3+15}
2016 年 4 月 26 日	星期二	2016050	第一个号码加 27 所得的值杀号法	C_{1+27}
2016 年 4 月 28 日	星期四	2016051	第一个号码加 20 所得的值杀号法	C_{1+20}
2016 年 5 月 1 日	星期日	2016052	第三个号码减 29 所得的值杀号法	C_{3-29}
2016 年 5 月 3 日	星期二	2016053	第四个号码加 1 所得的值杀号法	C_{4+1}
2016 年 5 月 5 日	星期四	2016054	第三个号码减 1 所得的值杀号法	C_{3-1}
2016 年 5 月 8 日	星期日	2016055	第二个号码加 2 所得的值杀号法	C_{2+2}
2016 年 5 月 10 日	星期二	2016056	第三个号码加 15 所得的值杀号法	C_{3+15}
2016 年 5 月 12 日	星期四	2016057	第一个号码加 27 所得的值杀号法	C_{1+27}
2016 年 5 月 15 日	星期日	2016058	第一个号码加 20 所得的值杀号法	C_{1+20}
2016 年 5 月 17 日	星期二	2016059	第三个号码减 29 所得的值杀号法	C_{3-29}
2016 年 5 月 19 日	星期四	2016060	第四个号码加 1 所得的值杀号法	C_{4+1}
2016 年 5 月 22 日	星期日	2016061	第三个号码减 1 所得的值杀号法	C_{3-1}
2016 年 5 月 24 日	星期二	2016062	第二个号码加 2 所得的值杀号法	C_{2+2}
2016 年 5 月 26 日	星期四	2016063	第三个号码加 15 所得的值杀号法	C_{3+15}
2016 年 5 月 29 日	星期日	2016064	第一个号码加 27 所得的值杀号法	C_{1+27}
2016 年 5 月 31 日	星期二	2016065	第一个号码加 20 所得的值杀号法	C_{1+20}
2016 年 6 月 2 日	星期四	2016066	第三个号码减 29 所得的值杀号法	C_{3-29}
2016 年 6 月 5 日	星期日	2016067	第四个号码加 1 所得的值杀号法	C_{4+1}
2016 年 6 月 7 日	星期二	2016068	第三个号码减 1 所得的值杀号法	C_{3-1}
2016 年 6 月 9 日	星期四	2016069	第二个号码加 2 所得的值杀号法	C_{2+2}
2016 年 6 月 12 日	星期日	2016070	第三个号码加 15 所得的值杀号法	C_{3+15}
2016 年 6 月 14 日	星期二	2016071	第一个号码加 27 所得的值杀号法	C_{1+27}
2016 年 6 月 16 日	星期四	2016072	第一个号码加 20 所得的值杀号法	C_{1+20}
2016 年 6 月 19 日	星期日	2016073	第三个号码减 29 所得的值杀号法	C_{3-29}
2016 年 6 月 21 日	星期二	2016074	第四个号码加 1 所得的值杀号法	C_{4+1}

时间	星期	期数	杀号方法	代号
2016 年 6 月 23 日	星期四	2016075	第三个号码减 1 所得的值杀号法	C_{3-1}
2016 年 6 月 26 日	星期日	2016076	第二个号码加 2 所得的值杀号法	C_{2+2}
2016 年 6 月 28 日	星期二	2016077	第三个号码加 15 所得的值杀号法	C_{3+15}
2016 年 6 月 30 日	星期四	2016078	第一个号码加 27 所得的值杀号法	C_{1+27}
2016 年 7 月 3 日	星期日	2016079	第一个号码加 20 所得的值杀号法	C_{1+20}
2016 年 7 月 5 日	星期二	2016080	第三个号码减 29 所得的值杀号法	C_{3-29}
2016 年 7 月 7 日	星期四	2016081	第四个号码加 1 所得的值杀号法	C_{4+1}
2016 年 7 月 10 日	星期日	2016082	第三个号码减 1 所得的值杀号法	C_{3-1}
2016 年 7 月 12 日	星期二	2016083	第二个号码加 2 所得的值杀号法	C_{2+2}
2016 年 7 月 14 日	星期四	2016084	第三个号码加 15 所得的值杀号法	C_{3+15}
2016 年 7 月 17 日	星期日	2016085	第一个号码加 27 所得的值杀号法	C_{1+27}
2016 年 7 月 19 日	星期二	2016086	第一个号码加 20 所得的值杀号法	C_{1+20}
2016 年 7 月 21 日	星期四	2016087	第三个号码减 29 所得的值杀号法	C_{3-29}
2016 年 7 月 24 日	星期日	2016088	第四个号码加 1 所得的值杀号法	C_{4+1}
2016 年 7 月 26 日	星期二	2016089	第三个号码减 1 所得的值杀号法	C_{3-1}
2016 年 7 月 28 日	星期四	2016090	第二个号码加 2 所得的值杀号法	C_{2+2}
2016 年 7 月 31 日	星期日	2016091	第三个号码加 15 所得的值杀号法	C_{3+15}
2016 年 8 月 2 日	星期二	2016092	第一个号码加 27 所得的值杀号法	C_{1+27}
2016 年 8 月 4 日	星期四	2016093	第一个号码加 20 所得的值杀号法	C_{1+20}
2016 年 8 月 7 日	星期日	2016094	第三个号码减 29 所得的值杀号法	C_{3-29}
2016 年 8 月 9 日	星期二	2016095	第四个号码加 1 所得的值杀号法	C_{4+1}
2016 年 8 月 11 日	星期四	2016096	第三个号码减 1 所得的值杀号法	C_{3-1}
2016 年 8 月 14 日	星期日	2016097	第二个号码加 2 所得的值杀号法	C_{2+2}
2016 年 8 月 16 日	星期二	2016098	第三个号码加 15 所得的值杀号法	C_{3+15}
2016 年 8 月 18 日	星期四	2016099	第一个号码加 27 所得的值杀号法	C_{1+27}
2016 年 8 月 21 日	星期日	2016100	第一个号码加 20 所得的值杀号法	C_{1+20}
2016 年 8 月 23 日	星期二	2016101	第三个号码减 29 所得的值杀号法	C_{3-29}
2016 年 8 月 25 日	星期四	2016102	第四个号码加 1 所得的值杀号法	C_{4+1}
2016 年 8 月 28 日	星期日	2016103	第三个号码减 1 所得的值杀号法	C_{3-1}
2016 年 8 月 30 日	星期二	2016104	第二个号码加 2 所得的值杀号法	C_{2+2}
2016 年 9 月 1 日	星期四	2016105	第三个号码加 15 所得的值杀号法	C_{3+15}
2016 年 9 月 4 日	星期日	2016106	第一个号码加 27 所得的值杀号法	C_{1+27}
2016 年 9 月 6 日	星期二	2016107	第一个号码加 20 所得的值杀号法	C_{1+20}
2016 年 9 月 8 日	星期四	2016108	第三个号码减 29 所得的值杀号法	C_{3-29}
2016 年 9 月 11 日	星期日	2016109	第四个号码加 1 所得的值杀号法	C_{4+1}
2016 年 9 月 13 日	星期二	2016110	第三个号码减 1 所得的值杀号法	C_{3-1}
2016 年 9 月 15 日	星期四	2016111	第二个号码加 2 所得的值杀号法	C_{2+2}

时间	星期	期数	杀号方法	代号
2016 年 9 月 18 日	星期日	2016112	第三个号码加 15 所得的值杀号法	C_{3+15}
2016 年 9 月 20 日	星期二	2016113	第一个号码加 27 所得的值杀号法	C_{1+27}
2016 年 9 月 22 日	星期四	2016114	第一个号码加 20 所得的值杀号法	C_{1+20}
2016 年 9 月 25 日	星期日	2016115	第三个号码减 29 所得的值杀号法	C_{3-29}
2016 年 9 月 27 日	星期二	2016116	第四个号码加 1 所得的值杀号法	C_{4+1}
2016 年 9 月 29 日	星期四	2016117	第三个号码减 1 所得的值杀号法	C_{3-1}
2016 年 10 月 2 日	星期日	2016118	第二个号码加 2 所得的值杀号法	C_{2+2}
2016 年 10 月 4 日	星期二	2016119	第三个号码加 15 所得的值杀号法	C_{3+15}
2016 年 10 月 6 日	星期四	2016120	第一个号码加 27 所得的值杀号法	C_{1+27}
2016 年 10 月 9 日	星期日	2016121	第一个号码加 20 所得的值杀号法	C_{1+20}
2016 年 10 月 11 日	星期二	2016122	第三个号码减 29 所得的值杀号法	C_{3-29}
2016 年 10 月 13 日	星期四	2016123	第四个号码加 1 所得的值杀号法	C_{4+1}
2016 年 10 月 16 日	星期日	2016124	第三个号码减 1 所得的值杀号法	C_{3-1}
2016 年 10 月 18 日	星期二	2016125	第二个号码加 2 所得的值杀号法	C_{2+2}
2016 年 10 月 20 日	星期四	2016126	第三个号码加 15 所得的值杀号法	C_{3+15}
2016 年 10 月 23 日	星期日	2016127	第一个号码加 27 所得的值杀号法	C_{1+27}
2016 年 10 月 25 日	星期二	2016128	第一个号码加 20 所得的值杀号法	C_{1+20}
2016 年 10 月 27 日	星期四	2016129	第三个号码减 29 所得的值杀号法	C_{3-29}
2016 年 10 月 30 日	星期日	2016130	第四个号码加 1 所得的值杀号法	C_{4+1}
2016 年 11 月 1 日	星期二	2016131	第三个号码减 1 所得的值杀号法	C_{3-1}
2016 年 11 月 3 日	星期四	2016132	第二个号码加 2 所得的值杀号法	C_{2+2}
2016 年 11 月 6 日	星期日	2016133	第三个号码加 15 所得的值杀号法	C_{3+15}
2016 年 11 月 8 日	星期二	2016134	第一个号码加 27 所得的值杀号法	C_{1+27}
2016 年 11 月 10 日	星期四	2016135	第一个号码加 20 所得的值杀号法	C_{1+20}
2016 年 11 月 13 日	星期日	2016136	第三个号码减 29 所得的值杀号法	C_{3-29}
2016 年 11 月 15 日	星期二	2016137	第四个号码加 1 所得的值杀号法	C_{4+1}
2016 年 11 月 17 日	星期四	2016138	第三个号码减 1 所得的值杀号法	C_{3-1}
2016 年 11 月 20 日	星期日	2016139	第二个号码加 2 所得的值杀号法	C_{2+2}
2016 年 11 月 22 日	星期二	2016140	第三个号码加 15 所得的值杀号法	C_{3+15}
2016 年 11 月 24 日	星期四	2016141	第一个号码加 27 所得的值杀号法	C_{1+27}
2016 年 11 月 27 日	星期日	2016142	第一个号码加 20 所得的值杀号法	C_{1+20}
2016 年 11 月 29 日	星期二	2016143	第三个号码减 29 所得的值杀号法	C_{3-29}
2016 年 12 月 1 日	星期四	2016144	第四个号码加 1 所得的值杀号法	C_{4+1}
2016 年 12 月 4 日	星期日	2016145	第三个号码减 1 所得的值杀号法	C_{3-1}
2016 年 12 月 6 日	星期二	2016146	第二个号码加 2 所得的值杀号法	C_{2+2}
2016 年 12 月 8 日	星期四	2016147	第三个号码加 15 所得的值杀号法	C_{3+15}
2016 年 12 月 11 日	星期日	2016148	第一个号码加 27 所得的值杀号法	C_{1+27}

续表

时间	星期	期数	杀号方法	代号
2016 年 12 月 13 日	星期二	2016149	第一个号码加 20 所得的值杀号法	C_{1+20}
2016 年 12 月 15 日	星期四	2016150	第三个号码减 29 所得的值杀号法	C_{3-29}
2016 年 12 月 18 日	星期日	2016151	第四个号码加 1 所得的值杀号法	C_{4+1}
2016 年 12 月 20 日	星期二	2016152	第三个号码减 1 所得的值杀号法	C_{3-1}
2016 年 12 月 22 日	星期四	2016153	第二个号码加 2 所得的值杀号法	C_{2+2}
2016 年 12 月 25 日	星期日	2016154	第三个号码加 15 所得的值杀号法	C_{3+15}
2016 年 12 月 27 日	星期二	2016155	第一个号码加 27 所得的值杀号法	C_{1+27}
2016 年 12 月 29 日	星期四	2016156	第一个号码加 20 所得的值杀号法	C_{1+20}

在表 3-12 中，每一期对应的杀号方法都是用来杀下期前区号码的。比如第 2015111 期对应的杀号方法是第二个号码加 2 所得的值杀号法，就是要用第二个号码加 2 所得的值杀号法杀下期即 2015112 期前区 1 个号码。这里只统计到 2016 年 12 月 29 日，之后需要大家自己制作表格。如果中间双色球有停开现象，则杀号方法自动顺延，不过这种情况一般不会发生。

这种方法胜率虽高，但却比较烦琐。如果大家觉得使用这种杀号方法不够方便的话，我建议大家只使用一种方法进行杀号，就是 C_{2+2} 即第二个号码加 2 所得的值杀号法。

四、特别说明

本章总共统计了 613 种双色球前区杀号方法，之所以统计这么多，一是为了找出胜率大幅高于理论胜率的杀号方法用于杀号；二是为了找出胜率大幅低于理论胜率的杀号方法用于定胆；三是为了驳斥网上关于杀号方法的种种谬论，从而使大家不再被蒙骗。这 613 种杀号方法都是单一的杀号方法，那么，同时使用不同的杀号方法进行杀号胜率如何呢？

表 3-13 为同时使用不同杀号方法进行杀号的胜率统计表，统计周期为双色球 2003001 期至 2015023 期，共 1768 期，该表已经按胜率由高到低进行了排序。

表 3-13　统计（十二）

杀号方法	成功次数	失败次数	胜率（%）
β_1	916	851	51.84
β_2	912	855	51.61
β_3	696	1070	39.41
β_4	468	1298	26.50
β_5	146	1621	8.26
β_6	145	1622	8.21
β_7	125	1642	7.07
β_8	72	1695	4.07

注：β_1 指代同时使用末尾两码的积取尾所得的值杀号法；β_2 指代同时使用末尾两码的商取尾所得的值杀号法；β_3 指代同时使用上两期前区对应号码互减所得的值杀号法；β_4 指代同时使用上两期前区对应号码均值杀号法；β_5 指代同时使用前区号码加减 2 所得的值杀号法；β_6 指代同时使用前区号码加减 3 所得的值杀号法；β_7 指代同时使用前区号码加减 1 所得的值杀号法；β_8 指代同时使用前区号码互减所得的值杀号法。

从表 3-13 可以看出，同时使用不同的杀号方法进行杀号胜率都很低。要知道，杀错 1 个号码就不可能中一等奖了。所以杀号不可贪多，关键在于杀对。基于这个原因，本章对同时使用不同杀号方法进行杀号的情况没有进行详细分析，建议大家不要同时使用不同的杀号方法进行杀号。

第四章　后区杀号方法

　　第三章对双色球前区杀号方法进行了详细介绍，本章将要介绍的后区杀号方法基本上是沿袭前区杀号方法。也就是说，继续用前区杀号方法所杀的号码进行后区杀号。比如前区号码互减所得的值杀号法，第三章用来杀前区号码，本章则用来杀后区号码，其他前区杀号方法亦然。

　　有鉴于此，本章对各种后区杀号方法的概念和分类不再进行详细解释，对具体的数据也不再进行详细分析，只在每一节末尾为大家指出胜率较高或较为有效的后区杀号方法。大家如果对有些概念不太清楚，可以参考第三章相关内容。

第一节　概述

一、规则

　　第一条，本规则适用于本章所有杀号方法，本章一律将本规则简称为"杀号规则"。

　　第二条，1 个数值对应 1 个号码，比如数值 1 对应号码 01、数值 2 对应号码 02、数值 3 对应号码 03……相同的数值，无论有多少个，都对应且只对应同一个号码。

　　第三条，数值若在 1~16 范围内，则直接杀该数值对应的号码。

第四条，数值若超出 1~16 的范围，则按以下规则进行杀号：

1）数值为 0，杀号码 10。

2）数值尾数为 0，杀号码 10。比如数值为 20、30、40……时，都杀号码 10。数值尾数即数值的个位数。

3）数值尾数不为 0，杀其尾数对应的号码。比如，数值为 24 时，杀其尾数 4 对应的号码 04；数值为 25 时，杀其尾数 5 对应的号码 05；数值为 34 时，杀其尾数 4 对应的号码 04；数值为 35 时，杀其尾数 5 对应的号码 05……

4）数值为负时，取其绝对值进行杀号，绝对值超出 1~16 的范围时按本条第 2 项、第 3 项的规定杀号。比如，数值为–1 时，杀其绝对值 1 对应的号码 01；数值为–2 时，杀其绝对值 2 对应的号码 02；数值为–3 时，杀其绝对值 3 对应的号码 03……数值为–24 时，杀其绝对值 24 的尾数 4 对应的号码 04；数值为–25 时，杀其绝对值 25 的尾数 5 对应的号码 05；数值为–34 时，杀其绝对值 34 的尾数 4 对应的号码 04；数值为–35 时，杀其绝对值 35 的尾数 5 对应的号码 05……

二、理论胜率

双色球后区每期从 16 个号码中开出 1 个号码，所以理论上每个号码每期开出的概率为 1/16，即 6.25%，则理论上每个号码每期开不出的概率就是 93.75%。理论上每个号码每期开不出的概率就是双色球后区杀一个号码的理论胜率。所以，双色球后区杀一个号码的理论胜率为 93.75%。

第二节   后区杀号方法大全

一、前区号码互减所得的值杀号法

（一）概念

前区号码互减所得的值杀号法就是用双色球当期前区号码互减所得的值对应的号码分别杀下期后区 1 个号码的方法。比如，双色球第 2013024 期前区开出 04、05、13、23、27、30，前区号码互减所得的值分别为 1、9、19、23、26、8、18、22、25、10、14、17、4、7、3，按照杀号规则的规定，此时应该从下面这些号码中选择下期后区要杀的号码：01、09、09、03、06、08、08、02、05、10、14、07、04、07、03，假如这里杀号码 02，结果双色球第 2013025 期后区开出号码 08，杀号成功。

鉴于第三章已经对有关概念进行过详细解释，本章下面谈到任何杀号方法，都不再举例。

（二）分类

（1）第六个号码减第一个号码所得的值杀号法，本章统一用 M_{6-1} 指代这种杀号方法。

（2）第六个号码减第二个号码所得的值杀号法，本章统一用 M_{6-2} 指代这种杀号方法。

......

（15）第二个号码减第一个号码所得的值杀号法，本章统一用 M_{2-1} 指代这种杀号方法。

（三）数据

表 4-1 为双色球前区号码互减所得的值杀号法所包含的 15 种不同杀号方法的胜率统计表，统计周期为双色球 2003001 期至 2015023 期，共 1768 期，该表已经按胜率由高到低进行了排序。

表 4-1 统计（一）

杀号方法	成功次数	失败次数	胜率（%）
M_{2-1}	1668	99	94.40
M_{5-3}	1664	103	94.17
M_{6-2}	1664	103	94.17
M_{5-1}	1662	105	94.06
M_{6-4}	1660	107	93.94
M_{6-1}	1658	109	93.83
M_{6-3}	1656	111	93.72
M_{4-3}	1655	112	93.66
M_{6-5}	1654	113	93.60
M_{3-2}	1653	114	93.55
M_{4-1}	1653	114	93.55
M_{3-1}	1652	115	93.49
M_{4-2}	1652	115	93.49
M_{5-4}	1651	116	93.44
M_{5-2}	1641	126	92.87

二、前区号码互加所得的值杀号法

（一）概念

前区号码互加所得的值杀号法就是用双色球当期前区号码互加所得的值对应的号码分别杀下期后区 1 个号码的方法。

（二）分类

（1）第六个号码加第一个号码所得的值杀号法，本章统一用 N_{6+1} 指代这种杀号方法。

（2）第六个号码加第二个号码所得的值杀号法，本章统一用 N_{6+2} 指代这种杀号方法。

······

（15）第二个号码加第一个号码所得的值杀号法，本章统一用 N_{2+1} 指代这种杀号方法。

（三）数据

表 4-2 为双色球前区号码互加所得的值杀号法所包含的 15 种不同杀号方法的胜率统计表，统计周期为双色球 2003001 期至 2015023 期，共 1768 期，该表已经按胜率由高到低进行了排序。

表 4-2　统计（二）

杀号方法	成功次数	失败次数	胜率（%）
N_{4+1}	1685	82	95.36
N_{6+2}	1682	85	95.19
N_{2+1}	1678	89	94.96
N_{4+2}	1675	92	94.79
N_{5+4}	1663	104	94.11
N_{6+1}	1661	106	94.00
N_{5+2}	1660	107	93.94
N_{6+5}	1660	107	93.94
N_{3+1}	1658	109	93.83
N_{3+2}	1657	110	93.77
N_{5+3}	1653	114	93.55
N_{6+3}	1653	114	93.55
N_{5+1}	1650	117	93.38
N_{6+4}	1644	123	93.04
N_{4+3}	1643	124	92.98

三、前区号码加减特定数值所得的值杀号法

（一）概念

前区号码加减特定数值所得的值杀号法，就是用双色球当期前区号码加减特定数值所得的值对应的号码分别杀下期后区 1 个号码的方法。

（二）分类

本章统计了双色球前区 6 个号码分别加减 0 到 3 这 4 个特定数值的情况（这一点不同于第三章），双色球前区 6 个号码分别加减这些特定数值总共有 42 个取值，所以就有 42 种不同的杀号方法。

（1）第一个号码减 1 所得的值杀号法，本章统一用 O_{1-1} 指代这种杀号方法。

（2）第一个号码加 1 所得的值杀号法，本章统一用 O_{1+1} 指代这种杀号方法。

……

（3）第六个号码加 3 所得的值杀号法，本章统一用 O_{6+3} 指代这种杀号方法。

……

（37）第一个号码加减 0 所得的值杀号法，本章统一用 O_1 指代这种杀号方法。

（38）第二个号码加减 0 所得的值杀号法，本章统一用 O_2 指代这种杀号方法。

……

（42）第六个号码加减 0 所得的值杀号法，本章统一用 O_6 指代这种杀号方法。

（三）数据

表 4-3 为双色球前区号码加减特定数值所得的值杀号法所包含的 42 种不同杀号方法的胜率统计表，统计周期为双色球 2003001 期至 2015023 期，共 1768 期，该表已经按胜率由高到低进行了排序。

表 4-3　统计（三）

杀号方法	成功次数	失败次数	胜率（%）
O_{6+2}	1692	75	95.76
O_{5-1}	1682	85	95.19
O_{4+3}	1677	90	94.91

杀号方法	成功次数	失败次数	胜率（%）
O_{3+3}	1675	92	94.79
O_5	1674	93	94.74
O_1	1673	94	94.68
O_{6-3}	1670	97	94.51
O_{6+3}	1670	97	94.51
O_{4+1}	1668	99	94.40
O_{1+1}	1665	102	94.23
O_{1-1}	1664	103	94.17
O_{1-3}	1663	104	94.11
O_{4+2}	1662	105	94.06
O_{2-3}	1662	105	94.06
O_{3-3}	1662	105	94.06
O_{1+3}	1662	105	94.06
O_{1-2}	1661	106	94.00
O_{6-2}	1661	106	94.00
O_{6-1}	1660	107	93.94
O_{5+2}	1660	107	93.94
O_{2+1}	1658	109	93.83
O_{2-2}	1658	109	93.83
O_2	1657	110	93.77
O_{2-1}	1657	110	93.77
O_{3+1}	1657	110	93.77
O_{5-2}	1657	110	93.77
O_{2+3}	1657	110	93.77
O_3	1656	111	93.72
O_4	1655	112	93.66
O_6	1655	112	93.66
O_{4-3}	1655	112	93.66
O_{1+2}	1654	113	93.60
O_{3-2}	1653	114	93.55
O_{3-1}	1650	117	93.38
O_{4-1}	1649	118	93.32
O_{6+1}	1648	119	93.27
O_{5-3}	1644	123	93.04
O_{5+3}	1644	123	93.04
O_{2+2}	1643	124	92.98
O_{5+1}	1641	126	92.87
O_{4-2}	1641	126	92.87
O_{3+2}	1639	128	92.76

四、上两期前区对应号码互减所得的值杀号法

（一）概念

上两期前区对应号码互减所得的值杀号法，就是用双色球上两期前区对应号码互减所得的值对应的号码分别杀下期后区 1 个号码的方法。

（二）分类

（1）上两期前区第一个号码互减所得的值杀号法，本章统一用 P_1 指代这种杀号方法。

（2）上两期前区第二个号码互减所得的值杀号法，本章统一用 P_2 指代这种杀号方法。

……

（6）上两期前区第六个号码互减所得的值杀号法，本章统一用 P_6 指代这种杀号方法。

（三）数据

表 4-4 为双色球上两期前区对应号码互减所得的值杀号法所包含的 6 种不同杀号方法的胜率统计表，统计周期为双色球 2003001 期至 2015023 期，共 1768 期，该表已经按胜率由高到低进行了排序。

表 4-4　统计（四）

杀号方法	成功次数	失败次数	胜率（%）
P_2	1657	109	93.83
P_5	1656	110	93.77
P_1	1652	114	93.54
P_3	1650	116	93.43
P_6	1646	120	93.20
P_4	1638	128	92.75

五、上两期前区对应号码互加所得的值杀号法

（一）概念

上两期前区对应号码互加所得的值杀号法，就是用双色球上两期前区对应号码互加所得的值对应的号码分别杀下期后区 1 个号码的方法。

（二）分类

（1）上两期前区第一个号码互加所得的值杀号法，本章统一用 Q_1 指代这种杀号方法。

（2）上两期前区第二个号码互加所得的值杀号法，本章统一用 Q_2 指代这种杀号方法。

……

（6）上两期前区第六个号码互加所得的值杀号法，本章统一用 Q_6 指代这种杀号方法。

（三）数据

表 4–5 为双色球上两期前区对应号码互加所得的值杀号法所包含的 6 种不同杀号方法的胜率统计表，统计周期为双色球 2003001 期至 2015023 期，共 1768 期，该表已经按胜率由高到低进行了排序。

表 4–5　统计（五）

杀号方法	成功次数	失败次数	胜率（%）
Q_2	1671	95	94.62
Q_3	1661	105	94.05
Q_5	1657	109	93.83
Q_1	1651	115	93.49
Q_4	1651	115	93.49
Q_6	1642	124	92.98

六、上两期前区对应号码均值杀号法

（一）概念

上两期前区对应号码均值杀号法，就是用双色球上两期前区对应号码均值对应的号码分别杀下期后区 1 个号码的方法。

（二）分类

（1）上两期前区第一个号码均值杀号法，本章统一用 R_1 指代这种杀号方法。

（2）上两期前区第二个号码均值杀号法，本章统一用 R_2 指代这种杀号方法。

……

（6）上两期前区第六个号码均值杀号法，本章统一用 R_6 指代这种杀号方法。

（三）数据

表 4-6 为双色球上两期前区对应号码均值杀号法所包含的 6 种不同杀号方法的胜率统计表，统计周期为双色球 2003001 期至 2015023 期，共 1768 期，该表已经按胜率由高到低进行了排序。

表 4-6　统计（六）

杀号方法	成功次数	失败次数	胜率（%）
R_5	1671	95	94.62
R_4	1668	98	94.45
R_6	1668	98	94.45
R_2	1667	99	94.39
R_3	1657	109	93.83
R_1	1653	113	93.60

七、末尾两码的积取尾所得的值杀号法

（一）概念

末尾两码的积取尾所得的值杀号法，就是用双色球末尾两码的积取尾所得的值对应的号码分别杀下期后区 1 个号码的方法。与第三章不同的是，第三章是"取末尾两码的积的尾数所对应的取值在 0~39 范围内的 4 个同尾号码作为末尾两码的积取尾所得的值"，而这里是"取末尾两码的积的尾数所对应的取值在 0~19 范围内的 2 个同尾号码作为末尾两码的积取尾所得的值"。

末尾两码的商取尾所得的值杀号法亦然，下面将不再解释。

（二）分类

（1）末尾两码的积取尾所得的第一个值杀号法，本章统一用 S_1 指代这种杀号方法。

（2）末尾两码的积取尾所得的第二个值杀号法，本章统一用 S_2 指代这种杀号方法。

（三）数据

表 4-7 为双色球末尾两码的积取尾所得的值杀号法所包含的两种不同杀号方法的胜率统计表，统计周期为双色球 2003001 期至 2015023 期，共 1768 期，该表已经按胜率由高到低进行了排序。

表 4-7　统计（七）

杀号方法	成功次数	失败次数	胜率（%）
S_2	1677	90	94.91
S_1	1663	104	94.11

八、末尾两码的商取尾所得的值杀号法

（一）概念

末尾两码的商取尾所得的值杀号法，就是用双色球末尾两码的商取尾所得的值对应的号码分别杀下期后区 1 个号码的方法。

（二）分类

（1）末尾两码的商取尾所得的第一个值杀号法，本章统一用 T_1 指代这种杀号方法。

（2）末尾两码的商取尾所得的第二个值杀号法，本章统一用 T_2 指代这种杀号方法。

（三）数据

表 4–8 为双色球末尾两码的商取尾所得的值杀号法所包含的 4 种不同杀号方法的胜率统计表，统计周期为双色球 2003001 期至 2015023 期，共 1768 期，该表已经按胜率由高到低进行了排序。

表 4–8　统计（八）

杀号方法	成功次数	失败次数	胜率（%）
T_1	1666	101	94.28
T_2	1656	111	93.72

九、后区号码加减特定数值所得的值杀号法

（一）说明

这里讲的后区号码加减特定数值所得的值杀号法与第三章类似，但这里用大写字母带运算符号和数字下标的方式表示这种杀号方法。比如，U_{-1} 指代后区号

码减 1 所得的值杀号法、U_{-2} 指代后区号码减 2 所得的值杀号法、U_{+1} 指代后区号码加 1 所得的值杀号法、U_{+2} 指代后区号码加 2 所得的值杀号法……

本章统计了双色球后区号码分别加减 1~34 这 34 个特定数值的情况。

(二) 数据

表 4-9 为后区号码加减特定数值所得的值杀号法所包含的 68 种不同杀号方法的胜率统计表，统计周期为双色球 2003001 期至 2015023 期，共 1768 期，该表已经按胜率由高到低进行了排序。

表 4-9　统计（九）

杀号方法	成功次数	失败次数	胜率（%）
U_{-2}	1678	89	94.96
U_{+15}	1676	91	94.85
U_{-7}	1675	92	94.79
U_{+8}	1674	93	94.74
U_{+18}	1674	93	94.74
U_{+28}	1674	93	94.74
U_{+25}	1673	94	94.68
U_{+11}	1671	96	94.57
U_{-4}	1671	96	94.57
U_{-9}	1670	97	94.51
U_{+5}	1669	98	94.45
U_{+23}	1669	98	94.45
U_{+33}	1669	98	94.45
U_{+21}	1668	99	94.40
U_{+31}	1668	99	94.40
U_{-30}	1668	99	94.40
U_{+6}	1667	100	94.34
U_{+12}	1667	100	94.34
U_{-16}	1667	100	94.34
U_{-20}	1667	100	94.34
U_{-29}	1667	100	94.34
U_{-33}	1667	100	94.34
U_{-26}	1666	101	94.28
U_{-5}	1664	103	94.17
U_{-31}	1664	103	94.17

杀号方法	成功次数	失败次数	胜率（%）
U_{-11}	1663	104	94.11
U_{+16}	1662	105	94.06
U_{+22}	1662	105	94.06
U_{+26}	1662	105	94.06
U_{+32}	1662	105	94.06
U_{-17}	1661	106	94.00
U_{-10}	1660	107	93.94
U_{+2}	1659	108	93.89
U_{-15}	1658	109	93.83
U_{+1}	1657	110	93.77
U_{-1}	1657	110	93.77
U_{-18}	1657	110	93.77
U_{-23}	1657	110	93.77
U_{-34}	1657	110	93.77
U_{+19}	1656	111	93.72
U_{+29}	1656	111	93.72
U_{-24}	1656	111	93.72
U_{+13}	1654	113	93.60
U_{-6}	1654	113	93.60
U_{-3}	1652	115	93.49
U_{-8}	1652	115	93.49
U_{-12}	1652	115	93.49
U_{-14}	1652	115	93.49
U_{-27}	1652	115	93.49
U_{-13}	1651	116	93.44
U_{-28}	1651	116	93.44
U_{-19}	1650	117	93.38
U_{-21}	1650	117	93.38
U_{-32}	1648	119	93.27
U_{+9}	1647	120	93.21
U_{+17}	1647	120	93.21
U_{+27}	1647	120	93.21
U_{+3}	1646	121	93.15
U_{+10}	1645	122	93.10
U_{+14}	1644	123	93.04
U_{+20}	1642	125	92.93
U_{+30}	1642	125	92.93

杀号方法	成功次数	失败次数	胜率（%）
U_{-22}	1641	126	92.87
U_{+24}	1640	127	92.81
U_{+34}	1640	127	92.81
U_{+7}	1638	129	92.70
U_{-25}	1634	133	92.47
U_{+4}	1632	135	92.36

十、前区减后区所得的值杀号法

（一）概念

前区减后区所得的值杀号法就是用双色球当期前区减后区所得的值对应的号码杀下期后区 1 个号码的方法。

（二）分类

（1）前区第一个号码减后区号码所得的值杀号法，本章统一用 V_1 指代这种杀号方法。

（2）前区第二个号码减后区号码所得的值杀号法，本章统一用 V_2 指代这种杀号方法。

……

（6）前区第六个号码减后区号码所得的值杀号法，本章统一用 V_6 指代这种杀号方法。

（三）数据

表 4-10 为双色球前区减后区所得的值杀号法所包含的 6 种不同杀号方法的胜率统计表，统计周期为双色球 2003001 期至 2015023 期，共 1768 期，该表已经按胜率由高到低进行了排序。

表4-10　统计（十）

杀号方法	成功次数	失败次数	胜率（%）
V_3	1670	97	94.51
V_2	1667	100	94.34
V_1	1659	108	93.89
V_5	1657	110	93.77
V_6	1649	118	93.32
V_4	1641	126	92.87

十一、前区均值杀号法

（1）前区均值杀号法就是用双色球当期前区均值对应的号码杀下期后区1个号码的方法。

（2）经过对双色球2003001期至2015023期这1768期的统计和测试，前区均值杀号法杀号成功次数为1667次，失败次数为100次，胜率为94.34%。

十二、后区号码杀号法

（1）后区号码杀号法就是用双色球当期后区号码杀下期后区1个号码的方法。

（2）经过对双色球2003001期至2015023期这1768期的统计和测试，后区号码杀号法杀号成功次数为1642次，失败次数为125次，胜率为92.93%。

十三、后区号码2倍的值杀号法

（1）后区号码2倍的值杀号法就是用双色球当期后区号码2倍的值对应的号码杀下期后区1个号码的方法。

（2）经过对双色球2003001期至2015023期这1768期的统计和测试，后区号码2倍的值杀号法杀号成功次数为1659次，失败次数为108次，胜率为93.89%。

十四、当六减上一所得的值杀号法

（1）当六减上一所得的值杀号法就是用双色球当六减上一所得的值对应的号码杀下期后区 1 个号码的方法。

（2）经过对双色球 2003001 期至 2015023 期这 1768 期的统计和测试，当六减上一所得的值杀号法杀号成功次数为 1672 次，失败次数为 94 次，胜率为 94.68%。

十五、上六减当一所得的值杀号法

（1）上六减当一所得的值杀号法就是用双色球上六减当一所得的值对应的号码杀下期后区 1 个号码的方法。

（2）经过对双色球 2003001 期至 2015023 期这 1768 期的统计和测试，上六减当一所得的值杀号法杀号成功次数为 1656 次，失败次数为 110 次，胜率为 93.77%。

十六、上两期后区相减所得的值杀号法

（1）上两期后区相减所得的值杀号法就是用双色球上两期后区相减所得的值对应的号码杀下期后区 1 个号码的方法。

（2）经过对双色球 2003001 期至 2015023 期这 1768 期的统计和测试，上两期后区相减所得的值杀号法杀号成功次数为 1658 次，失败次数为 108 次，胜率为 93.88%。 .

十七、上两期后区相加所得的值杀号法

（1）上两期后区相加所得的值杀号法就是用双色球上两期后区相加所得的值对应的号码杀下期后区 1 个号码的方法。

（2）经过对双色球 2003001 期至 2015023 期这 1768 期的统计和测试，上两

期后区相加所得的值杀号法杀号成功次数为 1670 次，失败次数为 96 次，胜率为 94.56%。

十八、上两期后区均值杀号法

（1）上两期后区均值杀号法就是用双色球上两期后区均值对应的号码杀下期前区 1 个号码的方法。

（2）经过对双色球 2003001 期至 2015023 期这 1768 期的统计和测试，上两期后区均值杀号法杀号成功次数为 1652 次，失败次数为 114 次，胜率为 93.54%。

十九、前区均值减后区号码所得的值杀号法

（1）前区均值减后区号码所得的值杀号法就是用双色球前区均值减后区号码所得的值对应的号码杀下期前区 1 个号码的方法。

（2）经过对双色球 2003001 期至 2015023 期这 1768 期的统计和测试，前区均值减后区号码所得的值杀号法杀号成功次数为 1667 次，失败次数为 100 次，胜率为 94.34%。

本节总共统计了 177 种后区杀号方法，平均胜率为 93.87%，与理论胜率相差无几。胜率最高的是 O_{6+2}，即前区第六个号码加第二个号码所得的值杀号法，胜率为 95.76%；胜率最低的是 U_{+4}，即后区号码加 4 所得的值杀号法，胜率为 92.76%。

第三节　轮流杀号法

第三章对轮流杀号法的由来、概念等都进行了详细的解释，这里不再赘述。

一、分类

对于轮流杀号法，本章共测试了 11 种不同情形。

（1）从双色球第 2003001 期开始，轮流使用胜率最高的两种杀号方法即 O_{6+2}、N_{4+1} 进行杀号的方法，本章统一用 W_2 指代这种杀号方法。

（2）从双色球第 2003001 期开始，轮流使用胜率最高的 3 种杀号方法即 O_{6+2}、N_{4+1}、N_{6+2} 进行杀号的方法，本章统一用 W_3 指代这种杀号方法。

（3）从双色球第 2003001 期开始，轮流使用胜率最高的 4 种杀号方法即 O_{6+2}、N_{4+1}、N_{6+2}、O_{5-1} 进行杀号的方法，本章统一用 W_4 指代这种杀号方法。

（4）从双色球第 2003001 期开始，轮流使用胜率最高的 5 种杀号方法即 O_{6+2}、N_{4+1}、N_{6+2}、O_{5-1}、U_{-2} 进行杀号的方法，本章统一用 W_5 指代这种杀号方法。

（5）从双色球第 2003001 期开始，轮流使用胜率最高的 6 种杀号方法即 O_{6+2}、N_{4+1}、N_{6+2}、O_{5-1}、U_{-2}、N_{2+1} 进行杀号的方法，本章统一用 W_6 指代这种杀号方法。

（6）从双色球第 2003001 期开始，轮流使用胜率最高的 7 种杀号方法即 O_{6+2}、N_{4+1}、N_{6+2}、O_{5-1}、U_{-2}、N_{2+1}、O_{4+3} 进行杀号的方法，本章统一用 W_7 指代这种杀号方法。

（7）从双色球第 2003001 期开始，轮流使用胜率最高的 8 种杀号方法即 O_{6+2}、N_{4+1}、N_{6+2}、O_{5-1}、U_{-2}、N_{2+1}、O_{4+3}、U_{15} 进行杀号的方法，本章统一用 W_8 指代这种杀号方法。

（8）从双色球第 2003001 期开始，轮流使用胜率最高的 9 种杀号方法即 O_{6+2}、N_{4+1}、N_{6+2}、O_{5-1}、U_{-2}、N_{2+1}、O_{4+3}、U_{15}、U_{-7} 进行杀号的方法，本章统一用 W_9 指代这种杀号方法。

（9）从双色球第 2003001 期开始，轮流使用胜率最高的 10 种杀号方法即 O_{6+2}、N_{4+1}、N_{6+2}、O_{5-1}、U_{-2}、N_{2+1}、O_{4+3}、U_{15}、U_{-7}、N_{4+2} 进行杀号的方法，本章统一用 W_{10} 指代这种杀号方法。

（10）从双色球第 2003001 期开始，轮流使用胜率最高的 11 种杀号方法即 O_{6+2}、N_{4+1}、N_{6+2}、O_{5-1}、U_{-2}、N_{2+1}、O_{4+3}、U_{15}、U_{-7}、N_{4+2}、O_{3+3} 进行杀号的方法，本章统一用 W_{11} 指代这种杀号方法。

（11）从双色球第 2003001 期开始，轮流使用胜率最高的 12 种杀号方法即

O_{6+2}、N_{4+1}、N_{6+2}、O_{5-1}、U_{-2}、N_{2+1}、O_{4+3}、U_{+15}、U_{-7}、N_{4+2}、O_{3+3}、U_{+8} 进行杀号的方法，本章统一用 W_{12} 指代这种杀号方法。

二、数据与分析

（1）表 4-11 为双色球轮流杀号法所包含的 11 种不同杀号方法的胜率统计表，统计周期为双色球 2003001 期至 2015023 期，共 1768 期，该表已经按胜率由高到低进行了排序。

表 4-11　统计（十一）

杀号方法	成功次数	失败次数	胜率（%）
W_4	1696	71	95.98
W_2	1692	75	95.76
W_{11}	1676	91	94.85
W_3	1675	92	94.79
W_5	1672	95	94.62
W_7	1672	95	94.62
W_8	1671	96	94.57
W_6	1670	97	94.51
W_{10}	1669	98	94.45
W_{12}	1665	102	94.23
W_9	1658	109	93.83

（2）从表 4-11 可以看出，轮流杀号法胜率都不低，其中胜率最高是 W_4，其胜率已接近 96%。

所以，大家进行双色球后区杀号一定要使用 W_4 杀号法。至于其他类型的轮流杀号法，建议大家了解即可，无须深入研究。

（3）表 4-12 为双色球开奖期数与杀号方法对应表。

表 4-12　双色球开奖期数与杀号方法对应表

时间	星期	期数	杀号方法	代号
2015 年 5 月 21 日	星期四	2015058	第六个号码加第二个号码所得的值杀号法	N_{6+2}
2015 年 5 月 24 日	星期日	2015059	第五个号码减 1 所得的值杀号法	O_{5-1}
2015 年 5 月 26 日	星期二	2015060	第六个号码加 2 所得的值杀号法	O_{6+2}

时间	星期	期数	杀号方法	代号
2015 年 5 月 28 日	星期四	2015061	第四个号码加第一个号码所得的值杀号法	N_{4+1}
2015 年 5 月 31 日	星期日	2015062	第六个号码加第二个号码所得的值杀号法	N_{6+2}
2015 年 6 月 2 日	星期二	2015063	第五个号码减 1 所得的值杀号法	O_{5-1}
2015 年 6 月 4 日	星期四	2015064	第六个号码加 2 所得的值杀号法	O_{6+2}
2015 年 6 月 7 日	星期日	2015065	第四个号码加第一个号码所得的值杀号法	N_{4+1}
2015 年 6 月 9 日	星期二	2015066	第六个号码加第二个号码所得的值杀号法	N_{6+2}
2015 年 6 月 11 日	星期四	2015067	第五个号码减 1 所得的值杀号法	O_{5-1}
2015 年 6 月 14 日	星期日	2015068	第六个号码加 2 所得的值杀号法	O_{6+2}
2015 年 6 月 16 日	星期二	2015069	第四个号码加第一个号码所得的值杀号法	N_{4+1}
2015 年 6 月 18 日	星期四	2015070	第六个号码加第二个号码所得的值杀号法	N_{6+2}
2015 年 6 月 21 日	星期日	2015071	第五个号码减 1 所得的值杀号法	O_{5-1}
2015 年 6 月 23 日	星期二	2015072	第六个号码加 2 所得的值杀号法	O_{6+2}
2015 年 6 月 25 日	星期四	2015073	第四个号码加第一个号码所得的值杀号法	N_{4+1}
2015 年 6 月 28 日	星期日	2015074	第六个号码加第二个号码所得的值杀号法	N_{6+2}
2015 年 6 月 30 日	星期二	2015075	第五个号码减 1 所得的值杀号法	O_{5-1}
2015 年 7 月 2 日	星期四	2015076	第六个号码加 2 所得的值杀号法	O_{6+2}
2015 年 7 月 5 日	星期日	2015077	第四个号码加第一个号码所得的值杀号法	N_{4+1}
2015 年 7 月 7 日	星期二	2015078	第六个号码加第二个号码所得的值杀号法	N_{6+2}
2015 年 7 月 9 日	星期四	2015079	第五个号码减 1 所得的值杀号法	O_{5-1}
2015 年 7 月 12 日	星期日	2015080	第六个号码加 2 所得的值杀号法	O_{6+2}
2015 年 7 月 14 日	星期二	2015081	第四个号码加第一个号码所得的值杀号法	N_{4+1}
2015 年 7 月 16 日	星期四	2015082	第六个号码加第二个号码所得的值杀号法	N_{6+2}
2015 年 7 月 19 日	星期日	2015083	第五个号码减 1 所得的值杀号法	O_{5-1}
2015 年 7 月 21 日	星期二	2015084	第六个号码加 2 所得的值杀号法	O_{6+2}
2015 年 7 月 23 日	星期四	2015085	第四个号码加第一个号码所得的值杀号法	N_{4+1}
2015 年 7 月 26 日	星期日	2015086	第六个号码加第二个号码所得的值杀号法	N_{6+2}
2015 年 7 月 28 日	星期二	2015087	第五个号码减 1 所得的值杀号法	O_{5-1}
2015 年 7 月 30 日	星期四	2015088	第六个号码加 2 所得的值杀号法	O_{6+2}
2015 年 8 月 2 日	星期日	2015089	第四个号码加第一个号码所得的值杀号法	N_{4+1}
2015 年 8 月 4 日	星期二	2015090	第六个号码加第二个号码所得的值杀号法	N_{6+2}
2015 年 8 月 6 日	星期四	2015091	第五个号码减 1 所得的值杀号法	O_{5-1}
2015 年 8 月 9 日	星期日	2015092	第六个号码加 2 所得的值杀号法	O_{6+2}
2015 年 8 月 11 日	星期二	2015093	第四个号码加第一个号码所得的值杀号法	N_{4+1}
2015 年 8 月 13 日	星期四	2015094	第六个号码加第二个号码所得的值杀号法	N_{6+2}
2015 年 8 月 16 日	星期日	2015095	第五个号码减 1 所得的值杀号法	O_{5-1}
2015 年 8 月 18 日	星期二	2015096	第六个号码加 2 所得的值杀号法	O_{6+2}
2015 年 8 月 20 日	星期四	2015097	第四个号码加第一个号码所得的值杀号法	N_{4+1}

续表

时间	星期	期数	杀号方法	代号
2015 年 8 月 23 日	星期日	2015098	第六个号码加第二个号码所得的值杀号法	N_{6+2}
2015 年 8 月 25 日	星期二	2015099	第五个号码减 1 所得的值杀号法	O_{5-1}
2015 年 8 月 27 日	星期四	2015100	第六个号码加 2 所得的值杀号法	O_{6+2}
2015 年 8 月 30 日	星期日	2015101	第四个号码加第一个号码所得的值杀号法	N_{4+1}
2015 年 9 月 1 日	星期二	2015102	第六个号码加第二个号码所得的值杀号法	N_{6+2}
2015 年 9 月 3 日	星期四	2015103	第五个号码减 1 所得的值杀号法	O_{5-1}
2015 年 9 月 6 日	星期日	2015104	第六个号码加 2 所得的值杀号法	O_{6+2}
2015 年 9 月 8 日	星期二	2015105	第四个号码加第一个号码所得的值杀号法	N_{4+1}
2015 年 9 月 10 日	星期四	2015106	第六个号码加第二个号码所得的值杀号法	N_{6+2}
2015 年 9 月 13 日	星期日	2015107	第五个号码减 1 所得的值杀号法	O_{5-1}
2015 年 9 月 15 日	星期二	2015108	第六个号码加 2 所得的值杀号法	O_{6+2}
2015 年 9 月 17 日	星期四	2015109	第四个号码加第一个号码所得的值杀号法	N_{4+1}
2015 年 9 月 20 日	星期日	2015110	第六个号码加第二个号码所得的值杀号法	N_{6+2}
2015 年 9 月 22 日	星期二	2015111	第五个号码减 1 所得的值杀号法	O_{5-1}
2015 年 9 月 24 日	星期四	2015112	第六个号码加 2 所得的值杀号法	O_{6+2}
2015 年 9 月 27 日	星期日	2015113	第四个号码加第一个号码所得的值杀号法	N_{4+1}
2015 年 9 月 29 日	星期二	2015114	第六个号码加第二个号码所得的值杀号法	N_{6+2}
2015 年 10 月 1 日	星期四	2015115	第五个号码减 1 所得的值杀号法	O_{5-1}
2015 年 10 月 4 日	星期日	2015116	第六个号码加 2 所得的值杀号法	O_{6+2}
2015 年 10 月 6 日	星期二	2015117	第四个号码加第一个号码所得的值杀号法	N_{4+1}
2015 年 10 月 8 日	星期四	2015118	第六个号码加第二个号码所得的值杀号法	N_{6+2}
2015 年 10 月 11 日	星期日	2015119	第五个号码减 1 所得的值杀号法	O_{5-1}
2015 年 10 月 13 日	星期二	2015120	第六个号码加 2 所得的值杀号法	O_{6+2}
2015 年 10 月 15 日	星期四	2015121	第四个号码加第一个号码所得的值杀号法	N_{4+1}
2015 年 10 月 18 日	星期日	2015122	第六个号码加第二个号码所得的值杀号法	N_{6+2}
2015 年 10 月 20 日	星期二	2015123	第五个号码减 1 所得的值杀号法	O_{5-1}
2015 年 10 月 22 日	星期四	2015124	第六个号码加 2 所得的值杀号法	O_{6+2}
2015 年 10 月 25 日	星期日	2015125	第四个号码加第一个号码所得的值杀号法	N_{4+1}
2015 年 10 月 27 日	星期二	2015126	第六个号码加第二个号码所得的值杀号法	N_{6+2}
2015 年 10 月 29 日	星期四	2015127	第五个号码减 1 所得的值杀号法	O_{5-1}
2015 年 11 月 1 日	星期日	2015128	第六个号码加 2 所得的值杀号法	O_{6+2}
2015 年 11 月 3 日	星期二	2015129	第四个号码加第一个号码所得的值杀号法	N_{4+1}
2015 年 11 月 5 日	星期四	2015130	第六个号码加第二个号码所得的值杀号法	N_{6+2}
2015 年 11 月 8 日	星期日	2015131	第五个号码减 1 所得的值杀号法	O_{5-1}
2015 年 11 月 10 日	星期二	2015132	第六个号码加 2 所得的值杀号法	O_{6+2}
2015 年 11 月 12 日	星期四	2015133	第四个号码加第一个号码所得的值杀号法	N_{4+1}
2015 年 11 月 15 日	星期日	2015134	第六个号码加第二个号码所得的值杀号法	N_{6+2}

时间	星期	期数	杀号方法	代号
2015 年 11 月 17 日	星期二	2015135	第五个号码减 1 所得的值杀号法	O$_{5-1}$
2015 年 11 月 19 日	星期四	2015136	第六个号码加 2 所得的值杀号法	O$_{6+2}$
2015 年 11 月 22 日	星期日	2015137	第四个号码加第一个号码所得的值杀号法	N$_{4+1}$
2015 年 11 月 24 日	星期二	2015138	第六个号码加第二个号码所得的值杀号法	N$_{6+2}$
2015 年 11 月 26 日	星期四	2015139	第五个号码减 1 所得的值杀号法	O$_{5-1}$
2015 年 11 月 29 日	星期日	2015140	第六个号码加 2 所得的值杀号法	O$_{6+2}$
2015 年 12 月 1 日	星期二	2015141	第四个号码加第一个号码所得的值杀号法	N$_{4+1}$
2015 年 12 月 3 日	星期四	2015142	第六个号码加第二个号码所得的值杀号法	N$_{6+2}$
2015 年 12 月 6 日	星期日	2015143	第五个号码减 1 所得的值杀号法	O$_{5-1}$
2015 年 12 月 8 日	星期二	2015144	第六个号码加 2 所得的值杀号法	O$_{6+2}$
2015 年 12 月 10 日	星期四	2015145	第四个号码加第一个号码所得的值杀号法	N$_{4+1}$
2015 年 12 月 13 日	星期日	2015146	第六个号码加第二个号码所得的值杀号法	N$_{6+2}$
2015 年 12 月 15 日	星期二	2015147	第五个号码减 1 所得的值杀号法	O$_{5-1}$
2015 年 12 月 17 日	星期四	2015148	第六个号码加 2 所得的值杀号法	O$_{6+2}$
2015 年 12 月 20 日	星期日	2015149	第四个号码加第一个号码所得的值杀号法	N$_{4+1}$
2015 年 12 月 22 日	星期二	2015150	第六个号码加第二个号码所得的值杀号法	N$_{6+2}$
2015 年 12 月 24 日	星期四	2015151	第五个号码减 1 所得的值杀号法	O$_{5-1}$
2015 年 12 月 27 日	星期日	2015152	第六个号码加 2 所得的值杀号法	O$_{6+2}$
2015 年 12 月 29 日	星期二	2015153	第四个号码加第一个号码所得的值杀号法	N$_{4+1}$
2015 年 12 月 31 日	星期四	2015154	第六个号码加第二个号码所得的值杀号法	N$_{6+2}$
2016 年 1 月 3 日	星期日	2016001	第五个号码减 1 所得的值杀号法	O$_{5-1}$
2016 年 1 月 5 日	星期二	2016002	第六个号码加 2 所得的值杀号法	O$_{6+2}$
2016 年 1 月 7 日	星期四	2016003	第四个号码加第一个号码所得的值杀号法	N$_{4+1}$
2016 年 1 月 10 日	星期日	2016004	第六个号码加第二个号码所得的值杀号法	N$_{6+2}$
2016 年 1 月 12 日	星期二	2016005	第五个号码减 1 所得的值杀号法	O$_{5-1}$
2016 年 1 月 14 日	星期四	2016006	第六个号码加 2 所得的值杀号法	O$_{6+2}$
2016 年 1 月 17 日	星期日	2016007	第四个号码加第一个号码所得的值杀号法	N$_{4+1}$
2016 年 1 月 19 日	星期二	2016008	第六个号码加第二个号码所得的值杀号法	N$_{6+2}$
2016 年 1 月 21 日	星期四	2016009	第五个号码减 1 所得的值杀号法	O$_{5-1}$
2016 年 1 月 24 日	星期日	2016010	第六个号码加 2 所得的值杀号法	O$_{6+2}$
2016 年 1 月 26 日	星期二	2016011	第四个号码加第一个号码所得的值杀号法	N$_{4+1}$
2016 年 1 月 28 日	星期四	2016012	第六个号码加第二个号码所得的值杀号法	N$_{6+2}$
2016 年 1 月 31 日	星期日	2016013	第五个号码减 1 所得的值杀号法	O$_{5-1}$
2016 年 2 月 2 日	星期二	2016014	第六个号码加 2 所得的值杀号法	O$_{6+2}$
2016 年 2 月 4 日	星期四	2016015	第四个号码加第一个号码所得的值杀号法	N$_{4+1}$
2016 年 2 月 7 日	星期日	2016016	第六个号码加第二个号码所得的值杀号法	N$_{6+2}$
2016 年 2 月 9 日	星期二	2016017	第五个号码减 1 所得的值杀号法	O$_{5-1}$

时间	星期	期数	杀号方法	代号
2016 年 2 月 11 日	星期四	2016018	第六个号码加 2 所得的值杀号法	O_{6+2}
2016 年 2 月 14 日	星期日	2016019	第四个号码加第一个号码所得的值杀号法	N_{4+1}
2016 年 2 月 16 日	星期二	2016020	第六个号码加第二个号码所得的值杀号法	N_{6+2}
2016 年 2 月 18 日	星期四	2016021	第五个号码减 1 所得的值杀号法	O_{5-1}
2016 年 2 月 21 日	星期日	2016022	第六个号码加 2 所得的值杀号法	O_{6+2}
2016 年 2 月 23 日	星期二	2016023	第四个号码加第一个号码所得的值杀号法	N_{4+1}
2016 年 2 月 25 日	星期四	2016024	第六个号码加第二个号码所得的值杀号法	N_{6+2}
2016 年 2 月 28 日	星期日	2016025	第五个号码减 1 所得的值杀号法	O_{5-1}
2016 年 3 月 1 日	星期二	2016026	第六个号码加 2 所得的值杀号法	O_{6+2}
2016 年 3 月 3 日	星期四	2016027	第四个号码加第一个号码所得的值杀号法	N_{4+1}
2016 年 3 月 6 日	星期日	2016028	第六个号码加第二个号码所得的值杀号法	N_{6+2}
2016 年 3 月 8 日	星期二	2016029	第五个号码减 1 所得的值杀号法	O_{5-1}
2016 年 3 月 10 日	星期四	2016030	第六个号码加 2 所得的值杀号法	O_{6+2}
2016 年 3 月 13 日	星期日	2016031	第四个号码加第一个号码所得的值杀号法	N_{4+1}
2016 年 3 月 15 日	星期二	2016032	第六个号码加第二个号码所得的值杀号法	N_{6+2}
2016 年 3 月 17 日	星期四	2016033	第五个号码减 1 所得的值杀号法	O_{5-1}
2016 年 3 月 20 日	星期日	2016034	第六个号码加 2 所得的值杀号法	O_{6+2}
2016 年 3 月 22 日	星期二	2016035	第四个号码加第一个号码所得的值杀号法	N_{4+1}
2016 年 3 月 24 日	星期四	2016036	第六个号码加第二个号码所得的值杀号法	N_{6+2}
2016 年 3 月 27 日	星期日	2016037	第五个号码减 1 所得的值杀号法	O_{5-1}
2016 年 3 月 29 日	星期二	2016038	第六个号码加 2 所得的值杀号法	O_{6+2}
2016 年 3 月 31 日	星期四	2016039	第四个号码加第一个号码所得的值杀号法	N_{4+1}
2016 年 4 月 3 日	星期日	2016040	第六个号码加第二个号码所得的值杀号法	N_{6+2}
2016 年 4 月 5 日	星期二	2016041	第五个号码减 1 所得的值杀号法	O_{5-1}
2016 年 4 月 7 日	星期四	2016042	第六个号码加 2 所得的值杀号法	O_{6+2}
2016 年 4 月 10 日	星期日	2016043	第四个号码加第一个号码所得的值杀号法	N_{4+1}
2016 年 4 月 12 日	星期二	2016044	第六个号码加第二个号码所得的值杀号法	N_{6+2}
2016 年 4 月 14 日	星期四	2016045	第五个号码减 1 所得的值杀号法	O_{5-1}
2016 年 4 月 17 日	星期日	2016046	第六个号码加 2 所得的值杀号法	O_{6+2}
2016 年 4 月 19 日	星期二	2016047	第四个号码加第一个号码所得的值杀号法	N_{4+1}
2016 年 4 月 21 日	星期四	2016048	第六个号码加第二个号码所得的值杀号法	N_{6+2}
2016 年 4 月 24 日	星期日	2016049	第五个号码减 1 所得的值杀号法	O_{5-1}
2016 年 4 月 26 日	星期二	2016050	第六个号码加 2 所得的值杀号法	O_{6+2}
2016 年 4 月 28 日	星期四	2016051	第四个号码加第一个号码所得的值杀号法	N_{4+1}
2016 年 5 月 1 日	星期日	2016052	第六个号码加第二个号码所得的值杀号法	N_{6+2}
2016 年 5 月 3 日	星期二	2016053	第五个号码减 1 所得的值杀号法	O_{5-1}
2016 年 5 月 5 日	星期四	2016054	第六个号码加 2 所得的值杀号法	O_{6+2}

续表

时间	星期	期数	杀号方法	代号
2016 年 5 月 8 日	星期日	2016055	第四个号码加第一个号码所得的值杀号法	N₄₊₁
2016 年 5 月 10 日	星期二	2016056	第六个号码加第二个号码所得的值杀号法	N₆₊₂
2016 年 5 月 12 日	星期四	2016057	第五个号码减 1 所得的值杀号法	O₅₋₁
2016 年 5 月 15 日	星期日	2016058	第六个号码加 2 所得的值杀号法	O₆₊₂
2016 年 5 月 17 日	星期二	2016059	第四个号码加第一个号码所得的值杀号法	N₄₊₁
2016 年 5 月 19 日	星期四	2016060	第六个号码加第二个号码所得的值杀号法	N₆₊₂
2016 年 5 月 22 日	星期日	2016061	第五个号码减 1 所得的值杀号法	O₅₋₁
2016 年 5 月 24 日	星期二	2016062	第六个号码加 2 所得的值杀号法	O₆₊₂
2016 年 5 月 26 日	星期四	2016063	第四个号码加第一个号码所得的值杀号法	N₄₊₁
2016 年 5 月 29 日	星期日	2016064	第六个号码加第二个号码所得的值杀号法	N₆₊₂
2016 年 5 月 31 日	星期二	2016065	第五个号码减 1 所得的值杀号法	O₅₋₁
2016 年 6 月 2 日	星期四	2016066	第六个号码加 2 所得的值杀号法	O₆₊₂
2016 年 6 月 5 日	星期日	2016067	第四个号码加第一个号码所得的值杀号法	N₄₊₁
2016 年 6 月 7 日	星期二	2016068	第六个号码加第二个号码所得的值杀号法	N₆₊₂
2016 年 6 月 9 日	星期四	2016069	第五个号码减 1 所得的值杀号法	O₅₋₁
2016 年 6 月 12 日	星期日	2016070	第六个号码加 2 所得的值杀号法	O₆₊₂
2016 年 6 月 14 日	星期二	2016071	第四个号码加第一个号码所得的值杀号法	N₄₊₁
2016 年 6 月 16 日	星期四	2016072	第六个号码加第二个号码所得的值杀号法	N₆₊₂
2016 年 6 月 19 日	星期日	2016073	第五个号码减 1 所得的值杀号法	O₅₋₁
2016 年 6 月 21 日	星期二	2016074	第六个号码加 2 所得的值杀号法	O₆₊₂
2016 年 6 月 23 日	星期四	2016075	第四个号码加第一个号码所得的值杀号法	N₄₊₁
2016 年 6 月 26 日	星期日	2016076	第六个号码加第二个号码所得的值杀号法	N₆₊₂
2016 年 6 月 28 日	星期二	2016077	第五个号码减 1 所得的值杀号法	O₅₋₁
2016 年 6 月 30 日	星期四	2016078	第六个号码加 2 所得的值杀号法	O₆₊₂
2016 年 7 月 3 日	星期日	2016079	第四个号码加第一个号码所得的值杀号法	N₄₊₁
2016 年 7 月 5 日	星期二	2016080	第六个号码加第二个号码所得的值杀号法	N₆₊₂
2016 年 7 月 7 日	星期四	2016081	第五个号码减 1 所得的值杀号法	O₅₋₁
2016 年 7 月 10 日	星期日	2016082	第六个号码加 2 所得的值杀号法	O₆₊₂
2016 年 7 月 12 日	星期二	2016083	第四个号码加第一个号码所得的值杀号法	N₄₊₁
2016 年 7 月 14 日	星期四	2016084	第六个号码加第二个号码所得的值杀号法	N₆₊₂
2016 年 7 月 17 日	星期日	2016085	第五个号码减 1 所得的值杀号法	O₅₋₁
2016 年 7 月 19 日	星期二	2016086	第六个号码加 2 所得的值杀号法	O₆₊₂
2016 年 7 月 21 日	星期四	2016087	第四个号码加第一个号码所得的值杀号法	N₄₊₁
2016 年 7 月 24 日	星期日	2016088	第六个号码加第二个号码所得的值杀号法	N₆₊₂
2016 年 7 月 26 日	星期二	2016089	第五个号码减 1 所得的值杀号法	O₅₋₁
2016 年 7 月 28 日	星期四	2016090	第六个号码加 2 所得的值杀号法	O₆₊₂
2016 年 7 月 31 日	星期日	2016091	第四个号码加第一个号码所得的值杀号法	N₄₊₁

续表

时间	星期	期数	杀号方法	代号
2016 年 8 月 2 日	星期二	2016092	第六个号码加第二个号码所得的值杀号法	N_{6+2}
2016 年 8 月 4 日	星期四	2016093	第五个号码减 1 所得的值杀号法	O_{5-1}
2016 年 8 月 7 日	星期日	2016094	第六个号码加 2 所得的值杀号法	O_{6+2}
2016 年 8 月 9 日	星期二	2016095	第四个号码加第一个号码所得的值杀号法	N_{4+1}
2016 年 8 月 11 日	星期四	2016096	第六个号码加第二个号码所得的值杀号法	N_{6+2}
2016 年 8 月 14 日	星期日	2016097	第五个号码减 1 所得的值杀号法	O_{5-1}
2016 年 8 月 16 日	星期二	2016098	第六个号码加 2 所得的值杀号法	O_{6+2}
2016 年 8 月 18 日	星期四	2016099	第四个号码加第一个号码所得的值杀号法	N_{4+1}
2016 年 8 月 21 日	星期日	2016100	第六个号码加第二个号码所得的值杀号法	N_{6+2}
2016 年 8 月 23 日	星期二	2016101	第五个号码减 1 所得的值杀号法	O_{5-1}
2016 年 8 月 25 日	星期四	2016102	第六个号码加 2 所得的值杀号法	O_{6+2}
2016 年 8 月 28 日	星期日	2016103	第四个号码加第一个号码所得的值杀号法	N_{4+1}
2016 年 8 月 30 日	星期二	2016104	第六个号码加第二个号码所得的值杀号法	N_{6+2}
2016 年 9 月 1 日	星期四	2016105	第五个号码减 1 所得的值杀号法	O_{5-1}
2016 年 9 月 4 日	星期日	2016106	第六个号码加 2 所得的值杀号法	O_{6+2}
2016 年 9 月 6 日	星期二	2016107	第四个号码加第一个号码所得的值杀号法	N_{4+1}
2016 年 9 月 8 日	星期四	2016108	第六个号码加第二个号码所得的值杀号法	N_{6+2}
2016 年 9 月 11 日	星期日	2016109	第五个号码减 1 所得的值杀号法	O_{5-1}
2016 年 9 月 13 日	星期二	2016110	第六个号码加 2 所得的值杀号法	O_{6+2}
2016 年 9 月 15 日	星期四	2016111	第四个号码加第一个号码所得的值杀号法	N_{4+1}
2016 年 9 月 18 日	星期日	2016112	第六个号码加第二个号码所得的值杀号法	N_{6+2}
2016 年 9 月 20 日	星期二	2016113	第五个号码减 1 所得的值杀号法	O_{5-1}
2016 年 9 月 22 日	星期四	2016114	第六个号码加 2 所得的值杀号法	O_{6+2}
2016 年 9 月 25 日	星期日	2016115	第四个号码加第一个号码所得的值杀号法	N_{4+1}
2016 年 9 月 27 日	星期二	2016116	第六个号码加第二个号码所得的值杀号法	N_{6+2}
2016 年 9 月 29 日	星期四	2016117	第五个号码减 1 所得的值杀号法	O_{5-1}
2016 年 10 月 2 日	星期日	2016118	第六个号码加 2 所得的值杀号法	O_{6+2}
2016 年 10 月 4 日	星期二	2016119	第四个号码加第一个号码所得的值杀号法	N_{4+1}
2016 年 10 月 6 日	星期四	2016120	第六个号码加第二个号码所得的值杀号法	N_{6+2}
2016 年 10 月 9 日	星期日	2016121	第五个号码减 1 所得的值杀号法	O_{5-1}
2016 年 10 月 11 日	星期二	2016122	第六个号码加 2 所得的值杀号法	O_{6+2}
2016 年 10 月 13 日	星期四	2016123	第四个号码加第一个号码所得的值杀号法	N_{4+1}
2016 年 10 月 16 日	星期日	2016124	第六个号码加第二个号码所得的值杀号法	N_{6+2}
2016 年 10 月 18 日	星期二	2016125	第五个号码减 1 所得的值杀号法	O_{5-1}
2016 年 10 月 20 日	星期四	2016126	第六个号码加 2 所得的值杀号法	O_{6+2}
2016 年 10 月 23 日	星期日	2016127	第四个号码加第一个号码所得的值杀号法	N_{4+1}
2016 年 10 月 25 日	星期二	2016128	第六个号码加第二个号码所得的值杀号法	N_{6+2}

续表

时间	星期	期数	杀号方法	代号
2016 年 10 月 27 日	星期四	2016129	第五个号码减 1 所得的值杀号法	O_{5-1}
2016 年 10 月 30 日	星期日	2016130	第六个号码加 2 所得的值杀号法	O_{6+2}
2016 年 11 月 1 日	星期二	2016131	第四个号码加第一个号码所得的值杀号法	N_{4+1}
2016 年 11 月 3 日	星期四	2016132	第六个号码加第二个号码所得的值杀号法	N_{6+2}
2016 年 11 月 6 日	星期日	2016133	第五个号码减 1 所得的值杀号法	O_{5-1}
2016 年 11 月 8 日	星期二	2016134	第六个号码加 2 所得的值杀号法	O_{6+2}
2016 年 11 月 10 日	星期四	2016135	第四个号码加第一个号码所得的值杀号法	N_{4+1}
2016 年 11 月 13 日	星期日	2016136	第六个号码加第二个号码所得的值杀号法	N_{6+2}
2016 年 11 月 15 日	星期二	2016137	第五个号码减 1 所得的值杀号法	O_{5-1}
2016 年 11 月 17 日	星期四	2016138	第六个号码加 2 所得的值杀号法	O_{6+2}
2016 年 11 月 20 日	星期日	2016139	第四个号码加第一个号码所得的值杀号法	N_{4+1}
2016 年 11 月 22 日	星期二	2016140	第六个号码加第二个号码所得的值杀号法	N_{6+2}
2016 年 11 月 24 日	星期四	2016141	第五个号码减 1 所得的值杀号法	O_{5-1}
2016 年 11 月 27 日	星期日	2016142	第六个号码加 2 所得的值杀号法	O_{6+2}
2016 年 11 月 29 日	星期二	2016143	第四个号码加第一个号码所得的值杀号法	N_{4+1}
2016 年 12 月 1 日	星期四	2016144	第六个号码加第二个号码所得的值杀号法	N_{6+2}
2016 年 12 月 4 日	星期日	2016145	第五个号码减 1 所得的值杀号法	O_{5-1}
2016 年 12 月 6 日	星期二	2016146	第六个号码加 2 所得的值杀号法	O_{6+2}
2016 年 12 月 8 日	星期四	2016147	第四个号码加第一个号码所得的值杀号法	N_{4+1}
2016 年 12 月 11 日	星期日	2016148	第六个号码加第二个号码所得的值杀号法	N_{6+2}
2016 年 12 月 13 日	星期二	2016149	第五个号码减 1 所得的值杀号法	O_{5-1}
2016 年 12 月 15 日	星期四	2016150	第六个号码加 2 所得的值杀号法	O_{6+2}
2016 年 12 月 18 日	星期日	2016151	第四个号码加第一个号码所得的值杀号法	N_{4+1}
2016 年 12 月 20 日	星期二	2016152	第六个号码加第二个号码所得的值杀号法	N_{6+2}
2016 年 12 月 22 日	星期四	2016153	第五个号码减 1 所得的值杀号法	O_{5-1}
2016 年 12 月 25 日	星期日	2016154	第六个号码加 2 所得的值杀号法	O_{6+2}
2016 年 12 月 27 日	星期二	2016155	第四个号码加第一个号码所得的值杀号法	N_{4+1}
2016 年 12 月 29 日	星期四	2016156	第六个号码加第二个号码所得的值杀号法	N_{6+2}

表 4-12 的具体运用参照第三章。

三、特别说明

本章总共统计了 188 种双色球后区杀号方法，胜率最高的杀号方法其胜率接近 96%，这对于后区杀号来说是很有意义的。要知道，后区总共只有 16 个号码，能杀掉 1 个号码就已经很不错了，更何况胜率还接近 96% 呢。

第五章 定胆

前两章谈了杀号，本章谈谈定胆。

定胆就是确定胆码的意思。胆就是胆码，是你认为下一期开出概率很高的号码，你下一期的投注组合将包含该号码。定胆与杀号意思相反，但意义是一样的，都可以缩小选号范围、减少投注注数和投注金额、降低投注风险。定胆可能定对，也可能定错，所以才有必要找到定胆成功率较高的方法，本章目的就在于此。

由于双色球后区只选择一个号码，不存在定胆问题，所以本章只谈双色球前区定胆问题。另外，在研究定两个胆码的过程中，对双色球前区两号组合进行了统计，前区两号组合与前区两个号码伴生现象关系密切，所以本章对双色球前区两个号码伴生现象进行了研究。

第一节 概述

一、定胆的意义

（一）定胆能够缩小选号范围

双色球前区从 01~33 这 33 个号码中选择 6 个号码作为一注前区投注组合，

选号范围有 1107568 种组合。

那么，在确定一个胆码的情况下，选号范围是多少呢？确定一个胆码意味着你只需要从剩下的 32 个号码中选择 5 个号码，即可与该胆码共同组成一注前区投注组合。这时 33 选 6 变成了 32 选 5，选号范围从 1107568 种组合减少到了 201376 种组合。

可见，定胆能够大幅缩小选号范围。

（二）定的胆码越多，选号范围就变得越小

对双色球前区来说，在确定两个胆码的情况下，选号范围是多少呢？确定两个胆码意味着你只需要从剩下的 31 个号码中选择 4 个号码，即可与这两个胆码共同组成一注前区投注组合。这时 33 选 6 变成了 31 选 4，选号范围从 1107568 种组合减少到了 31465 种组合。

确定 3 个胆码意味着你只需要从剩下的 30 个号码中选择 3 个号码，即可与这 3 个胆码共同组成一注前区投注组合。这时 33 选 6 变成了 30 选 3，选号范围从 1107568 种组合减少到了 4060 种组合。

确定 4 个胆码意味着你只需要从剩下的 29 个号码中选择 2 个号码，即可与这 4 个胆码共同组成一注前区投注组合。这时 33 选 6 变成了 29 选 2，选号范围从 1107568 种组合减少到了 406 种组合。

确定 5 个胆码意味着你只需要从剩下的 28 个号码中选择 1 个号码，即可与这 5 个胆码共同组成一注前区投注组合。这时 33 选 6 变成了 28 选 1，选号范围更是从 1107568 种组合大幅减少到了只有 28 种组合。

可见，定的胆码越多，选号范围就变得越小。

二、定胆的方法

定胆方法很多。比如热号定胆法、落号定胆法、遗漏号定胆法、不同位置号码进行数学运算后所得的值定胆法等，不一而足。我对网上流行的数十种定胆方法进行了详细的统计和整理，发现定胆成功率都不高。网上流行的定胆方法也没有标明定胆成功率，那是因为无论使用什么方法进行定胆，成功率都不会太高。我在网上从来没有看到过一种定胆方法敢说其成功率超过 50% 的，甚至都没有看

到过有谁介绍定胆方法时标明其成功率的，更没有看到过有谁拿出确切的统计数据证明其定胆成功率的。比如，网上很多人推荐"双色球前区第三个号码尾数定胆法"，现将网上对该方法的描述摘录如下：双色球前区第三个号码尾数加 4 得到一个数值，该数值加 3 得到另一个数值。如果这两个数值超过 10，就给它们再取尾数。这两个尾数对应的号码就是下期定胆的目标。

这段话写到这就结束了，下面我们分析一下这段话。①这段话描述不够清晰。这段话提到"如果这两个数值超过 10，就给它们再取尾数"，那么这两个数值等于 10 的时候怎么办？这一点至少应该说清楚。②这段话没有给出这种定胆方法的成功率。③这段话提出了一种定胆方法，但却没有统计数据的支持。大家读完这段话之后根本不知道这种定胆方法效果如何，又怎能贸然去运用呢？

事实上，网上很多关于定胆方法的介绍都很笼统，根本没有证明。但本书不同，本书关于定胆方法的一切结论都建立在具体统计数据基础之上的，都经过了双色球 1768 期开奖数据的检验。

我对前面提到的双色球前区第三个号码尾数定胆法也进行了统计，统计周期为双色球 2003001 期至 2015023 期共 1768 期。在这 1768 期中总共测试了 1767 次，总的选号个数为 11657 个，平均每期选号个数为 6.597 个；定胆成功个数为 2117 个，平均每期定胆成功 1.198 个；1 个胆码都没定对的次数为 437 次，至少定对 1 个胆码的次数为 1330 次。这就相当于每期从 6.597 个号码中仅能定对 1.198 个胆码，这种定胆效果与本章将要介绍的定胆方法相比，差距太大了，具体情况我会在本章相关内容中介绍。

三、号码组合

号码组合就是由两个或者两个以上不同的号码所构成的一个选号范围。不同的号码组合根据其所包含的号码个数进行命名，以便彼此区分。比如，双色球前区有 01~33 共 33 个号码，从中任意选择 2 个号码构成 1 个号码组合，该号码组合就被称为两号组合；从中任意选择 3 个号码构成 1 个号码组合，该号码组合就被称为三号组合；从中任意选择 4 个号码构成 1 个号码组合，该号码组合就被称为四号组合……

四、选胆范围

选择胆码时需要 1 个号码或号码组合的范围，这个范围就是选胆范围。无论选择多少个胆码，都需要一个范围，确定这个范围对于选择胆码意义重大。如双色球前区第三个号码尾数定胆法，这种方法每期约能给出 6.597 个号码，这就是选胆范围。不过这个选胆范围每期从 6.597 个号码中仅能定对 1.198 个胆码，效果显然不太理想。那么，怎样才能找到效果更好的选胆范围呢？本章正是基于这个目的而写，请大家拭目以待。

选胆范围并不是固定的，可以是 1 个号码、2 个号码、3 个号码甚至更多号码，也可以是 1 个号码组合、2 个号码组合、3 个号码组合甚至更多号码组合。

五、定胆成功率

定胆成功率是在一个特定的统计周期内，从 1 个确定的选胆范围中开出至少 1 个号码或 1 个号码组合的次数占统计周期内测试总次数的比率。

假如这里给定 3 个号码 01、02、03 作为定 1 个胆码的选胆范围，统计周期为 100 期，测试总次数为 100 次。如果从这 3 个号码中开出至少 1 个号码的次数为 30 次，那么这里定一个胆码的定胆成功率就是 30%。

假如这里给定 3 个两号组合 03、05/18、30/14、30 作为定 2 个胆码的选胆范围，统计周期为 100 期，测试总次数为 100 次。如果从这 3 个两号组合中开出至少 1 个两号组合的次数为 10 次，那么这里定 2 个胆码的定胆成功率就是 10%。

……

六、理论成功率

（1）双色球前区每期从 33 个号码中开出 6 个号码，所以理论上每个号码每期开出的概率为 6/33，即 18.18%。理论上每个号码每期开出的概率是双色球前区定 1 个胆码的理论成功率。所以，双色球前区定 1 个胆码的理论成功率为 18.18%。

（2）双色球前区选号范围为 01~33 共 33 个号码，共有 528 个两号组合，每期开出 6 个号码，包含 15 个两号组合，所以理论上每个两号组合每期开出的概率为 15/528，即 2.84%。理论上每个两号组合每期开出的概率是双色球前区定两个胆码的理论成功率。所以，双色球前区定两个胆码的理论成功率为 2.84%。

（3）双色球前区共有 5456 个三号组合，每期开出 20 个三号组合，所以理论上每个三号组合每期开出的概率为 20/5456，即 0.37%。理论上每个三号组合每期开出的概率就是双色球前区定两个胆码的理论成功率。所以，双色球前区定三个胆码的理论成功率为 0.37%。

（4）双色球前区共有 40920 个四号组合，每期开出 15 个四号组合，所以理论上每个四号组合每期开出的概率为 15/40920，即 0.037%，约为 0.04%。理论上每个四号组合每期开出的概率是双色球前区定 4 个胆码的理论成功率。所以，双色球前区定 4 个胆码的理论成功率为 0.04%。

（5）双色球前区共有 237336 个五号组合，每期开出 6 个五号组合，所以理论上每个五号组合每期开出的概率为 3/237336，约为 0.0025%。理论上每个五号组合每期开出的概率就是双色球前区定 5 个胆码的理论成功率。所以，双色球前区定 5 个胆码的理论成功率约为 0.0025%。

第二节　定 1 个胆码

一、概述

定 1 个胆码就是选定 1 个号码作为下期胆码，下期每一注投注组合都将包含该号码。比如，如果选定号码 18 作为下期胆码，那么下期每一注投注组合都将包含号码 18。定 1 个胆码的意义，第一节已论述过，这里不再赘述，本部分主要谈谈定 1 个胆码的选号范围如何确定。

根据"热者恒热，冷者恒冷"的规律，定 1 个胆码的选胆范围应该从最热的或者较热的若干个号码中确定，那么现在要做的就是找出最热的或者较热的若干个号码。

二、热号

（1）热号就是统计周期内出现次数最多或者较多的号码。如果双色球最近 50 期前区 33 个号码中号码 08 出现次数最多，那么号码 08 就是双色球前区最近 50 期的热号；如果双色球 2003001 期至 2015023 期这 1768 期前区 33 个号码中号码 17 出现次数最多，那么号码 17 就是这 1768 期的热号。

（2）表 5-1 为双色球前区 33 个号码在双色球 2003001 期至 2015023 期这 1768 期开奖号码中的出现次数和出现概率统计表，该表已经按出现次数由高到低进行了排序。

表 5-1　统计（一）

号码	出现次数	出现概率（%）
17	354	20.02
1	341	19.29
3	340	19.23
30	340	19.23
7	339	19.17
32	339	19.17
26	338	19.12
14	337	19.06
18	333	18.83
13	332	18.78
20	331	18.72
8	329	18.61
4	328	18.55
5	328	18.55
22	328	18.55
2	321	18.16
21	321	18.16
6	318	17.99
16	318	17.99
25	318	17.99
10	317	17.93
27	316	17.87
19	315	17.82

号码	出现次数	出现概率（%）
12	314	17.76
29	313	17.70
11	310	17.53
9	309	17.48
23	303	17.14
28	303	17.14
31	302	17.08
15	295	16.69
24	294	16.63
33	284	16.06

（3）从表 5-1 可以看出，前区最热的号码是 17，该号码在统计周期内总共出现了 354 次，出现次数占比为 20.02%，相当于每 5 期出现一次，其出现次数比最冷的号码 33 整整多了 70 次。可见，双色球前区单个号码的冷热差别是很大的。

那么号码 17 是不是最热的号码呢？第三章对前区杀号方法进行统计的时候，发现了一些胜率很低的杀号方法，其中胜率排在最后 18 位的杀号方法杀号失败次数都超过了 354 次，统计周期是双色球 2003001 期至 2015023 期，共 1768 期。也就是说，在这 1768 期中，这些杀号方法每期所杀号码的出现次数都超过了 354 次，所以这些号码才是更热的号码。需要指出的是，应根据第三章的杀号规则来确定这些杀号方法每期所杀的号码。

三、选胆范围

根据第三章对前区杀号方法的统计，胜率排在最后 18 位的杀号方法按胜率从高到低进行排序依次为：

（1）C_{2-10} 即第二个号码减 10 所得的值杀号法。

（2）C_{6-24} 即第六个号码减 24 所得的值杀号法。

（3）A_{4-2} 即第四个号码减第二个号码所得的值杀号法。

（4）C_{1+1} 即第一个号码加 1 所得的值杀号法。

（5）J_{11} 即后区号码加 11 所得的值杀号法。

（6）K_3 即前区第三个号码减后区号码所得的值杀号法。

（7）C_{1+15} 即第一个号码加 15 所得的值杀号法。

（8）C_{1-69} 即第一个号码减 69 所得的值杀号法。

（9）C_{1-9} 即第一个号码减 9 所得的值杀号法。

（10）C_{4-68} 即第四个号码减 68 所得的值杀号法。

（11）J_2 即后区号码加 2 所得的值杀号法。

（12）I_{13} 即后区号码减 13 所得的值杀号法。

（13）C_{2-2} 即第二个号码减 2 所得的值杀号法。

（14）L_4 即后区号码减 4 所得的值杀号法。

（15）C_{6-7} 即第六个号码减 7 所得的值杀号法。

（16）I_{32} 即后区号码减 32 所得的值杀号法。

（17）C_{6-11} 即第六个号码减 11 所得的值杀号法。

（18）C_{4-14} 即第四个号码减 14 所得的值杀号法。

这 18 种杀号方法每期分别对应唯一号码，这些号码就是定 1 个胆码的选胆范围。比如，双色球第 2004106 期前区开出 10、15、23、26、28、29，上述 18 种杀号方法对应的号码去掉重复项并按由小到大的顺序进行排列后依次为 01、02、05、08、09、11、12、13、14、18、20、22、23、25，总共只有 14 个。这 14 个号码就可以作为定一个胆码的选号范围，假如这里定号码 01 为胆码，结果双色球第 2004107 期前区开出 01、08、12、13、18、20，定胆成功。事实上，在这个例子中第 2004107 期前区 6 个号码全部出自上述 14 个号码。

四、定胆的效果和成功率

（1）我们先来看看胜率最低的杀号方法反过来用于定胆的效果和成功率。胜率最低的杀号方法是 C_{4-14}，即第四个号码减 14 所得的值杀号法，在双色球 2003001 期至 2015023 期这 1768 期中，这种杀号方法杀号成功次数为 1384 次，失败次数为 383 次。也就是说，这种杀号方法每期所杀的号码在这 1767 次测试过程中出现了 383 次，出现概率为 21.68%，远远超过了最热号码 17 的出现次数和出现概率。所以，用这种杀号方法每期所杀的号码反过来进行定胆，就相当于在 21.68% 的情况下能够选对下期 1 个胆码，而其选胆范围仅为 1 个号码（这个号码不是固定的，但这个号码有一个固定的属性，即第四个号码减14所得的值，所以这个号码对于每一期来说都是确定的、唯一的)。仅用1个号码作为选胆范围就能选对下期1个胆码，成功率高达21.68%，远超理论成功率，这绝对是个奇迹。不经过这么多次统计，又怎能发现这个奇迹呢？

（2）胜率排在倒数第二位的杀号方法反过来用于定胆，成功率高达20.88%，依然远超理论成功率。事实上，胜率排在最后18位的杀号方法反过来用于定胆，其成功率都远超理论成功率，所以用这18种杀号方法每期所杀的号码作为定1个胆码的选胆范围是科学的。

（3）为了更直观地说明将这些号码作为定1个胆码的选胆范围是科学的，这里继续用双色球前区第三个号码尾数定胆法来做对比。前面说过，双色球前区第三个号码尾数定胆法每期从6.597个号码中仅能定对1.198个胆码，1个胆码都没定对的次数为437次，至少定对1个胆码的次数为1330次，定1个胆码的定胆成功率为75.27%。下面用杀号胜率最低的7种方法每期所杀的号码作为定1个胆码的选胆范围，来与双色球前区第三个号码尾数定胆法做个对比。杀号胜率最低的7种方法依次为I_{13}、C_{2-2}、I_4、C_{6-7}、I_{32}、C_{6-11}、C_{4-14}，这7种杀号方法每期所杀的号码都有重复现象。比如，双色球第2009127期前区开出02、11、12、14、15、16，后区开出号码04，那么上述7种杀号方法所杀的号码分别为09、09、10、09、28、05、10，其中号码09、10都有重复现象，事实上这7种杀号方法所杀的号码只有4个，即05、09、10、28。经过对双色球2003001期至2015023期这1768期的统计，上述7种杀号方法在这1767次测试中所杀的号码总个数为11488个，平均每期杀号6.497个，用这些号码反过来进行定胆，其选胆范围就是平均每期6.497个号码，可见其选胆范围比双色球前区第三个号码尾数定胆法的选胆范围略小。但这种定胆方法的定胆成功个数为2366个，平均每期成功定胆1.34个，1个胆码都没定对的次数仅为324次，至少定对1个胆码的次数则为1443次，定1个胆码的定胆成功率为81.66%。显然，这种定胆效果已远远好于双色球前区第三个号码尾数定胆法的定胆效果。

（4）经过对双色球2003001期至2015023期这1768期的统计，得出以下结论：

1）将定1个胆码的选胆范围定为胜率最低的杀号方法即C_{4-14}每期所杀的号码时，选胆范围为每期1个号码，成功定胆个数为383个，成功定胆次数也是

383 次，定 1 个胆码的定胆成功率为 21.68%。

2）将定 1 个胆码的选胆范围定为胜率最低的两种杀号方法即 C_{6-11}、C_{4-14} 每期所杀的号码时，由于这两种杀号方法每期所杀的号码有可能重复，所以这里的选胆范围为平均每期 1.9977 个号码，定胆成功个数为 752 个，平均每期成功定胆 0.43 个，至少定对 1 个胆码的次数为 692 次，定胆成功率为 39.16%。

3）将定 1 个胆码的选胆范围定为胜率最低的 3 种杀号方法即 I_{32}、C_{6-11}、C_{4-14} 每期所杀的号码时，由于这 3 种杀号方法每期所杀的号码有可能重复，所以这里的选胆范围为平均每期 2.9553 个号码，定胆成功个数为 1099 个，平均每期成功定胆 0.62 个，至少定对 1 个胆码的次数为 916 次，定胆成功率为 51.84%。

4）将定 1 个胆码的选胆范围定为胜率最低的 4 种杀号方法即 C_{6-7}、I_{32}、C_{6-11}、C_{4-14} 每期所杀的号码时，由于这 4 种杀号方法每期所杀的号码有可能重复，所以这里的选胆范围为平均每期 3.89 个号码，定胆成功个数为 1438 个，平均每期成功定胆 0.81 个，至少定对 1 个胆码的次数为 1100 次，定胆成功率为 62.25%。

5）将定 1 个胆码的选胆范围定为胜率最低的 5 种杀号方法即 I_4、C_{6-7}、I_{32}、C_{6-11}、C_{4-14} 每期所杀的号码时，由于这 5 种杀号方法每期所杀的号码有可能重复，所以这里的选胆范围为平均每期 4.7957 个号码，定胆成功个数刚好是 1767 个，平均每期成功定胆 1 个，至少定对 1 个胆码的次数为 1238 次，定胆成功率为 70.06%。

6）将定 1 个胆码的选胆范围定为胜率最低的 6 种杀号方法即 C_{2-2}、I_4、C_{6-7}、I_{32}、C_{6-11}、C_{4-14} 每期所杀的号码时，由于这 6 种杀号方法每期所杀的号码有可能重复，所以这里的选胆范围为平均每期 5.6457 个号码，定胆成功个数为 2067 个，平均每期成功定胆 1.17 个，至少定对 1 个胆码的次数为 1352 次，定胆成功率为 76.51%。

7）将定 1 个胆码的选胆范围定为胜率最低的 7 种杀号方法即 I_{13}、C_{2-2}、I_4、C_{6-7}、I_{32}、C_{6-11}、C_{4-14} 每期所杀的号码时，由于这 7 种杀号方法每期所杀的号码有可能重复，所以这里的选胆范围为平均每期 6.497 个号码，定胆成功个数为 2067 个，平均每期成功定胆 1.17 个，至少正确定对 1 个胆码的次数为 1443 次，定胆成功率为 81.66%。

……

选胆范围越大，定胆成功率自然越高。

　　将定 1 个胆码的选胆范围定为上述胜率最低的 18 种杀号方法每期所杀的号码，由于这 18 种杀号方法每期所杀的号码有可能重复，所以这里的选胆范围平均每期只有 12.4 个号码，定胆成功个数为 4322 个，平均每期成功定胆 2.45 个，至少定对 1 个胆码的次数为 1722 次，定胆成功率高达 97.45%。

五、具体运用

　　定 1 个胆码的选胆范围为胜率最低的 18 种杀号方法每期所杀的号码，那么该如何确定这 1 个胆码呢？如果你只投注 1 注并只选 1 个胆码的话，那么你就应该用胜率最低的杀号方法所杀的号码作为胆码，即用 C_{4-14} 每期所杀的号码作为胆码。如果你投注两注，每注都选 1 个胆码，并且这两个胆码要不一样，那么你就应该用胜率最低的两种杀号方法所杀的号码作为胆码，即用 C_{4-14} 和 C_{6-11} 每期所杀的号码作为胆码。如果你投注 3 注，每注都选 1 个胆码，并且这 3 个胆码要不一样，那么你就应该用胜率最低的 3 种杀号方法所杀的号码作为胆码，即用 C_{4-14}、C_{6-11} 和 I_{32} 每期所杀的号码作为胆码……如果你投注两注，每注都选 1 个胆码，并且这两个胆码需要相同，那么你同样应该用 C_{4-14} 每期所杀的号码作为这两注投注的 1 个共同的胆码。如果你投注 3 注，每注都选 1 个胆码，并且这 3 个胆码需要相同，那么你还是应该用 C_{4-14} 每期所杀的号码作为这两注投注的 1 个共同的胆码。

　　……

　　可见这与你的投注数量和选定不同胆码的个数有关。无论投多少注，如果你每注只选 1 个胆码且所选胆码相同，那你就应该用 C_{4-14} 每期所杀的号码作为共同胆码；如果你每注只选 1 个胆码且这些胆码都不相同或部分相同、部分不同，那你要根据不同胆码的个数，从胜率最低的 18 种杀号方法所杀的号码中按照胜率由低到高的顺序选择具体的胆码了，就是优先选择胜率低的杀号方法所杀的号码作为胆码。

　　我反对靠赌博买彩票，支持用零钱买彩票，所以一次投注以一到两注为宜。如果你一次投两注，最好分别用 C_{4-14} 和 C_{6-11} 每期所杀的号码作为每一注的胆码。

第三节 定 2 个胆码

一、概述

定 2 个胆码就是选定 2 个号码作为下期胆码，下期每一注投注组合都将包含这 2 个号码。比如，如果选定号码 18 和 28 作为下期胆码，那么下期每一注投注组合都将包含号码 18 和 28。定 2 个胆码的选胆范围应该从最热的或者较热的两号组合中确定。那么，现在要做的就是找出最热的或者较热的若干个两号组合。

二、两号组合出现次数统计

（1）双色球前区共有 528 个两号组合，要将这 528 个两号组合的出现次数和出现概率全部列出来，不但会占很大篇幅，而且也没有必要，所以这里将分别列出排序在前 100 位和后 100 位的两号组合的出现次数和出现概率。

（2）表 5-2 为双色球前区出现次数排序在前 100 位的两号组合在双色球 2003001 期至 2015023 期这 1768 期开奖号码中的出现次数和出现概率统计表，该表已经按出现次数由高到低进行了排序。

表 5-2 统计（二）

两号组合	出现次数	出现概率（%）
03、05	76	4.30
18、30	70	3.96
20、26	69	3.90
14、30	69	3.90
07、17	67	3.79
04、30	67	3.79
01、13	66	3.74

续表

两号组合	出现次数	出现概率（%）
02、17	66	3.74
01、29	66	3.74
03、07	65	3.68
08、17	65	3.68
08、14	65	3.68
04、25	65	3.68
14、25	65	3.68
17、30	65	3.68
03、21	64	3.62
13、30	64	3.62
11、17	63	3.57
07、13	63	3.57
01、18	63	3.57
06、17	63	3.57
01、22	63	3.57
18、26	63	3.57
01、30	63	3.57
02、30	63	3.57
08、30	63	3.57
07、32	63	3.57
18、32	63	3.57
07、10	62	3.51
07、08	62	3.51
07、14	62	3.51
17、18	62	3.51
13、25	62	3.51
16、22	62	3.51
27、31	62	3.51
03、20	61	3.45
06、14	61	3.45
13、18	61	3.45
16、23	61	3.45
01、16	61	3.45
03、24	61	3.45
03、27	61	3.45
17、32	61	3.45
16、17	60	3.40

续表

两号组合	出现次数	出现概率（%）
12、14	60	3.40
09、21	60	3.40
17、27	60	3.40
21、26	60	3.40
23、32	60	3.40
01、08	59	3.34
04、17	59	3.34
17、21	59	3.34
05、27	59	3.34
02、29	59	3.34
03、32	59	3.34
01、07	58	3.28
05、21	58	3.28
14、17	58	3.28
18、22	58	3.28
14、22	58	3.28
01、21	58	3.28
08、25	58	3.28
04、22	58	3.28
13、32	58	3.28
21、31	58	3.28
25、32	58	3.28
22、32	58	3.28
32、33	58	3.28
04、06	57	3.23
08、13	57	3.23
01、12	57	3.23
06、07	57	3.23
03、08	57	3.23
14、16	57	3.23
10、13	57	3.23
05、19	57	3.23
05、14	57	3.23
12、18	57	3.23
20、22	57	3.23
13、17	57	3.23
07、25	57	3.23

两号组合	出现次数	出现概率（%）
09、25	57	3.23
02、24	57	3.23
05、28	57	3.23
06、25	57	3.23
11、27	57	3.23
10、26	57	3.23
09、26	57	3.23
04、26	57	3.23
18、20	57	3.23
18、29	57	3.23
01、20	56	3.17
13、19	56	3.17
03、13	56	3.17
16、18	56	3.17
04、14	56	3.17
08、11	56	3.17
19、20	56	3.17
09、17	56	3.17
12、30	56	3.17

（3）表5-3为双色球前区出现次数排序在后100位的两号组合在双色球2003001期至2015023期这1768期开奖号码中的出现次数和出现概率统计表，该表已经按出现次数由高到低进行了排序。

表5-3 统计（三）

两号组合	出现次数	出现概率（%）
02、25	44	2.49
11、30	44	2.49
05、30	44	2.49
15、24	44	2.49
08、31	44	2.49
24、29	44	2.49
15、32	44	2.49
10、31	44	2.49
11、33	44	2.49
21、24	44	2.49

续表

两号组合	出现次数	出现概率（%）
19、23	44	2.49
25、31	44	2.49
23、31	44	2.49
05、16	43	2.43
09、13	43	2.43
07、15	43	2.43
19、22	43	2.43
16、19	43	2.43
15、16	43	2.43
09、27	43	2.43
12、23	43	2.43
02、27	43	2.43
25、27	43	2.43
10、11	42	2.38
05、08	42	2.38
08、15	42	2.38
15、22	42	2.38
11、15	42	2.38
13、21	42	2.38
18、24	42	2.38
15、25	42	2.38
16、25	42	2.38
04、24	42	2.38
14、24	42	2.38
15、21	42	2.38
06、29	42	2.38
10、24	42	2.38
05、33	42	2.38
16、33	42	2.38
23、27	42	2.38
22、31	42	2.38
31、33	42	2.38
04、11	41	2.32
04、15	41	2.32
13、15	41	2.32
02、21	41	2.32
11、23	41	2.32

续表

两号组合	出现次数	出现概率（%）
14、23	41	2.32
06、21	41	2.32
08、23	41	2.32
15、23	41	2.32
07、22	41	2.32
06、28	41	2.32
02、28	41	2.32
07、28	41	2.32
02、33	41	2.32
20、27	41	2.32
25、28	41	2.32
23、29	41	2.32
29、31	41	2.32
03、12	40	2.26
07、09	40	2.26
09、23	40	2.26
18、21	40	2.26
17、23	40	2.26
06、24	40	2.26
16、31	40	2.26
01、33	40	2.26
07、33	40	2.26
12、33	40	2.26
22、25	40	2.26
24、28	40	2.26
24、30	40	2.26
23、33	40	2.26
27、33	40	2.26
18、19	39	2.21
12、16	39	2.21
11、22	39	2.21
11、25	39	2.21
06、27	39	2.21
05、29	39	2.21
20、23	39	2.21
19、30	39	2.21
07、31	39	2.21

两号组合	出现次数	出现概率（%）
07、12	38	2.15
11、28	38	2.15
18、31	38	2.15
25、33	38	2.15
25、30	38	2.15
10、14	37	2.09
13、24	37	2.09
24、31	37	2.09
15、27	36	2.04
24、33	36	2.04
19、33	35	1.98
09、30	34	1.92
28、31	34	1.92
21、33	33	1.87
06、09	32	1.81
29、33	30	1.70

（4）从表 5-2 和表 5-3 可以看出，双色球前区最热的两号组合是 03、05，它在统计周期内总共出现了 76 次，出现次数占比为 4.3%；最冷的两号组合是 29、33，它在统计周期内总共出现了 30 次，出现次数占比仅为 1.7%。可见，双色球前区两号组合的冷热差别同样是很大的。

三、选胆范围

前面说过，定 2 个胆码的选胆范围应该从最热的或者较热的两号组合中确定。根据表 5-2 的统计可知，排序在前 15 位的两号组合出现次数都不低于 65 次，所以可以将这 15 个两号组合作为定 2 个胆码的选胆范围。

这 15 个两号组合分别为：03、05；18、30；14、30；20、26；04、30；07、17；01、13；01、29；02、17；03、07；04、25；08、14；08、17；14、25；17、30。

四、定胆效果

（1）双色球前区共有 528 个两号组合，每期开出 15 个两号组合，这里的统计周期为 1768 期，共开出 26520 个两号组合，所以理论上每个两号组合的出现次数为 50.23 次。但被确定为定 2 个胆码的选胆范围的 15 个两号组合，每一个出现次数都不低于 65 次，远超理论出现次数。这 15 个两号组合的出现总次数为 1006 次，出现总次数占比为 56.93%，平均每 1.7 期左右就会从这 15 个两号组合中开出 1 个两号组合。第一节提到过，定 2 个胆码能够将选号范围从 1107568 种组合减少到 31465 种组合，其意义非常重大。能够确保每 1.7 期左右从 15 个两号组合中选对 1 个两号组合作为 2 个胆码，效果绝对是很不错了。

（2）本书写到这里的时候，双色球开到了 2015046 期，而前面统计到了 2015023 期，过了 23 期。现在就用这 23 期的开奖数据随便举一个例子吧。上面 15 个两号组合在这 23 期中出现了很多次，其中 01、13 这个两号组合出现了 2 次。这意味着什么呢？经过 23 期，共开出 345 个两号组合，所以每个两号组合在理论上应该出现 0.65 次。而两号组合 01、13 却出现了 2 次，远超理论出现次数。从长期来看，这 15 个两号组合的出现概率更是远超其理论出现概率，所以用这 15 个两号组合作为定 2 个胆码的选胆范围是科学的、有效的、可行的。

五、具体运用

定 2 个胆码的选胆范围为出现次数最多的 15 个两号组合，那么具体该选哪个或者哪些两号组合作为胆码呢？这同样与你的投注数量和选定不同的两号组合的个数有关，但由于每个两号组合的出现次数占比都不超过 5%，所以我不支持大家进行多注投注时只用其中一个两号组合定 2 个胆码。如果只投注一注并只定 2 个胆码，那你就应该用两号组合 03、05 作为胆码；如果投注两注，那你就应该分别用两号组合 03、05；18、30 作为胆码；如果投注 3 注，那你就应该分别用两号组合 03、05；18、30；14、30 作为胆码……

我建议大家一次投注不要超过 10 注，最好不要超过 5 注，所以应该用出现次数排在前十位或者前五位的两号组合来定每一注的 2 个胆码。同时，大家在进行选胆的过程中要尽量避开出现次数排在最后几位的两号组合。

第四节　定 3 个胆码

一、概述

定 3 个胆码就是选定 3 个号码作为下期胆码，下期每一注投注组合都将包含 3 个号码。比如，如果选定号码 08、18 和 28 作为下期胆码，那么下期每一注投注组合都将包含号码 08、18 和 28。定 3 个胆码的选胆范围应该从最热的或者较热的三号组合中确定。那么，现在要做的就是找出最热的或者较热的若干个三号组合。

二、三号组合出现次数统计

（1）双色球前区共有 5456 个三号组合，要将这 5456 个三号组合的出现次数和出现概率全部列出来，不但会占很大篇幅，而且也没有必要，所以这里将分别列出排序在前 100 位和后 100 位的三号组合的出现次数和出现概率。

（2）表 5-4 为双色球前区出现次数排序在前 100 位的三号组合在双色球 2003001 期至 2015023 期这 1768 期开奖号码中的出现次数和出现概率统计表，该表已经按出现次数由高到低进行了排序。

表 5-4　统计（四）

三号组合	出现次数	出现概率（%）
01、13、32	18	1.02
03、07、13	17	0.96
01、02、29	17	0.96
03、07、10	16	0.90
03、05、27	16	0.90
07、14、25	16	0.90

三号组合	出现次数	出现概率（%）
04、12、30	16	0.90
04、10、26	16	0.90
03、24、27	16	0.90
04、22、29	16	0.90
01、12、21	15	0.85
09、11、17	15	0.85
01、18、22	15	0.85
01、20、29	15	0.85
02、17、30	15	0.85
08、17、21	14	0.79
07、10、13	14	0.79
03、20、24	14	0.79
16、18、22	14	0.79
03、05、18	14	0.79
19、20、21	14	0.79
07、08、17	14	0.79
01、11、27	14	0.79
04、06、25	14	0.79
01、16、22	14	0.79
08、17、30	14	0.79
01、14、30	14	0.79
03、21、31	14	0.79
12、14、32	14	0.79
14、17、30	14	0.79
03、11、31	14	0.79
18、22、30	14	0.79
09、24、25	14	0.79
09、21、26	14	0.79
01、18、29	14	0.79
14、27、31	14	0.79
22、26、33	14	0.79
01、22、30	14	0.79
13、23、28	14	0.79
11、32、33	14	0.79
18、26、30	14	0.79
03、05、07	13	0.74
03、05、20	13	0.74

三号组合	出现次数	出现概率（%）
02、12、14	13	0.74
02、05、06	13	0.74
03、05、21	13	0.74
15、18、20	13	0.74
01、07、20	13	0.74
03、06、11	13	0.74
02、10、17	13	0.74
09、17、21	13	0.74
12、14、20	13	0.74
01、08、13	13	0.74
07、16、17	13	0.74
06、13、17	13	0.74
05、20、26	13	0.74
01、16、18	13	0.74
03、05、24	13	0.74
06、08、17	13	0.74
08、13、25	13	0.74
10、16、23	13	0.74
06、13、28	13	0.74
06、15、30	13	0.74
02、06、31	13	0.74
06、08、30	13	0.74
05、13、25	13	0.74
09、21、31	13	0.74
03、06、31	13	0.74
06、18、32	13	0.74
09、20、26	13	0.74
01、27、31	13	0.74
03、17、21	13	0.74
05、19、28	13	0.74
16、22、27	13	0.74
14、20、30	13	0.74
11、17、27	13	0.74
16、23、28	13	0.74
23、25、32	13	0.74
17、28、32	13	0.74
11、17、28	12	0.68

三号组合	出现次数	出现概率（%）
04、08、12	12	0.68
12、15、22	12	0.68
03、05、11	12	0.68
14、16、27	12	0.68
01、18、20	12	0.68
07、11、17	12	0.68
02、17、22	12	0.68
10、15、19	12	0.68
05、17、18	12	0.68
04、06、17	12	0.68
01、11、17	12	0.68
06、08、14	12	0.68
06、14、22	12	0.68
07、08、14	12	0.68
07、14、18	12	0.68
09、10、19	12	0.68
01、05、16	12	0.68
01、04、19	12	0.68
04、19、22	12	0.68
03、16、22	12	0.68

（3）表 5-5 为双色球前区出现次数排序在后 100 位的三号组合在双色球 2003001 期至 2015023 期这 1768 期开奖号码中的出现次数和出现概率统计表，该表已经按出现次数由高到低进行了排序。

表 5-5 统计（五）

三号组合	出现次数	出现概率（%）
16、21、25	2	0.11
17、23、31	2	0.11
14、20、24	2	0.11
16、20、27	2	0.11
21、25、30	2	0.11
07、22、31	2	0.11
05、06、32	2	0.11
10、12、25	2	0.11
14、15、32	2	0.11

三号组合	出现次数	出现概率（%）
11、14、23	2	0.11
04、09、23	2	0.11
11、18、24	2	0.11
10、21、29	2	0.11
09、15、18	2	0.11
06、16、19	2	0.11
06、19、30	2	0.11
10、24、30	2	0.11
12、23、33	2	0.11
05、29、33	2	0.11
11、15、28	2	0.11
03、11、23	2	0.11
25、31、33	2	0.11
12、29、33	2	0.11
11、26、29	2	0.11
14、23、27	2	0.11
07、22、25	2	0.11
20、27、32	2	0.11
15、16、20	2	0.11
21、22、29	2	0.11
22、25、30	2	0.11
20、28、31	2	0.11
15、27、30	2	0.11
17、21、24	2	0.11
20、29、33	2	0.11
17、25、33	2	0.11
13、24、33	2	0.11
23、28、31	2	0.11
12、15、30	2	0.11
25、29、31	2	0.11
23、25、30	2	0.11
24、31、32	2	0.11
23、24、28	2	0.11
04、06、09	1	0.06
04、14、24	1	0.06
09、13、26	1	0.06
04、15、29	1	0.06

续表

三号组合	出现次数	出现概率（%）
08、11、28	1	0.06
02、03、14	1	0.06
05、08、29	1	0.06
07、13、31	1	0.06
05、10、12	1	0.06
13、24、29	1	0.06
01、14、23	1	0.06
02、13、15	1	0.06
14、20、28	1	0.06
02、10、13	1	0.06
09、24、30	1	0.06
05、16、31	1	0.06
07、24、31	1	0.06
01、10、19	1	0.06
03、18、31	1	0.06
10、24、28	1	0.06
08、27、33	1	0.06
08、16、31	1	0.06
03、26、30	1	0.06
19、20、22	1	0.06
11、22、26	1	0.06
10、11、20	1	0.06
06、09、30	1	0.06
11、12、33	1	0.06
17、19、33	1	0.06
16、21、33	1	0.06
06、09、31	1	0.06
09、27、30	1	0.06
14、24、27	1	0.06
12、17、32	1	0.06
10、14、23	1	0.06
18、29、33	1	0.06
02、13、32	1	0.06
14、15、22	1	0.06
21、23、29	1	0.06
17、27、33	1	0.06
20、21、33	1	0.06

续表

三号组合	出现次数	出现概率（%）
06、09、27	1	0.06
15、28、31	1	0.06
09、29、33	1	0.06
23、29、33	1	0.06
15、19、27	1	0.06
18、21、23	1	0.06
13、15、16	1	0.06
01、09、27	0	0.00
01、10、12	0	0.00
01、21、33	0	0.00
03、06、28	0	0.00
07、08、23	0	0.00
10、14、24	0	0.00
11、13、29	0	0.00
15、29、30	0	0.00
15、29、33	0	0.00
19、29、33	0	0.00

（4）从表 5-4 和表 5-5 可以看出，双色球前区最热的三号组合是 01、13、32，它在统计周期内总共出现了 18 次，出现次数占比为 1.02%；最冷的三号组合是 19、29、33；15、29、33；15、29、30 等 10 个三号组合，它们在统计周期内都没有出现过。可见，双色球前区三号组合的冷热差别同样是很大的。

三、选胆范围

定 3 个胆码的选胆范围同样应该从最热的或者较热的三号组合中确定。根据表 5-4 的统计可知，排序在前 15 位的三号组合出现次数都不低于 15 次，所以可以将这 15 个三号组合作为定 3 个胆码的选胆范围。

这 15 个三号组合分别为 01、13、32；01、02、29；03、07、13；03、05、27；03、07、10；03、24、27；04、10、26；04、12、30；04、22、29；07、14、25；01、12、21；01、18、22；01、20、29；02、17、30；09、11、17。

四、定胆效果

（1）双色球前区共有 5456 个三号组合，每期开出 20 个三号组合，1768 期共开出 35360 个三号组合，所以理论上每个三号组合的出现次数为 6.48 次。但被确定为定 3 个胆码的选胆范围的 15 个三号组合，每一个出现次数都不低于 15 次，远超理论出现次数。这 15 个三号组合的出现总次数为 239 次，出现总次数占比为 13.52%，平均每 7 期左右就会从这 15 个三号组合中开出一个三号组合。第一节提到过，定 3 个胆码能够大幅缩小选号范围，能够将选号范围从 1107568 种组合减少到 4060 种组合，其意义非常重大。能够确保每 7 期左右从 15 个三号组合中选对一个三号组合作为 3 个胆码，效果绝对是很不错了。关键在于，这里是"确保"，确保每 7 期左右能选对一次 3 个胆码，如果再加上一点点运气，说不定就能选中 4 个、5 个甚至 6 个号码，那么你中一等奖的概率就大大提高了。

（2）现在我们用双色球 2015024 期至 2015046 期这 23 期的开奖数据来测试一下这 15 个三号组合的定胆效果。23 期共开出 460 个三号组合，所以理论上每个三号组合的出现次数为 0.084 次，15 个三号组合的总出现次数理论上应该为 1.26 次。但被确定为定 3 个胆码的选胆范围的 15 个三号组合在这 23 期中却出现了 3 次，是其理论出现次数的 2.38 倍。这就是效果，事实胜于雄辩。从长期来看，这 15 个三号组合的出现概率更是远超其理论出现概率，所以用这 15 个三号组合作为定 3 个胆码的选胆范围同样是科学的、有效的、可行的。

五、具体运用

定 3 个胆码的选胆范围为出现次数最多的 15 个三号组合，那么具体该选哪个或者哪些三号组合作为胆码呢？这同样与你的投注数量和选定不同的三号组合的个数有关，但由于大部分三号组合的出现次数占比都不超过 1%，所以我不支持大家进行多注投注时只用其中一个三号组合定 3 个胆码。

如果只投注一注并只定 3 个胆码的话，那你就应该用三号组合 01、13、32 作为胆码；如果投注两注，那你就应该分别用三号组合 01、13、32；01、02、

29 作为胆码；如果投注三注，那你就应该分别用三号组合 01、13、32；01、02、29；03、07、13 作为胆码……

我建议大家一次投注不要超过 10 注，最好不要超过 5 注，所以应该用出现次数排在前十位或者前五位的三号组合来定每一注的 3 个胆码。同样，大家在进行选胆的过程中要尽量避开出现次数排在最后几位的三号组合。

第五节　前区号码伴生现象研究

一、概述

（1）所谓号码伴生，就是两个或者两个以上号码结伴或者同时出现的意思，研究号码伴生现象对于选择拖码具有重要意义。比如在双色球 2003001 期至 2015023 期这 1768 期中，前区号码 01 与前区号码 13 结伴出现的次数高达 66 次，而与前区号码 33 结伴出现的次数只有 40 次，前者是后者的 1.65 倍。那么当你选择号码 01 作为前区胆码时，该选择哪些号码作为拖码呢？当然是选择那些与号码 01 结伴出现次数较多甚至是最多的前区号码，并尽量避开那些与号码 01 结伴出现次数较少甚至是最少的前区号码。本例中当然是选择号码 13，放弃号码 33。

（2）前区号码伴生包括 2 个号码伴生、3 个号码伴生、4 个号码伴生、5 个号码伴生和 6 个号码伴生，这里只研究 2 个号码伴生的现象。

二、不同号码伴生现象研究

（一）号码 01 伴生现象研究

（1）具体数据。表 5-6 为双色球前区不同号码与号码 01 结伴出现次数统计表，统计周期为双色球 2003001 期至 2015023 期，共 1768 期，该表已经按结伴出现次数由高到低进行了排序。

表 5-6 统计（六）

结伴号码	结伴出现次数
01、13	66
01、29	66
01、18	63
01、22	63
01、30	63
01、16	61
01、08	59
01、07	58
01、21	58
01、12	57
01、20	56
01、17	55
01、11	54
01、03	53
01、05	53
01、02	52
01、31	52
01、32	52
01、06	51
01、14	51
01、26	51
01、04	50
01、25	50
01、23	50
01、28	49
01、19	47
01、24	47
01、27	46
01、09	44
01、10	44
01、15	44
01、33	40

（2）从表 5-6 可以看出，与号码 01 结伴出现次数最多的 2 个号码分别是 13、29，与号码 01 结伴出现次数最少的号码是 33。当大家选定号码 01 为前区胆码时，应当根据表 5-6 选择与号码 01 结伴出现次数较多的号码作为拖码，避免选

择与号码 01 结伴出现次数较少的号码作为拖码。

（二）号码 02 伴生现象研究

（1）具体数据。表 5-7 为双色球前区不同号码与号码 02 结伴出现次数统计表，统计周期为双色球 2003001 期至 2015023 期，共 1768 期，该表已经按结伴出现次数由高到低进行了排序。

表 5-7　统计（七）

结伴号码	结伴出现次数
02、17	66
02、30	63
02、29	59
02、24	57
02、04	54
02、20	54
02、12	53
02、19	53
02、07	52
02、15	52
01、02	52
02、13	51
02、16	51
02、14	51
02、31	51
02、06	50
02、03	50
02、18	50
02、08	49
02、10	49
02、22	49
02、05	48
02、11	48
02、09	48
02、23	48
02、32	48
02、26	44
02、25	44

结伴号码	结伴出现次数
02、27	43
02、21	41
02、28	41
02、33	41

（2）从表 5-7 可以看出，与号码 02 结伴出现次数最多的号码是 17，与号码 02 结伴出现次数最少的三个号码分别是 21、28、33。当大家选定号码 02 为前区胆码时，应当根据表 5-7 选择与号码 02 结伴出现次数较多的号码作为拖码，避免选择与号码 02 结伴出现次数较少的号码作为拖码。

（三）号码 03 伴生现象研究

（1）具体数据。表 5-8 为双色球前区不同号码与号码 03 结伴出现次数统计表，统计周期为双色球 2003001 期至 2015023 期，共 1768 期，该表已经按结伴出现次数由高到低进行了排序。

表 5-8　统计（八）

结伴号码	结伴出现次数
03、05	76
03、07	65
03、21	64
03、20	61
03、24	61
03、27	61
03、32	59
03、08	57
03、13	56
03、17	55
03、06	55
03、25	55
03、31	55
03、22	53
01、03	53
03、09	52
03、11	51

结伴号码	结伴出现次数
03、15	51
03、10	50
02、03	50
03、26	49
03、18	49
03、16	48
03、30	48
03、33	48
03、04	47
03、19	47
03、23	47
03、14	46
03、28	46
03、29	45
03、12	40

（2）从表5-8可以看出，与号码03结伴出现次数最多的号码是05，与号码03结伴出现次数最少的号码是12。当大家选定号码03为前区胆码时，应当根据表5-8选择与号码03结伴出现次数较多的号码作为拖码，避免选择与号码03结伴出现次数较少的号码作为拖码。

（四）号码04伴生现象研究

（1）具体数据。表5-9为双色球前区不同号码与号码04结伴出现次数统计表，统计周期为双色球2003001期至2015023期，共1768期，该表已经按结伴出现次数由高到低进行了排序。

表5-9 统计（九）

结伴号码	结伴出现次数
04、30	67
04、25	65
04、17	59
04、22	58
04、06	57
04、26	57

续表

结伴号码	结伴出现次数
04、14	56
04、10	55
04、29	55
02、04	54
04、16	53
04、19	52
04、08	51
04、12	51
04、28	51
04、31	51
04、33	51
01、04	50
04、21	50
04、23	50
04、07	49
04、13	48
04、20	48
03、04	47
04、05	47
04、27	47
04、09	46
04、32	46
04、18	45
04、24	42
04、11	41
04、15	41

（2）从表 5-9 可以看出，与号码 04 结伴出现次数最多的号码是 30，与号码 04 结伴出现次数最少的 2 个号码分别是 11、15。当大家选定号码 04 为前区胆码时，应当根据表 5-9 选择与号码 04 结伴出现次数较多的号码作为拖码，避免选择与号码 04 结伴出现次数较少的号码作为拖码。

（五）号码 05 伴生现象研究

（1）具体数据。表 5-10 为双色球前区不同号码与号码 05 结伴出现次数统计表，统计周期为双色球 2003001 期至 2015023 期，共 1768 期，该表已经按结伴出现次数由高到低进行了排序。

表 5–10　统计（十）

结伴号码	结伴出现次数
03、05	76
05、27	59
05、21	58
05、19	57
05、14	57
05、28	57
05、15	55
05、10	54
05、17	54
05、26	54
05、13	53
05、18	53
05、23	53
01、05	53
05、06	52
05、20	52
05、09	51
05、07	51
05、11	51
05、22	50
05、31	50
05、32	48
02、05	48
05、25	47
04、05	47
05、24	46
05、12	44
05、30	44
05、16	43
05、08	42
05、33	42
05、29	39

（2）从表 5–10 可以看出，与号码 05 结伴出现次数最多的号码是 03，与号码 05 结伴出现次数最少的号码是 29。当大家选定号码 05 为前区胆码时，应当根据表 5–10 选择与号码 05 结伴出现次数较多的号码作为拖码，避免选择与号码 05

结伴出现次数较少的号码作为拖码。

（六）号码06伴生现象研究

（1）具体数据。表5-11为双色球前区不同号码与号码06结伴出现次数统计表，统计周期为双色球2003001期至2015023期，共1768期，该表已经按结伴出现次数由高到低进行了排序。

表5-11　统计（十一）

结伴号码	结伴出现次数
06、17	63
06、14	61
04、06	57
06、07	57
06、25	57
03、06	55
06、10	55
06、08	55
06、30	55
06、13	53
05、06	52
01、06	51
06、11	51
06、20	51
06、23	51
02、06	50
06、22	50
06、26	50
06、31	50
06、12	49
06、32	49
06、15	47
06、19	47
06、33	47
06、18	46
06、16	46
06、29	42
06、21	41

续表

结伴号码	结伴出现次数
06、28	41
06、24	40
06、27	39
06、09	32

（2）从表 5-11 可以看出，与号码 06 结伴出现次数最多的号码是 17，与号码 06 结伴出现次数最少的号码是 09。当大家选定号码 06 为前区胆码时，应当根据表 5-11 选择与号码 06 结伴出现次数较多的号码作为拖码，避免选择与号码 06 结伴出现次数较少的号码作为拖码。

（七）号码 07 伴生现象研究

（1）具体数据。表 5-12 为双色球前区不同号码与号码 07 结伴出现次数统计表，统计周期为双色球 2003001 期至 2015023 期，共 1768 期，该表已经按结伴出现次数由高到低进行了排序。

表 5-12 统计（十二）

结伴号码	结伴出现次数
07、17	67
03、07	65
07、13	63
07、32	63
07、10	62
07、08	62
07、14	62
01、07	58
07、25	57
06、07	57
07、30	56
07、21	55
07、18	55
07、16	55
07、26	55
07、27	55

结伴号码	结伴出现次数
07、11	54
07、23	53
07、19	53
07、20	53
02、07	52
07、24	51
05、07	51
07、29	50
04、07	49
07、15	43
07、22	41
07、28	41
07、09	40
07、33	40
07、31	39
07、12	38

（2）从表5-12可以看出，与号码07结伴出现次数最多的号码是17，与号码07结伴出现次数最少的号码是12。当大家选定号码07为前区胆码时，应当根据表5-12选择与号码07结伴出现次数较多的号码作为拖码，避免选择与号码07结伴出现次数较少的号码作为拖码。

（八）号码08伴生现象研究

（1）具体数据。表5-13为双色球前区不同号码与号码08结伴出现次数统计表，统计周期为双色球2003001期至2015023期，共1768期，该表已经按结伴出现次数由高到低进行了排序。

表5-13　统计（十三）

结伴号码	结伴出现次数
08、17	65
08、14	65
08、30	63
07、08	62

结伴号码	结伴出现次数
01、08	59
08、25	58
03、08	57
08、13	57
08、11	56
06、08	55
08、29	54
08、21	52
08、12	52
04、08	51
08、27	51
08、20	50
02、08	49
08、19	49
08、24	49
08、32	49
08、16	48
08、22	48
08、33	48
08、10	47
08、18	47
08、26	46
08、28	45
08、09	44
08、31	44
05、08	42
08、15	42
08、23	41

（2）从表 5-13 可以看出，与号码 08 结伴出现次数最多的号码分别是 14、17，与号码 08 结伴出现次数最少的号码是 23。当大家选定号码 08 为前区胆码时，应当根据表 5-13 选择与号码 08 结伴出现次数较多的号码作为拖码，避免选择与号码 08 结伴出现次数较少的号码作为拖码。

（九）号码 09 伴生现象研究

（1）具体数据。表 5-14 为双色球前区不同号码与号码 09 结伴出现次数统计表，统计周期为双色球 2003001 期至 2015023 期，共 1768 期，该表已经按结伴出现次数由高到低进行了排序。

表 5-14 统计（十四）

结伴号码	结伴出现次数
09、21	60
09、25	57
09、26	57
09、17	56
09、32	56
09、33	56
09、20	55
09、10	55
09、11	54
03、09	52
09、19	51
09、22	51
05、09	51
09、14	49
09、24	48
02、09	48
09、16	47
09、18	47
09、15	47
09、31	47
09、28	46
04、09	46
09、29	45
09、12	44
01、09	44
08、09	44
09、13	43
09、27	43
09、23	40
07、09	40
09、30	34
06、09	32

（2）从表 5-14 可以看出，与号码 09 结伴出现次数最多的号码是 21，与号码 09 结伴出现次数最少的号码是 06。当大家选定号码 09 为前区胆码时，应当根据表 5-14 选择与号码 09 结伴出现次数较多的号码作为拖码，避免选择与号码 09 结伴出现次数较少的号码作为拖码。

（十）号码 10 伴生现象研究

（1）具体数据。表 5-15 为双色球前区不同号码与号码 10 结伴出现次数统计表，统计周期为双色球 2003001 期至 2015023 期，共 1768 期，该表已经按结伴出现次数由高到低进行了排序。

表 5-15 统计（十五）

结伴号码	结伴出现次数
07、10	62
10、13	57
10、26	57
04、10	55
06、10	55
09、10	55
05、10	54
10、16	54
10、29	53
10、19	52
10、30	51
03、10	50
10、23	50
02、10	49
10、21	49
10、20	49
10、17	49
10、25	49
10、27	49
10、18	48
10、22	48
08、10	47
10、33	47
10、32	47

结伴号码	结伴出现次数
10、12	46
10、28	45
01、10	44
10、15	44
10、31	44
10、11	42
10、24	42
10、14	37

（2）从表 5-15 可以看出，与号码 10 结伴出现次数最多的号码是 07，与号码 10 结伴出现次数最少的号码是 14。当大家选定号码 10 为前区胆码时，应当根据表 5-15 选择与号码 10 结伴出现次数较多的号码作为拖码，避免选择与号码 10 结伴出现次数较少的号码作为拖码。

（十一）号码 11 伴生现象研究

（1）具体数据。表 5-16 为双色球前区不同号码与号码 11 结伴出现次数统计表，统计周期为双色球 2003001 期至 2015023 期，共 1768 期，该表已经按结伴出现次数由高到低进行了排序。

表 5-16　统计（十六）

结伴号码	结伴出现次数
11、17	63
11、27	57
08、11	56
11、19	55
11、20	54
01、11	54
09、11	54
07、11	54
11、26	53
11、32	53
11、31	52
05、11	51
03、11	51

结伴号码	结伴出现次数
06、11	51
11、18	50
11、16	48
11、13	48
02、11	48
11、12	47
11、21	47
11、14	45
11、29	45
11、24	44
11、30	44
11、33	44
11、15	42
10、11	42
11、23	41
04、11	41
11、22	39
11、25	39
11、28	38

（2）从表 5-16 可以看出，与号码 11 结伴出现次数最多的号码是 17，与号码 11 结伴出现次数最少的号码是 28。当大家选定号码 11 为前区胆码时，应当根据表 5-16 选择与号码 11 结伴出现次数较多的号码作为拖码，避免选择与号码 11 结伴出现次数较少的号码作为拖码。

（十二）号码 12 伴生现象研究

（1）具体数据。表 5-17 为双色球前区不同号码与号码 12 结伴出现次数统计表，统计周期为双色球 2003001 期至 2015023 期，共 1768 期，该表已经按结伴出现次数由高到低进行了排序。

表 5-17　统计（十七）

结伴号码	结伴出现次数
12、14	60
01、12	57

续表

结伴号码	结伴出现次数
12、18	57
12、30	56
12、19	55
12、22	54
12、21	54
02、12	53
12、31	53
12、32	53
08、12	52
12、28	52
04、12	51
12、15	51
12、29	50
12、26	50
06、12	49
12、13	49
12、25	49
12、27	49
11、12	47
10、12	46
12、20	46
12、17	45
05、12	44
09、12	44
12、24	44
12、23	43
03、12	40
12、33	40
12、16	39
07、12	38

（2）从表 5-17 可以看出，与号码 12 结伴出现次数最多的号码是 14，与号码 12 结伴出现次数最少的号码是 07。当大家选定号码 12 为前区胆码时，应当根据表 5-17 选择与号码 12 结伴出现次数较多的号码作为拖码，避免选择与号码 12 结伴出现次数较少的号码作为拖码。

（十三）号码 13 伴生现象研究

（1）具体数据。表 5-18 为双色球前区不同号码与号码 13 结伴出现次数统计表，统计周期为双色球 2003001 期至 2015023 期，共 1768 期，该表已经按结伴出现次数由高到低进行了排序。

表 5-18　统计（十八）

结伴号码	结伴出现次数
01、13	66
13、30	64
07、13	63
13、25	62
13、18	61
13、32	58
13、17	57
08、13	57
10、13	57
13、19	56
03、13	56
13、20	55
13、23	54
13、28	54
06、13	53
05、13	53
13、22	51
02、13	51
13、16	49
12、13	49
13、14	48
04、13	48
11、13	48
13、29	47
13、27	45
13、31	45
13、26	45
13、33	45
09、13	43

结伴号码	结伴出现次数
13、21	42
13、15	41
13、24	37

（2）从表5-18可以看出，与号码13结伴出现次数最多的号码是01，与号码13结伴出现次数最少的号码是24。当大家选定号码13为前区胆码时，应当根据表5-18选择与号码13结伴出现次数较多的号码作为拖码，避免选择与号码13结伴出现次数较少的号码作为拖码。

（十四）号码14伴生现象研究

（1）具体数据。表5-19为双色球前区不同号码与号码14结伴出现次数统计表，统计周期为双色球2003001期至2015023期，共1768期，该表已经按结伴出现次数由高到低进行了排序。

表5-19　统计（十九）

结伴号码	结伴出现次数
14、30	69
08、14	65
14、25	65
07、14	62
06、14	61
12、14	60
14、17	58
14、22	58
05、14	57
14、16	57
04、14	56
14、27	55
14、18	53
14、33	53
14、20	52
14、31	52
14、32	52
02、14	51

续表

结伴号码	结伴出现次数
01、14	51
14、21	50
09、14	49
14、15	49
14、19	49
14、26	49
14、28	49
14、29	49
13、14	48
03、14	46
11、14	45
14、24	42
14、23	41
10、14	37

（2）从表 5-19 可以看出，与号码 14 结伴出现次数最多的号码是 30，与号码 14 结伴出现次数最少的号码是 10。当大家选定号码 14 为前区胆码时，应当根据表 5-19 选择与号码 14 结伴出现次数较多的号码作为拖码，避免选择与号码 14 结伴出现次数较少的号码作为拖码。

（十五）号码 15 伴生现象研究

（1）具体数据。表 5-20 为双色球前区不同号码与号码 15 结伴出现次数统计表，统计周期为双色球 2003001 期至 2015023 期，共 1768 期，该表已经按结伴出现次数由高到低进行了排序。

表 5-20　统计（二十）

结伴号码	结伴出现次数
15、20	55
05、15	55
15、19	53
15、26	53
15、30	52
02、15	52
15、17	51

续表

结伴号码	结伴出现次数
12、15	51
03、15	51
14、15	49
15、33	48
06、15	47
09、15	47
15、28	46
15、29	45
15、31	45
15、18	44
15、24	44
15、32	44
10、15	44
01、15	44
15、16	43
07、15	43
15、22	42
15、25	42
15、21	42
08、15	42
11、15	42
15、23	41
04、15	41
13、15	41
15、27	36

（2）从表5-20可以看出，与号码15结伴出现次数最多的2个号码分别是05、20，与号码15结伴出现次数最少的号码是27。当大家选定号码15为前区胆码时，应当根据表5-20选择与号码15结伴出现次数较多的号码作为拖码，避免选择与号码15结伴出现次数较少的号码作为拖码。

（十六）号码16伴生现象研究

（1）具体数据。表5-21为双色球前区不同号码与号码16结伴出现次数统计表，统计周期为双色球2003001期至2015023期，共1768期，该表已经按结伴出现次数由高到低进行了排序。

表 5-21　统计（二十一）

结伴号码	结伴出现次数
16、22	62
01、16	61
16、23	61
16、17	60
14、16	57
16、18	56
07、16	55
10、16	54
16、30	54
04、16	53
16、26	53
16、27	53
02、16	51
16、32	51
13、16	49
16、21	49
16、29	49
11、16	48
03、16	48
08、16	48
16、28	48
09、16	47
06、16	46
16、20	45
16、24	45
05、16	43
15、16	43
16、19	43
16、25	42
16、33	42
16、31	40
12、16	39

（2）从表 5-21 可以看出，与号码 16 结伴出现次数最多的号码是 22，与号码 16 结伴出现次数最少的号码是 12。当大家选定号码 16 为前区胆码时，应当根据表 5-21 选择与号码 16 结伴出现次数较多的号码作为拖码，避免选择与号码

16 结伴出现次数较少的号码作为拖码。

（十七）号码 17 伴生现象研究

（1）具体数据。表 5-22 为双色球前区不同号码与号码 17 结伴出现次数统计表，统计周期为双色球 2003001 期至 2015023 期，共 1768 期，该表已经按结伴出现次数由高到低进行了排序。

表 5-22　统计（二十二）

结伴号码	结伴出现次数
07、17	67
02、17	66
17、30	65
08、17	65
11、17	63
06、17	63
17、18	62
17、32	61
17、27	60
16、17	60
17、21	59
04、17	59
14、17	58
13、17	57
17、25	56
09、17	56
03、17	55
01、17	55
17、29	54
05、17	54
17、19	52
17、31	52
17、28	51
17、22	51
15、17	51
10、17	49
17、24	47

续表

结伴号码	结伴出现次数
17、26	47
17、20	45
17、33	45
12、17	45
17、23	40

（2）从表 5-22 可以看出，与号码 17 结伴出现次数最多的号码是 07，与号码 17 结伴出现次数最少的号码是 23。当大家选定号码 17 为前区胆码时，应当根据表 5-22 选择与号码 17 结伴出现次数较多的号码作为拖码，避免选择与号码 17 结伴出现次数较少的号码作为拖码。

（十八）号码 18 伴生现象研究

（1）具体数据。表 5-23 为双色球前区不同号码与号码 18 结伴出现次数统计表，统计周期为双色球 2003001 期至 2015023 期，共 1768 期，该表已经按结伴出现次数由高到低进行了排序。

表 5-23　统计（二十三）

结伴号码	结伴出现次数
18、30	70
01、18	63
18、26	63
18、32	63
17、18	62
13、18	61
18、22	58
12、18	57
18、20	57
18、29	57
16、18	56
07、18	55
18、25	55
18、27	54
05、18	53
14、18	53

结伴号码	结伴出现次数
11、18	50
02、18	50
03、18	49
18、23	49
18、28	49
10、18	48
08、18	47
09、18	47
06、18	46
04、18	45
18、33	45
15、18	44
18、24	42
18、21	40
18、19	39
18、31	38

（2）从表 5-23 可以看出，与号码 18 结伴出现次数最多的号码是 30，与号码 18 结伴出现次数最少的号码是 31。当大家选定号码 18 为前区胆码时，应当根据表 5-23 选择与号码 18 结伴出现次数较多的号码作为拖码，避免选择与号码 18 结伴出现次数较少的号码作为拖码。

（十九）号码 19 伴生现象研究

（1）具体数据。表 5-24 为双色球前区不同号码与号码 19 结伴出现次数统计表，统计周期为双色球 2003001 期至 2015023 期，共 1768 期，该表已经按结伴出现次数由高到低进行了排序。

表 5-24　统计（二十四）

结伴号码	结伴出现次数
05、19	57
19、20	56
13、19	56
19、24	55
11、19	55

续表

结伴号码	结伴出现次数
12、19	55
19、26	54
19、28	53
15、19	53
02、19	53
07、19	53
10、19	52
04、19	52
17、19	52
19、21	51
09、19	51
19、32	49
14、19	49
08、19	49
19、27	47
19、25	47
19、29	47
03、19	47
06、19	47
01、19	47
19、31	45
19、23	44
19、22	43
16、19	43
19、30	39
18、19	39
19、33	35

（2）从表 5-24 可以看出，与号码 19 结伴出现次数最多的号码是 05，与号码 19 结伴出现次数最少的号码是 33。当大家选定号码 19 为前区胆码时，应当根据表 5-24 选择与号码 19 结伴出现次数较多的号码作为拖码，避免选择与号码 19 结伴出现次数较少的号码作为拖码。

（二十）号码 20 伴生现象研究

（1）具体数据。表 5-25 为双色球前区不同号码与号码 20 结伴出现次数统计表，统计周期为双色球 2003001 期至 2015023 期，共 1768 期，该表已经按结伴出现次数由高到低进行了排序。

表 5-25　统计（二十五）

结伴号码	结伴出现次数
20、26	69
03、20	61
18、20	57
20、22	57
01、20	56
19、20	56
09、20	55
15、20	55
13、20	55
11、20	54
02、20	54
20、29	54
20、24	54
07、20	53
05、20	52
14、20	52
20、25	52
20、32	52
06、20	51
20、30	51
08、20	50
10、20	49
20、21	49
04、20	48
20、28	48
12、20	46
16、20	45
17、20	45
20、33	45
20、31	45
20、27	41
20、23	39

（2）从表 5-25 可以看出，与号码 20 结伴出现次数最多的号码是 26，与号码 20 结伴出现次数最少的号码是 23。当大家选定号码 20 为前区胆码时，应当根据表 5-25 选择与号码 20 结伴出现次数较多的号码作为拖码，避免选择与号码 20 结伴出现次数较少的号码作为拖码。

（二十一）号码 21 伴生现象研究

（1）具体数据。表 5-26 为双色球前区不同号码与号码 21 结伴出现次数统计表，统计周期为双色球 2003001 期至 2015023 期，共 1768 期，该表已经按结伴出现次数由高到低进行了排序。

表 5-26　统计（二十六）

结伴号码	结伴出现次数
03、21	64
21、26	60
09、21	60
17、21	59
21、31	58
05、21	58
01、21	58
07、21	55
12、21	54
21、22	52
21、32	52
08、21	52
21、23	51
21、28	51
21、30	51
19、21	51
04、21	50
14、21	50
21、27	49
10、21	49
16、21	49
20、21	49
21、29	48
11、21	47

续表

结伴号码	结伴出现次数
21、25	45
21、24	44
13、21	42
15、21	42
02、21	41
06、21	41
18、21	40
21、33	33

（2）从表 5-26 可以看出，与号码 21 结伴出现次数最多的号码是 03，与号码 21 结伴出现次数最少的号码是 33。当大家选定号码 21 为前区胆码时，应当根据表 5-26 选择与号码 21 结伴出现次数较多的号码作为拖码，避免选择与号码 21 结伴出现次数较少的号码作为拖码。

（二十二）号码 22 伴生现象研究

（1）具体数据。表 5-27 为双色球前区不同号码与号码 22 结伴出现次数统计表，统计周期为双色球 2003001 期至 2015023 期，共 1768 期，该表已经按结伴出现次数由高到低进行了排序。

表 5-27　统计（二十七）

结伴号码	结伴出现次数
01、22	63
16、22	62
18、22	58
14、22	58
04、22	58
22、32	58
20、22	57
22、29	56
22、30	56
22、26	55
22、27	55
12、22	54
03、22	53

续表

结伴号码	结伴出现次数
21、22	52
09、22	51
13、22	51
17、22	51
22、23	51
22、33	51
05、22	50
06、22	50
02、22	49
22、28	49
22、24	49
10、22	48
08、22	48
19、22	43
15、22	42
22、31	42
07、22	41
22、25	40
11、22	39

（2）从表 5-27 可以看出，与号码 22 结伴出现次数最多的号码是 01，与号码 22 结伴出现次数最少的号码是 11。当大家选定号码 22 为前区胆码时，应当根据表 5-27 选择与号码 22 结伴出现次数较多的号码作为拖码，避免选择与号码 22 结伴出现次数较少的号码作为拖码。

（二十三）号码 23 伴生现象研究

（1）具体数据。表 5-28 为双色球前区不同号码与号码 23 结伴出现次数统计表，统计周期为双色球 2003001 期至 2015023 期，共 1768 期，该表已经按结伴出现次数由高到低进行了排序。

表 5-28　统计（二十八）

结伴号码	结伴出现次数
16、23	61
23、32	60

续表

结伴号码	结伴出现次数
23、26	54
23、24	54
13、23	54
07、23	53
05、23	53
22、23	51
06、23	51
21、23	51
10、23	50
04、23	50
01、23	50
23、30	49
18、23	49
02、23	48
23、28	47
03、23	47
23、25	46
23、31	44
19、23	44
12、23	43
23、27	42
23、29	41
11、23	41
14、23	41
08、23	41
15、23	41
23、33	40
09、23	40
17、23	40
20、23	39

（2）从表 5-28 可以看出，与号码 23 结伴出现次数最多的号码是 16，与号码 23 结伴出现次数最少的号码是 20。当大家选定号码 23 为前区胆码时，应当根据表 5-28 选择与号码 23 结伴出现次数较多的号码作为拖码，避免选择与号码 23 结伴出现次数较少的号码作为拖码。

（二十四）号码 24 伴生现象研究

（1）具体数据。表 5-29 为双色球前区不同号码与号码 24 结伴出现次数统计表，统计周期为双色球 2003001 期至 2015023 期，共 1768 期，该表已经按结伴出现次数由高到低进行了排序。

表 5-29　统计（二十九）

结伴号码	结伴出现次数
03、24	61
02、24	57
19、24	55
20、24	54
23、24	54
07、24	51
24、26	50
08、24	49
22、24	49
09、24	48
17、24	47
01、24	47
24、32	47
05、24	46
24、27	46
24、25	46
16、24	45
11、24	44
12、24	44
15、24	44
21、24	44
24、29	44
18、24	42
04、24	42
14、24	42
10、24	42
06、24	40
24、28	40
24、30	40

结伴号码	结伴出现次数
13、24	37
24、31	37
24、33	36

（2）从表 5-29 可以看出，与号码 24 结伴出现次数最多的号码是 03，与号码 24 结伴出现次数最少的号码是 33。当大家选定号码 24 为前区胆码时，应当根据表 5-29 选择与号码 24 结伴出现次数较多的号码作为拖码，避免选择与号码 24 结伴出现次数较少的号码作为拖码。

（二十五）号码 25 伴生现象研究

（1）具体数据。表 5-30 为双色球前区不同号码与号码 25 结伴出现次数统计表，统计周期为双色球 2003001 期至 2015023 期，共 1768 期，该表已经按结伴出现次数由高到低进行了排序。

表 5-30 统计（三十）

结伴号码	结伴出现次数
04、25	65
14、25	65
13、25	62
25、32	58
08、25	58
07、25	57
09、25	57
06、25	57
17、25	56
03、25	55
18、25	55
25、26	53
20、25	52
25、29	50
01、25	50
12、25	49
10、25	49
05、25	47

续表

结伴号码	结伴出现次数
19、25	47
23、25	46
24、25	46
21、25	45
25、31	44
02、25	44
25、27	43
15、25	42
16、25	42
25、28	41
22、25	40
11、25	39
25、33	38
25、30	38

（2）从表 5-30 可以看出，与号码 25 结伴出现次数最多的两个号码分别是 04、14，与号码 25 结伴出现次数最少的两个号码分别是 30、33。当大家选定号码 25 为前区胆码时，应当根据表 5-30 选择与号码 25 结伴出现次数较多的号码作为拖码，避免选择与号码 25 结伴出现次数较少的号码作为拖码。

（二十六）号码 26 伴生现象研究

（1）具体数据。表 5-31 为双色球前区不同号码与号码 26 结伴出现次数统计表，统计周期为双色球 2003001 期至 2015023 期，共 1768 期，该表已经按结伴出现次数由高到低进行了排序。

表 5-31　统计（三十一）

结伴号码	结伴出现次数
20、26	69
18、26	63
21、26	60
10、26	57
09、26	57
04、26	57
26、31	56

续表

结伴号码	结伴出现次数
07、26	55
22、26	55
05、26	54
19、26	54
23、26	54
26、32	54
11、26	53
15、26	53
16、26	53
25、26	53
26、29	53
26、28	52
01、26	51
26、27	51
24、26	50
06、26	50
12、26	50
03、26	49
14、26	49
26、33	49
17、26	47
26、30	47
08、26	46
13、26	45
02、26	44

（2）从表 5-31 可以看出，与号码 26 结伴出现次数最多的号码是 20，与号码 26 结伴出现次数最少的号码是 02。当大家选定号码 26 为前区胆码时，应当根据表 5-31 选择与号码 26 结伴出现次数较多的号码作为拖码，避免选择与号码 26 结伴出现次数较少的号码作为拖码。

（二十七）号码 27 伴生现象研究

（1）具体数据。表 5-32 为双色球前区不同号码与号码 27 结伴出现次数统计表，统计周期为双色球 2003001 期至 2015023 期，共 1768 期，该表已经按结伴出现次数由高到低进行了排序。

表 5-32 统计（三十二）

结伴号码	结伴出现次数
27、31	62
03、27	61
17、27	60
05、27	59
11、27	57
14、27	55
07、27	55
22、27	55
18、27	54
27、28	53
16、27	53
08、27	51
26、27	51
27、30	50
27、32	50
27、29	49
12、27	49
10、27	49
21、27	49
19、27	47
04、27	47
01、27	46
24、27	46
13、27	45
09、27	43
02、27	43
25、27	43
23、27	42
20、27	41
27、33	40
06、27	39
15、27	36

（2）从表 5-32 可以看出，与号码 27 结伴出现次数最多的号码是 31，与号码 27 结伴出现次数最少的号码是 15。当大家选定号码 27 为前区胆码时，应当根据表 5-32 选择与号码 27 结伴出现次数较多的号码作为拖码，避免选择与号码 27

结伴出现次数较少的号码作为拖码。

（二十八）号码 28 伴生现象研究

（1）具体数据。表 5-33 为双色球前区不同号码与号码 28 结伴出现次数统计表，统计周期为双色球 2003001 期至 2015023 期，共 1768 期，该表已经按结伴出现次数由高到低进行了排序。

表 5-33　统计（三十三）

结伴号码	结伴出现次数
05、28	57
13、28	54
19、28	53
27、28	53
28、32	53
12、28	52
26、28	52
28、30	52
04、28	51
17、28	51
21、28	51
14、28	49
01、28	49
22、28	49
18、28	49
16、28	48
20、28	48
28、29	48
23、28	47
03、28	46
09、28	46
15、28	46
10、28	45
08、28	45
28、33	45
06、28	41
02、28	41
07、28	41

续表

结伴号码	结伴出现次数
25、28	41
24、28	40
11、28	38
28、31	34

（2）从表 5-33 可以看出，与号码 28 结伴出现次数最多的号码是 05，与号码 28 结伴出现次数最少的号码是 31。当大家选定号码 28 为前区胆码时，应当根据表 5-33 选择与号码 28 结伴出现次数较多的号码作为拖码，避免选择与号码 28 结伴出现次数较少的号码作为拖码。

（二十九）号码 29 伴生现象研究

（1）具体数据。表 5-34 为双色球前区不同号码与号码 29 结伴出现次数统计表，统计周期为双色球 2003001 期至 2015023 期，共 1768 期，该表已经按结伴出现次数由高到低进行了排序。

表 5-34　统计（三十四）

结伴号码	结伴出现次数
01、29	66
02、29	59
18、29	57
22、29	56
04、29	55
08、29	54
20、29	54
17、29	54
10、29	53
26、29	53
29、30	51
12、29	50
07、29	50
25、29	50
29、32	49
14、29	49

结伴号码	结伴出现次数
16、29	49
27、29	49
21、29	48
28、29	48
13、29	47
19、29	47
09、29	45
11、29	45
03、29	45
15、29	45
24、29	44
06、29	42
29、31	41
23、29	41
05、29	39
29、33	30

（2）从表 5-34 可以看出，与号码 29 结伴出现次数最多的号码是 01，与号码 29 结伴出现次数最少的号码是 33。当大家选定号码 29 为前区胆码时，应当根据表 5-34 选择与号码 29 结伴出现次数较多的号码作为拖码，避免选择与号码 29 结伴出现次数较少的号码作为拖码。

（三十）号码 30 伴生现象研究

（1）具体数据。表 5-35 为双色球前区不同号码与号码 30 结伴出现次数统计表，统计周期为双色球 2003001 期至 2015023 期，共 1768 期，该表已经按结伴出现次数由高到低进行了排序。

表 5-35　统计（三十五）

结伴号码	结伴出现次数
18、30	70
14、30	69
04、30	67
17、30	65
13、30	64

结伴号码	结伴出现次数
01、30	63
02、30	63
08、30	63
12、30	56
07、30	56
22、30	56
30、33	56
06、30	55
30、32	55
16、30	54
15、30	52
28、30	52
10、30	51
20、30	51
21、30	51
29、30	51
27、30	50
23、30	49
03、30	48
26、30	47
30、31	47
11、30	44
05、30	44
24、30	40
19、30	39
25、30	38
09、30	34

（2）从表5-35可以看出，与号码30结伴出现次数最多的号码是18，与号码30结伴出现次数最少的号码是09。当大家选定号码30为前区胆码时，应当根据表5-35选择与号码30结伴出现次数较多的号码作为拖码，避免选择与号码30结伴出现次数较少的号码作为拖码。

（三十一）号码31伴生现象研究

（1）具体数据。表5-36为双色球前区不同号码与号码31结伴出现次数统计

表，统计周期为双色球 2003001 期至 2015023 期，共 1768 期，该表已经按结伴
出现次数由高到低进行了排序。

表 5-36 统计（三十六）

结伴号码	结伴出现次数
27、31	62
21、31	58
26、31	56
03、31	55
12、31	53
01、31	52
11、31	52
14、31	52
17、31	52
04、31	51
02、31	51
05、31	50
06、31	50
31、32	48
09、31	47
30、31	47
13、31	45
15、31	45
19、31	45
20、31	45
08、31	44
10、31	44
25、31	44
23、31	44
31、33	42
22、31	42
29、31	41
16、31	40
07、31	39
18、31	38
24、31	37
28、31	34

（2）从表 5-36 可以看出，与号码 31 结伴出现次数最多的号码是 27，与号码 31 结伴出现次数最少的号码是 28。当大家选定号码 31 为前区胆码时，应当根据表 5-36 选择与号码 31 结伴出现次数较多的号码作为拖码，避免选择与号码 31 结伴出现次数较少的号码作为拖码。

（三十二）号码 32 伴生现象研究

（1）具体数据。表 5-37 为双色球前区不同号码与号码 32 结伴出现次数统计表，统计周期为双色球 2003001 期至 2015023 期，共 1768 期，该表已经按结伴出现次数由高到低进行了排序。

表 5-37　统计（三十七）

结伴号码	结伴出现次数
07、32	63
18、32	63
17、32	61
23、32	60
03、32	59
13、32	58
25、32	58
22、32	58
32、33	58
09、32	56
30、32	55
26、32	54
11、32	53
12、32	53
28、32	53
01、32	52
14、32	52
20、32	52
21、32	52
16、32	51
27、32	50
08、32	49
06、32	49
19、32	49

续表

结伴号码	结伴出现次数
29、32	49
02、32	48
05、32	48
31、32	48
10、32	47
24、32	47
04、32	46
15、32	44

（2）从表 5-37 可以看出，与号码 32 结伴出现次数最多的 2 个号码分别是 07、18，与号码 32 结伴出现次数最少的号码是 15。当大家选定号码 32 为前区胆码时，应当根据表 5-37 选择与号码 32 结伴出现次数较多的号码作为拖码，避免选择与号码 32 结伴出现次数较少的号码作为拖码。

（三十三）号码 33 伴生现象研究

（1）具体数据。表 5-38 为双色球前区不同号码与号码 33 结伴出现次数统计表，统计周期为双色球 2003001 期至 2015023 期，共 1768 期，该表已经按结伴出现次数由高到低进行了排序。

表 5-38　统计（三十八）

结伴号码	结伴出现次数
32、33	58
09、33	56
30、33	56
14、33	53
04、33	51
22、33	51
26、33	49
03、33	48
08、33	48
15、33	48
06、33	47
10、33	47
18、33	45

结伴号码	结伴出现次数
13、33	45
17、33	45
20、33	45
28、33	45
11、33	44
05、33	42
16、33	42
31、33	42
02、33	41
01、33	40
07、33	40
12、33	40
23、33	40
27、33	40
25、33	38
24、33	36
19、33	35
21、33	33
29、33	30

（2）从表 5-38 可以看出，与号码 33 结伴出现次数最多的号码是 32，与号码 33 结伴出现次数最少的号码是 29。当大家选定号码 33 为前区胆码时，应当根据表 5-38 选择与号码 33 结伴出现次数较多的号码作为拖码，避免选择与号码 33 结伴出现次数较少的号码作为拖码。

（三十四）特别说明

定胆个数越多，定胆成功率越低。所以我建议大家主要定 1 个胆码，辅以定 2 个胆码，最好不要定 3 个胆码或者更多胆码。如果大家想定更多胆码，那就将最热的 16 个四号组合列出来（见表 5-39）。大家可以根据前面的论述，在最热的 16 个四号组合中确定 4 个胆码的选胆范围。定 5 个胆码成功率太低，这里不做详述。

表 5-39 为双色球前区出现次数不低于 5 次的 16 个四号组合（其余的四号组合出现次数都低于 5 次）在双色球 2003001 期至 2015023 期这 1768 期开奖号码

中的出现次数统计表，该表已经按出现次数由高到低进行了排序。

表 5-39　统计（三十九）

四号组合	出现次数
01、16、18、22	7
03、20、24、26	6
04、10、21、26	6
01、11、17、27	5
01、11、27、31	5
01、13、25、32	5
01、16、23、28	5
01、22、28、30	5
03、06、11、31	5
03、08、17、21	5
04、10、26、30	5
05、07、13、18	5
05、14、16、17	5
07、10、13、25	5
09、10、15、19	5
09、10、19、33	5

第六章　前区选号方法（一）

　　杀号、定胆和选号本质上都是为了在缩小选号范围、减少投注注数和投注金额、降低投注风险的同时提高甚至大幅提高中奖概率。

　　本章主要讲前区号码互减所得的值选号法、连号选号法和十二值选号法，都是根据前面对杀号和定胆方法的统计得出的。本章重点推荐十二值选号法。

第一节　前区号码互减所得的值选号法

一、概念

　　前区号码互减所得的值选号法，是从双色球当期前区号码互减所得的值对应的号码中选择下期投注号码的方法。比如，双色球第 2007138 期前区开出 02、03、15、17、19、25，前区号码互减所得的值对应的号码去掉重复项并按由小到大的顺序进行排序后依次为 01、02、04、06、08、10、12、13、14、15、16、17、22、23，那么下期前区投注时就可以从这 14 个号码中选择若干个号码，结果双色球第 2007139 期前区开出 06、10、12、14、16、22，这 6 个号码全部出自这 14 个号码。

二、数据与分析

为了更直观地说明双色球前区开奖号码与上期前区号码互减所得的值的关系，我决定随机挑选双色球 2007045 期至 2007054 期这 10 期的开奖号码，将这些开奖号码与上期前区号码互减所得的值混合分布，并按由小到大的顺序进行排列，同时将这些开奖号码加粗加大以区别于上期前区号码互减所得的值。也就是说，没有加粗加大的值是上期前区号码互减所得的值。加粗加大的号码与没有加粗加大的值重复，表示这些号码出自上期前区号码互减所得的值对应的号码。

结果如下：

（1）第 2007045 期：1、**1**、**3**、4、**4**、**7**、8、**8**、11、**11**、11、12、12、**12**、15、**18**、19、**21**、23、28、30。本例中，号码 01、12 都出自上期前区号码互减所得的值对应的号码，号码 18 与上期前区号码互减所得的值 19 对应的号码相邻。本书所说的相邻仅指差值为 1 的情况，比如 18 和 19、25 和 26 等。差值超过 1 则不算相邻，比如 18 和 20、25 和 27、15 和 18、22 和 25 等。

（2）第 2007046 期：**2**、2、3、6、**6**、**7**、7、9、9、**9**、10、11、12、16、17、18、**19**、20、**26**、27、29。本例中，号码 02、06、07、09 都出自上期前区号码互减所得的值对应的号码，号码 19、26 都与上期前区号码互减所得的相应的值对应的号码相邻。

（3）第 2007047 期：1、**2**、2、3、**4**、4、5、7、**7**、10、12、13、**16**、17、17、**18**、19、20、**23**、24、30。本例中，号码 02、04 都出自上期前区号码互减所得的值对应的号码，号码 16、18、23 都与上期前区号码互减所得的相应的值对应的号码相邻。

（4）第 2007048 期：**2**、2、2、5、7、7、**11**、**12**、12、12、14、14、**14**、**15**、16、**17**、19、21、26、**28**、28。本例中，号码 02、12、28 都出自上期前区号码互减所得的值对应的号码，号码 11、15、17 都与上期前区号码互减所得的相应的值对应的号码相邻。

（5）第 2007049 期：1、2、3、**4**、4、5、6、9、10、11、**13**、13、14、15、16、17、18、19、26、31、33。本例中，号码 04 出自上期前区号码互减所得的

值对应的号码，号码 14、18 都与上期前区号码互减所得的相应的值对应的号码相邻。

（6）第 2007050 期：1、1、2、4、5、5、8、10、12、13、13、14、14、15、15、17、18、19、25、27、29。本例中，号码 01、05、13 都出自上期前区号码互减所得的值对应的号码，号码 18 则与上期前区号码互减所得的值 17、19 对应的号码相邻。

（7）第 2007051 期：3、3、4、5、5、7、7、8、10、12、12、13、14、16、17、17、20、24、26、27、33。本例中，号码 03 出自上期前区号码互减所得的值对应的号码，号码 14、16 都与上期前区号码互减所得的相应的值对应的号码相邻。

（8）第 2007052 期：1、2、2、3、6、7、7、8、10、11、11、12、13、13、17、19、23、24、26、29、30。本例中，号码 02、07 都出自上期前区号码互减所得的值对应的号码，号码 03、08、29 都与上期前区号码互减所得的相应的值对应的号码相邻。

（9）第 2007053 期：1、1、3、4、5、5、6、10、13、16、17、18、18、19、21、22、23、24、26、27、27。本例中，号码 18、27 都出自上期前区号码互减所得的值对应的号码，号码 17 则与上期前区号码互减所得的值 18 对应的号码相邻。

（10）第 2007054 期：1、1、1、2、3、3、3、4、5、6、7、8、9、10、11、14、16、17、18、23、28。本例中，号码 01、03 都出自上期前区号码互减所得的值对应的号码，号码 16、18 都与上期前区号码互减所得的相应的值对应的号码相邻。

从以上 10 期数据中不难看出，双色球当期开奖号码多数都与上期前区号码互减所得的值有关，要么直接出自上期前区号码互减所得的值对应的号码，要么与上期前区号码互减所得的值对应的号码相邻。

三、效果

（1）统计发现，在双色球 2003001 期至 2015023 期这 1768 期中，前区号码互减所得的值对应的号码总共出现了 4057 个，平均每期出现 2.3 个，而前区号码互减所得的值对应的号码平均每期约有 12.36 个，这相当于每期能够从大约 12.36 个前区号码互减所得的值对应的号码中开出 2.3 个号码。前区号码互减所得的值有 15 个取值，理论上应该对应 15 个号码，但由于这 15 个取值经常重复，所以平均每期只对应大约 12.36 个号码。比如，双色球第 2013048 期前区开出 10、13、17、28、30、32，那么前区号码互减所得的值就是 3、7、18、20、22、4、15、17、19、11、13、15、2、4、2，其中数值 2、4 和 15 都有重复现象。

（2）很多情况下，前区号码互减所得的值对应的号码在下期开出的个数都是很惊人的。比如，双色球第 2004113 期前区开出 08、10、23、25、31、32，前区号码互减所得的值对应的号码去掉重复项并按由小到大的顺序进行排列后依次为 01、02、06、07、08、09、13、15、17、21、22、23、24。结果双色球第 2004114 期前区开出 01、06、09、17、21、22，6 个号码全部出自上期前区号码互减所得的值对应的号码。再比如，双色球第 2013018 期前区开出 02、08、13、28、29、30，前区号码互减所得的值对应的号码去掉重复项并按由小到大的顺序进行排列后分别为 01、02、05、06、11、15、16、17、20、21、22、26、27、28。结果双色球第 2013019 期前区开出 01、02、05、16、20、26，6 个号码同样全部出自上期前区号码互减所得值对应的号码。

这样的例子还有很多，但也不是普遍现象。不过双色球前区 6 个号码中有 5 个、4 个、3 个号码出自上期前区号码互减所得的值对应的号码的例子则比比皆是。说明使用前区号码互减所得的值选号法是科学的、有效的、可行的。

四、前区号码互减所得的值对应的号码在不同位置出现次数统计

（1）表 6-1 为前区号码互减所得的值对应的号码在不同位置出现次数和出现概率统计表，统计周期为双色球 2003001 期至 2015023 期，共 1768 期。

表 6-1　统计（一）

号码位置	第一个号码	第二个号码	第三个号码	第四个号码	第五个号码	第六个号码
出现次数	1044	941	819	620	442	191
出现概率（%）	59.08	53.25	46.35	35.09	25.01	10.81

（2）从表 6-1 可以看出，双色球前区第一个号码在接近 60% 的情况下都出自上期前区号码互减所得的值对应的号码，第二个号码在超过 53% 的情况下也出自上期前区号码互减所得的值对应的号码。所以大家选号时，第一个号码和第二个号码一定要重点关注上期前区号码互减所得的值对应的号码。

双色球前区第六个号码出自上期前区号码互减所得的值对应的号码的情形只占 10% 左右，第五个号码出自上期前区号码互减所得的值对应的号码的情形也只占 25% 左右。所以大家选号时，第五个号码和第六个号码要尽量避开上期前区号码互减所得的值对应的号码。特别是第六个号码，在接近 90% 的情况下都不会出自上期前区号码互减所得的值对应的号码，所以更应该避开上期前区号码互减所得的值对应的号码。

五、具体运用

前面提到过，双色球前区第五个号码和第六个号码要尽量避开上期前区号码互减所得的值对应的号码，特别是第六个号码。而第一个号码要尽量从上期前区号码互减所得值对应的号码中选择。

那么，具体该怎么做呢？

（1）在双色球 2003001 期至 2015023 期这 1768 期中，前区第六个号码处出现次数最多的四个号码分别是 30、31、32、33，这 4 个号码在第六个号码处总共出现了 985 次，占比达到 55.71%。也就是说，在超过 55% 的情况下，前区第六个号码都出自 30、31、32、33 这 4 个号码，所以应该从这四个号码中选择前区第六个号码。

（2）经过统计和观察发现：双色球前区中间 4 个号码绝大多数情况下都出自上期前区号码互减所得的值及其相邻值对应的号码之中。比如，双色球第 2008050 期前区开出 01、11、19、24、26、27，前区号码互减所得的值去掉重复项并按由小到大的顺序进行排序后依次为 1、2、3、5、7、8、10、13、15、16、18、23、25、26，共 14 个值。那么下期前区投注时，中间 4 个号码就可以从这 14 个值及其相邻值对应的号码中选择。结果双色球第 2008051 期前区开出 01、04、08、10、13、33，其中第三个号码、第四个号码、第五个号码都出自上期前区号码互减所得的值对应的号码，第二个号码则出自上期前区号码互减所得的值的相邻值对应的号码。在本例中，第一个号码也出自上期前区号码互减所得的值对应的号码，第六个号码则出自 30~33 这 4 个号码。这种例子比比皆是，绝非特例。经过我的统计发现，在双色球 2003001 期至 2015023 期这 1768 期中，总共测试了 1767 次，只有 2 次例外，其他 1765 次，双色球前区 6 个号码都有一定数量的号码出自上期前区号码互减所得的值及其相邻值对应的号码。要知道，这可是选号方法，不是定胆方法。这是可以选定 4 个、5 个甚至是 6 个号码的方法，而不是定一两个胆码那么简单。

（3）通过对双色球 2003001 期至 2015023 期这 1768 期开奖号码的统计和观察，我得出以下几点经验和技巧：①最好从上期前区号码互减所得的前四个值对应的号码中选择前区第一个号码。②最好从上期前区号码互减所得的前八个值对应的号码中（已被选为第一个号码的除外）选择下期前区第二个号码。③最好从已被选作第一个号码和第二个号码之外的前区号码互减所得的值及其相邻值对应的号码中选择下期前区第三个号码和第四个号码。④第五个号码则应尽量避开上期前区号码互减所得的值对应的号码，而倾向于选择其相邻值对应的号码。⑤第六个号码最好避开上期前区号码互减所得的值对应的号码，而主要从 30~33 这 4 个号码中选择。⑥前区号码互减所得的值中最大值分别加减 1、2、3 得到 6 个值，这 6 个值与原值可以组成一个数组。比如，前区号码互减所得的值中最大值为 18 时，将 18 分别加减 1、2、3 得到 6 个值，这 6 个值分别为 19、20、21、17、16、15，这 6 个值与 18 可共同构成一个数组，这个数组包括 7 个值，依次分别为 15、16、17、18、19、20、21。当前区号码互减所得的值中最大值为 7、8、9、11、18 时，下期前区在接近 97% 的情况下都会从这些数组所包含的 7 个数值对应的号码中开出大约 1.68 个号码。

夸张一点说，就是当前区号码互减所得的值最大值为 7、8、9、11、18 时，下期前区几乎 100% 都会从上述数组所包含的 7 个数值对应的号码中开出将近 2 个号码，有时甚至会开出更多。比如，双色球第 2014030 期前区开出 12、18、19、23、24、30，前区号码互减所得的值最大值为 18，18 加减 1、2、3 所构成的数组为 15、16、17、18、19、20、21，结果双色球第 2014031 期前区开出 04、10、16、17、21、27，其中号码 16、17、21 都出自 18 加减 1、2、3 所构成的数组所包含的 7 个数值对应的号码。这是经过对双色球 1768 期的开奖数据进行统计得出的结论，这虽然不是普遍现象，但一旦遇到，就能够从 7 个号码中选对 2

个甚至更多号码，这意味着什么，我想大家心中有数。以上六点就是前区号码互减所得的值选号法的要点，大家可以在实践中灵活运用，我也在不断摸索，希望将来能够找出这种选号方法的更多的规律或者特征。

六、验证

为了检验前区号码互减所得的值选号法，我决定从双色球第 2015024 期开始验证（因为本章所有的统计都是截止到第 2015023 期），连续验证 5 期。

（1）第 2015024 期前区开出 09、11、16、18、23、24，前区号码互减所得的值去掉重复项并按由小到大的顺序进行排序后依次为 1、2、5、6、7、8、9、12、13、14、15，结果第 2015025 期前区开出 10、11、12、15、27、32，其中号码 12、15 都出自上期前区号码互减所得的值对应的号码，号码 10、11 都与上期前区号码互减所得的相应的值对应的号码相邻，号码 32 出自 30~33 这 4 个号码。本期测中了 5 个号码。

（2）第 2015025 期前区开出 10、11、12、15、27、32，前区号码互减所得的值去掉重复项并按由小到大的顺序进行排序后依次为 1、2、3、4、5、12、15、16、17、20、21、22，结果第 2015026 期前区开出 02、13、17、21、22、33，其中号码 02、17、21、22 都出自上期前区号码互减所得的值对应的号码，号码 13 与上期前区号码互减所得的值 12 对应的号码相邻，号码 33 出自 30~33 这 4 个号码。本期测中了 6 个号码。

（3）第 2015026 期前区开出 02、13、17、21、22、33，前区号码互减所得的值去掉重复项并按由小到大的顺序进行排序后依次为 1、4、5、8、9、11、12、15、16、19、20、31，结果第 2015027 期前区开出 05、07、09、16、26、29，其中号码 05、09、16 都出自上期前区号码互减所得的值对应的号码，号码 07 与上期前区号码互减所得的值 8 对应的号码相邻。本期测中了 4 个号码。

（4）第 2015027 期前区开出 05、07、09、16、26、29，前区号码互减所得的值去掉重复项并按由小到大的顺序进行排序后依次为 2、3、4、7、9、10、11、13、17、19、20、21、22、24，结果第 2015028 期前区开出 04、07、10、26、27、28，其中号码 04、07、10 都出自上期前区号码互减所得的值对应的号码。本期测中了 3 个号码。

（5）第 2015028 期前区开出 04、07、10、26、27、28，前区号码互减所得的值去掉重复项并按由小到大的顺序进行排序后依次为 1、2、3、6、16、17、18、19、20、21、22、23、24，结果第 2015029 期前区开出 07、14、15、19、21、28，其中号码 19、21 出自上期前区号码互减所得的值对应的号码，号码 07、15 都与上期前区号码互减所得的相应的值对应的号码相邻。本期测中了 4 个号码。

这 5 期的测试绝对是随机的，因为我前面的统计刚好到双色球第 2015023 期，有心人可以去验证。

本部分总共进行了 15 期的随机测试，我觉得说服力不够，所以又随机测试了双色球 2004090 期至 2005002 期的开奖数据，共进行了 35 次测试。这 35 次测试加上前面的 15 次测试，总共测试了 50 次。按照前面提到的经验和技巧，运用前区号码互减所得的值选号法，这 50 次测试总共测中 236 个号码，平均每期测中 4.72 个。其中，测中 6 个号码的次数为 15 次，占比 30%；测中 5 个号码的次数为 13 次，占比 26%；测中 4 个号码的次数为 16 次，占比 32%；测中 3 个号码的次数为 5 次，占比 10%；测中 2 个号码的次数仅为 1 次，占比仅为 2%。

当遇到最后两个号码都出自 30~33 的情况时，只算测中其中一个号码。比如，第 2004112 期前区开出 09、13、15、21、26、33，前区号码互减所得的值去掉重复项并按由小到大的顺序进行排序后依次为 8、10、12、14、16、20、22、25、27、32、34，结果第 2004113 期前区开出 08、10、23、25、31、32，其中号码 08、10、25、32 都出自上期前区号码互减所得的值对应的号码，号码 23 与上期前区号码互减所得的值 22 对应的号码相邻，号码 31 既在第六个号码的选号范围，又与上期前区号码互减所得的值 32 相邻，可以说也算测中了，但由于最后 2 个号码都出自第六个号码的选号范围 30~33，所以只能算测中 1 个号码，也就是说本期只能算测中 5 个号码而不是 6 个。

以上 50 期的测试，只有 1 次只测中 2 个号码、5 次只测中 3 个号码，其余 46 次都测中 4 个号码以上，可见，前区号码互减所得的值选号法是科学的、可行的，是经得起检验的，是长期有效的。并且经过我对双色球 2003001 期至 2015023 期这 1768 期进行更多的随机测试，发现运用上面提到的方法和技巧，测中 6 个号码的次数比比皆是，绝非特例。

通过这 50 期的验证，我发现了一个明显的特征：双色球前区最后 2 个号码通常都不会直接出自上期前区号码互减所得的值对应的号码。所以上期前区号码互减所得的值对确定双色球前区前 4 个号码更有意义。大家选号时，前 4 个号码应多考虑上期前区号码互减所得的值对应的号码，后 2 个号码则应倾向于几个大号，这样中奖概率会更高。

为了更有说服力，我根据前区号码互减所得的值选号法对双色球开奖数据进行了预测，并在双色球当期停售前公开发布在了百度乐彩论坛上。

2015 年 4 月 14 日，双色球第 2015042 期，前区开出 09、10、19、21、23、32，前区号码互减所得的值对应的号码分别为 01、02、04、09、10、11、12、13、14、22、23，我首先根据前面推荐的杀号方法即轮流杀号法 L$_7$ 杀掉了号码 04，然后将前区号码互减所得的值对应的号码包围起来得出以下 16 个号码：01、02、03、05、08、09、10、11、12、13、14、15、21、22、23、24，当时我预料会从这 16 个号码里面开出 4 个号码，果然第 2015043 期前区开出了 11、12、15、24、26、27，前 4 个号码全部出自我所预测的 16 个号码，后 2 个号码则不在前区号码互减所得的值及其相邻值对应的号码中。

帖子名称：版主、版友你们好，我来谈谈双色球杀号定胆选号技巧，多谢！

发布时间：2015 年 4 月 16 日 21：06

注：在这次预测之前，我对 2015 年 4 月 12 日的开奖号码也进行了预测，不过那次预测是根据十二值选号法进行的，但也预测对了 4 个号码，并且我是在 4 月 12 日凌晨公布的那次预测，而开奖时间是 4 月 12 日 21：15。那次预测公布在了百度贴吧，并且包含广告内容，因为我当时想把自己写的几篇有关双色球杀号定胆和选号的文章推广出去。

为了不影响大家选号，我决定在停售后开奖前公布这次预测，于是我从 20：45 开始去百度贴吧发帖，结果百度贴吧禁止我发预测贴，大概是因为我前面发的帖子包含广告内容吧。我连续在双色球吧、超级大乐透吧、体彩吧、500 万吧发帖都被直接删除，后来只好去百度乐彩论坛试试，结果直到 21：06 才发布成功，这时距离开奖也只有 10 分钟了。

> 开奖时间：2015 年 4 月 16 日 21：15
>
> 帖子的链接：http：//bbs.baidu.lecai.com/thread-217635-1-1.html
>
> 我的预测发布在了这个帖子的第 22 楼，这个帖子属于回复帖，但主帖也是我发表的，主帖的内容就包含我上面提到的那次预测和我对几篇文章所做的广告。

下面我将该帖子原汁原味地复制粘贴过来，如下：

> 楼主｜发表于 2015-4-16 21：06｜只看该作者
>
> 为了不影响大家选号，我决定在双色球每期停售后、开奖前这段时间公布我的预测。
>
> 根据我的方法，2015 年 4 月 16 日双色球可以给出以下 16 个号码：01、02、03、05、08、09、10、11、12、13、14、15、21、22、23、24。我预料这 16 个号码会开出 4 个左右。

我根据不同的选号方法进行了多次预测，每次都能从 16 个号码中预测对 4 个号码。这意味着什么呢？大家都知道，双色球前区是从 33 个号码里面选 6 个号码，理论上每 11 个号码能够中 2 个号码，那么要中 4 个号码通常都需要 22 个号码。现在我基本上都能够从 16 个号码里面选中 4 个号码，选号范围大大缩小。22 选 4 有 7315 种选法，而 16 选 4 只有 1820 种选法，16 选 4 的选号范围缩小到了 22 选 4 的 1/5。

选号范围大大缩小，但选中一定数量号码的概率却没有降低，这就是本书的目的之一。本书所提供的方法都能够大幅缩小选号范围，却不会降低中奖概率，有的还能提高甚至大幅提高中奖概率。当然，我一再强调，本书只能提高大家的中奖概率，不能保证大家中一等奖。但也只有中奖概率提高了，才更有可能中一等奖。重要的正是这种方法。没有这种方法，你每期都只能在 33 个号码范围内选 6 个号码，那你的中奖概率永远都不会提高；有了这种方法，你就可以在大幅缩小选号范围、减少投注注数和投注金额、降低投注风险的前提下，依然有很大机会选中 6 个号码。并且，如果大家在实际选号过程中能够灵活运用这种方法的话，相信大家选中双色球前区 6 个号码的概率将会大大提高。

第二节　连号选号法

一、由来

在对双色球前区号码互减所得的值进行统计的过程中，我发现前区号码互减所得的值与连号有着密切关系，比如当第二个号码减第一个号码所得的值为 1 时，这 2 个号码就是一个两连号；当第三个号码减第一个号码所得的值为 2 时，前 3 个号码就是一个三连号……所以我决定在研究完双色球前区号码互减所得的值之后，直接开始研究双色球前区连号情形，这就是连号选号法的由来。

二、深入研究前区号码互减所得的值

（一）第二个号码减第一个号码所得的值

（1）表 6-2 为双色球前区第二个号码减第一个号码所得的不同的值的出现次数和出现概率统计表，统计周期为双色球 2003001 期至 2015023 期，共 1768 期，该表已经按出现次数由高到低进行了排序。

表 6-2　统计（二）

数值	出现次数	出现概率（%）
1	308	17.42
2	295	16.69
3	205	11.60
4	181	10.24
5	163	9.22
6	135	7.64
7	108	6.11
8	79	4.47
9	67	3.79

数值	出现次数	出现概率（%）
10	60	3.39
11	53	3.00
12	36	2.04
13	23	1.30
14	18	1.02
15	12	0.68
17	8	0.45
16	6	0.34
18	3	0.17
19	3	0.17
20	3	0.17
21	1	0.06
25	1	0.06

（2）从表 6-2 可以看出，在双色球 2003001 期至 2015023 期这 1768 期中：①第二个号码减第一个号码共有 22 个不同取值，其中取值为 1 的情况出现次数最多，出现了 308 次，占比达到 17.42%。第二个号码减第一个号码所得的值为 1 表示双色球前区前两个号码是两连号。②取值小于或等于 10 的情况占比超过了 90%，其中取值小于或等于 4 的情况占比接近 56%，所以大家选号时，第二个号码与第一个号码的差值以小于等于 10 为宜，最好小于或等于 4。③取值大于或等于 15 的情况占比仅为 2% 左右，属于极小概率事件，所以大家选号时，第二个号码与第一个号码的差值不宜超过 15。

（二）第三个号码减第一个号码所得的值

（1）表 6-3 为双色球前区第三个号码减第一个号码所得的不同的值的出现次数和出现概率统计表，统计周期为双色球 2003001 期至 2015023 期，共 1768 期，该表已经按出现次数由高到低进行了排序。

表 6-3　统计（三）

数值	出现次数	出现概率（%）
8	143	8.09
10	141	7.98
7	137	7.75

续表

数值	出现次数	出现概率（%）
9	133	7.52
6	131	7.41
4	119	6.73
5	118	6.67
11	106	6.00
12	106	6.00
13	96	5.43
3	91	5.15
15	82	4.64
14	76	4.30
2	56	3.17
16	51	2.88
17	49	2.77
18	45	2.55
19	35	1.98
20	20	1.13
21	14	0.79
22	6	0.34
23	6	0.34
24	4	0.23
26	2	0.11
25	1	0.06

（2）从表 6-3 可以看出，在双色球 2003001 期至 2015023 期这 1768 期中：①第三个号码减第一个号码共有 25 个不同取值，其中取值为 8 的情况出现次数最多，出现了 143 次，占比为 8.09%。②取值为 4~10 的情况占比超过了 52%，所以大家选号时，第三个号码与第一个号码的差值以大于或等于 4、小于或等于 10 为宜。③取值大于或等于 20 的情况占比不足 3%，属于极小概率事件，所以大家选号时，第三个号码与第一个号码的差值不宜超过 20。④取值为 2 的情况出现了 56 次，占比为 3.17%。

第三个号码减第一个号码所得的值为 2 表示双色球前区前三个号码是三连号。

（三）第四个号码减第一个号码所得的值

（1）表 6-4 为双色球前区第四个号码减第一个号码所得的不同的值的出现次

数和出现概率统计表，统计周期为双色球 2003001 期至 2015023 期，共 1768 期，该表已经按出现次数由高到低进行了排序。

表 6-4　统计（四）

数值	出现次数	出现概率（%）
12	129	7.30
14	124	7.01
16	124	7.01
17	118	6.67
15	110	6.22
10	104	5.88
18	101	5.71
11	99	5.60
13	99	5.60
9	87	4.92
21	85	4.81
19	84	4.75
20	75	4.24
8	74	4.19
7	66	3.73
6	49	2.77
22	47	2.66
23	39	2.21
5	36	2.04
24	33	1.87
25	26	1.47
4	16	0.90
26	15	0.85
28	10	0.57
3	9	0.51
27	6	0.34
30	2	0.11
29	1	0.06

（2）从表 6-4 可以看出，在双色球 2003001 期至 2015023 期这 1768 期中：①第四个号码减第一个号码共有 28 个不同取值，其中取值为 12 的情况出现次数最多，出现了 129 次，占比 7.3%。②取值为 10~18 的情况占比超过了 57%，所以大家选号时，第四个号码与第一个号码的差值以大于或等于 10、小于或等

于 18 为宜。③取值为 3、4、26、27、28、29、30 的情况占比仅略超 3%，属于极小概率事件，所以大家选号时，第四个号码与第一个号码的差值应尽量避开这几个值。④取值为 3 的情况出现了 9 次，占比为 0.51%。第四个号码减第一个号码所得的值为 3 表示双色球前区前 4 个号码是四连号。

（四）第五个号码减第一个号码所得的值

（1）表 6-5 为双色球前区第五个号码减第一个号码所得的不同的值的出现次数和出现概率统计表，统计周期为双色球 2003001 期至 2015023 期，共 1768 期，该表已经按出现次数由高到低进行了排序。

表 6-5 统计（五）

数值	出现次数	出现概率（%）
22	136	7.69
21	124	7.01
17	118	6.67
20	118	6.67
18	116	6.56
19	113	6.39
23	110	6.22
24	103	5.83
15	85	4.81
16	85	4.81
25	83	4.69
14	71	4.02
27	71	4.02
26	62	3.51
13	59	3.34
12	58	3.28
28	53	3.00
11	50	2.83
29	34	1.92
10	32	1.81
9	24	1.36
8	19	1.07
30	19	1.07
7	10	0.57

数值	出现次数	出现概率（%）
6	7	0.40
31	6	0.34
4	1	0.06
5	1	0.06

（2）从表6-5可以看出，在双色球2003001期至2015023期这1768期中：①第五个号码减第一个号码共有28个不同取值，其中取值为22的情况出现次数最多，出现了136次，占比为7.69%。②取值为17~24的情况占比超过了53%，所以大家选号时，第五个号码与第一个号码的差值以大于或等于17、小于或等于24为宜。③取值为4、5、6、7、30、31的情况占比不足2.5%，属于极小概率事件，所以大家选号时，第五个号码与第一个号码的差值应尽量避开这几个值。④取值为4的情况出现了1次，占比0.06%。第五个号码减第一个号码所得的值为4表示双色球前区前5个号码是五连号。

（五）第六个号码减第一个号码所得的值

（1）表6-6为双色球前区第六个号码减第一个号码所得的不同的值的出现次数和出现概率统计表，统计周期为双色球2003001期至2015023期，共1768期，该表已经按出现次数由高到低进行了排序。

表6-6 统计（六）

数值	出现次数	出现概率（%）
28	156	8.82
29	151	8.54
26	149	8.43
27	138	7.81
25	129	7.30
23	120	6.79
24	116	6.56
30	111	6.28
22	107	6.05
21	103	5.83
31	82	4.64
19	74	4.19

续表

数值	出现次数	出现概率（%）
20	60	3.39
18	51	2.88
17	43	2.43
16	41	2.32
32	40	2.26
15	35	1.98
14	20	1.13
13	19	1.07
12	11	0.62
11	4	0.23
9	3	0.17
10	3	0.17
7	1	0.06
8	1	0.06

（2）从表 6-6 可以看出，在双色球 2003001 期至 2015023 期这 1768 期中：①第六个号码减第一个号码共有 26 个不同取值；其中取值为 28 的情况出现次数最多，出现了 156 次，占比 8.82%。②取值为 23~30 的情况占比超过了 60%，所以大家选号时，第六个号码与第一个号码的差值以大于或等于 23、小于或等于 30 为宜。③取值为 7~12 的情况占比仅为 2.17%，属于极小概率事件，所以大家选号时，第六个号码与第一个号码的差值应尽量避开这几个值。④第六个号码减第一个号码所得的值为 5 表示双色球前区 6 个号码是六连号。取值为 5 的情况没有出现，说明双色球前区从未开出过六连号。第六个号码减第一个号码所得的值就是前区跨度，所以本书对前区跨度不再专门研究。

（六）第三个号码减第二个号码所得的值

（1）表 6-7 为双色球前区第三个号码减第二个号码所得的不同的值的出现次数和出现概率统计表，统计周期为双色球 2003001 期至 2015023 期，共 1768 期，该表已经按出现次数由高到低进行了排序。

表6-7　统计（七）

数值	出现次数	出现概率（%）
1	316	17.87
2	263	14.88
3	240	13.57
4	198	11.20
5	149	8.43
6	150	8.48
7	100	5.66
9	77	4.36
8	72	4.07
10	47	2.66
12	39	2.21
11	31	1.75
13	24	1.36
14	19	1.07
15	14	0.79
16	12	0.68
18	7	0.40
17	5	0.28
20	3	0.17
19	1	0.06
23	1	0.06

（2）从表6-7可以看出，在双色球2003001期至2015023期这1768期中：①第三个号码减第二个号码共有21个不同取值，其中取值为1的情况出现次数最多，出现了316次，占比为17.87%。第三个号码减第二个号码所得的值为1表示双色球前区第二个号码和第三个号码是两连号。②取值为1~6的情况占比接近75%，所以大家选号时，第三个号码与第二个号码的差值以大于或等于1、小于或等于6为宜。③取值为15~23的情况占比不足2.5%，属于极小概率事件，所以大家选号时，第三个号码与第二个号码的差值应尽量避开这几个值。

（七）第四个号码减第二个号码所得的值

（1）表6-8为双色球前区第四个号码减第二个号码所得的不同的值的出现次数和出现概率统计表，统计周期为双色球2003001期至2015023期，共1768期，该表已经按出现次数由高到低进行了排序。

表 6-8 统计（八）

数值	出现次数	出现概率（%）
8	155	8.77
6	149	8.43
5	142	8.03
10	138	7.81
7	136	7.69
9	133	7.52
11	105	5.94
13	104	5.88
4	103	5.83
12	99	5.60
3	77	4.36
14	76	4.30
15	68	3.85
16	60	3.39
2	56	3.17
17	43	2.43
18	31	1.75
19	31	1.75
20	22	1.24
21	15	0.85
24	8	0.45
22	7	0.40
23	7	0.40
27	2	0.11
26	1	0.06

（2）从表 6-8 可以看出，在双色球 2003001 期至 2015023 期这 1768 期中：①第四个号码减第二个号码共有 25 个不同取值，其中取值为 8 的情况出现次数最多，出现了 155 次，占比为 8.77%。②取值为 5~11 的情况占比超过了 54%，所以大家选号时，第四个号码与第二个号码的差值以大于或等于 5、小于或等于 11 为宜。③取值为 21~27 的情况占比不足 2.3%，属于极小概率事件，所以大家选号时，第四个号码与第二个号码的差值应尽量避开这几个值。④取值为 2 的情况出现了 56 次，占比 3.17%。

第四个号码减第二个号码所得的值为 2 表示双色球前区第二个号码、第三个号码和第四个号码是三连号。

（八）第五个号码减第二个号码所得的值

（1）表 6-9 为双色球前区第五个号码减第二个号码所得的不同的值的出现次数和出现概率统计表，统计周期为双色球 2003001 期至 2015023 期，共 1768 期，该表已经按出现次数由高到低进行了排序。

表 6-9　统计（九）

数值	出现次数	出现概率（%）
16	136	7.69
13	135	7.64
11	119	6.73
14	114	6.45
17	114	6.45
12	109	6.17
15	106	6.00
9	97	5.49
18	97	5.49
10	94	5.32
19	85	4.81
8	75	4.24
20	71	4.02
21	67	3.79
22	61	3.45
7	59	3.34
6	49	2.77
23	38	2.15
24	27	1.53
25	24	1.36
4	21	1.19
5	21	1.19
26	19	1.07
27	13	0.74
28	9	0.51
3	5	0.28
29	3	0.17

（2）从表 6-9 可以看出，在双色球 2003001 期至 2015023 期这 1768 期中：①第五个号码减第二个号码共有 27 个不同取值，其中取值为 16 的情况出现次数最多，出现了 136 次，占比为 7.69%。②取值为 11~17 的情况占比超过了 47%，所以大家选号时，第五个号码与第二个号码的差值以大于或等于 11、小于或等于 17 为宜。③取值为 3、26、27、28、29 的情况占比不足 2.8%，属于极小概率事件，所以大家选号时，第五个号码与第二个号码的差值应尽量避开这几个值。④取值为 3 的情况出现了 5 次，占比 0.28%。

第五个号码减第二个号码所得的值为 3 表示双色球前区第二个号码、第三个号码、第四个号码和第五个号码是四连号。

（九）第六个号码减第二个号码所得的值

（1）表 6-10 为双色球前区第六个号码减第二个号码所得的不同的值的出现次数和出现概率统计表，统计周期为双色球 2003001 期至 2015023 期，共 1768 期，该表已经按出现次数由高到低进行了排序。

表 6-10　统计（十）

数值	出现次数	出现概率（%）
19	131	7.41
22	130	7.35
20	122	6.90
18	121	6.84
17	118	6.67
21	103	5.83
23	101	5.71
24	101	5.71
25	100	5.66
15	94	5.32
16	92	5.20
26	76	4.30
13	74	4.19
14	67	3.79
27	62	3.51
12	47	2.66
10	46	2.60
11	41	2.32

数值	出现次数	出现概率（%）
28	40	2.26
29	34	1.92
8	18	1.02
9	14	0.79
30	14	0.79
7	9	0.51
31	5	0.28
5	4	0.23
6	4	0.23

（2）从表 6-10 可以看出，在双色球 2003001 期至 2015023 期这 1768 期中：①第六个号码减第二个号码共有 27 个不同取值，其中取值为 19 的情况出现次数最多，出现了 131 次，占比 7.41%。②取值为 17~23 的情况占比超过了 46%，所以大家选号时，第六个号码与第二个号码的差值以大于或等于 17、小于或等于 23 为宜。③取值为 5、6、7、30、31 的情况占比不足 2.1%，属于极小概率事件，所以大家选号时，第六个号码与第二个号码的差值应尽量避开这几个值。④第六个号码减第二个号码所得的值为 4 表示双色球前区后 4 个号码是四连号。取值为 4 的情况没有出现，说明双色球前区从未开出过后 4 个号码是四连号的情形。

（十）第四个号码减第三个号码所得的值

（1）表 6-11 为双色球前区第四个号码减第三个号码所得的不同的值的出现次数和出现概率统计表，统计周期为双色球 2003001 期至 2015023 期，共 1768 期，该表已经按出现次数由高到低进行了排序。

表 6-11 统计（十一）

数值	出现次数	出现概率（%）
1	339	19.17
2	278	15.72
3	199	11.26
4	184	10.41
5	166	9.39
6	133	7.52

数值	出现次数	出现概率（%）
7	105	5.94
8	87	4.92
9	65	3.68
10	51	2.88
11	44	2.49
12	33	1.87
13	22	1.24
14	18	1.02
15	12	0.68
16	12	0.68
17	6	0.34
18	6	0.34
20	4	0.23
19	1	0.06
21	1	0.06
22	1	0.06
23	1	0.06

（2）从表 6-11 可以看出，在双色球 2003001 期至 2015023 期这 1768 期中：①第四个号码减第三个号码共有 23 个不同取值，其中取值为 1 的情况出现次数最多，出现了 339 次，占比为 19.17%。第四个号码减第三个号码所得的值为 1 表示双色球前区第三个号码和第四个号码是两连号。②取值为 1~4 的情况占比超过了 56%，所以大家选号时，第四个号码与第三个号码的差值以大于或等于 1、小于或等于 4 为宜。③取值为 15~23 的情况占比不足 2.8%，属于极小概率事件，所以大家选号时，第四个号码与第三个号码的差值应尽量避开这几个值。

（十一）第五个号码减第三个号码所得的值

（1）表 6-12 为双色球前区第五个号码减第三个号码所得的不同的值的出现次数和出现概率统计表，统计周期为双色球 2003001 期至 2015023 期，共 1768 期，该表已经按出现次数由高到低进行了排序。

表 6-12　统计（十二）

数值	出现次数	出现概率（%）
7	155	8.77
8	155	8.77
6	143	8.09
9	123	6.96
10	123	6.96
5	122	6.90
12	114	6.45
11	113	6.39
4	108	6.11
13	88	4.98
3	85	4.81
14	77	4.36
15	73	4.13
16	64	3.62
2	48	2.71
17	47	2.66
19	32	1.81
18	28	1.58
20	24	1.36
21	17	0.96
23	9	0.51
22	8	0.45
24	8	0.45
25	2	0.11
27	2	0.11

（2）从表 6-12 可以看出，在双色球 2003001 期至 2015023 期这 1768 期中：①第五个号码减第三个号码共有 25 个不同取值，其中取值为 7 和 8 的情况出现次数最多，均出现了 155 次，占比都为 8.77%。②取值为 5~12 的情况占比接近 60%，所以大家选号时，第五个号码与第三个号码的差值以大于或等于 5、小于或等于 12 为宜。③取值为 21~27 的情况占比不足 2.7%，属于极小概率事件，所以大家选号时，第五个号码与第三个号码的差值应尽量避开这几个值。④取值为 2 的情况出现了 48 次，占比 2.71%。第五个号码减第三个号码所得的值为 2 表示双色球前区第三个号码、第四个号码和第五个号码是三连号。

（十二）第六个号码减第三个号码所得的值

（1）表 6–13 为双色球前区第六个号码减第三个号码所得的不同的值的出现次数和出现概率统计表，统计周期为双色球 2003001 期至 2015023 期，共 1768期，该表已经按出现次数由高到低进行了排序。

表 6–13　统计（十三）

数值	出现次数	出现概率（%）
11	130	7.35
15	126	7.13
14	122	6.90
12	120	6.79
16	119	6.73
17	115	6.50
13	114	6.45
9	104	5.88
10	91	5.15
18	91	5.15
19	85	4.81
20	83	4.69
8	69	3.90
22	59	3.34
7	57	3.22
21	54	3.05
6	48	2.71
23	42	2.38
24	39	2.21
25	30	1.70
5	25	1.41
26	13	0.74
4	10	0.57
3	8	0.45
27	7	0.40
28	4	0.23
30	2	0.11
29	1	0.06

（2）从表 6-13 可以看出，在双色球 2003001 期至 2015023 期这 1768 期中：
①第六个号码减第三个号码共有 28 个不同取值，其中取值为 11 的情况出现次数最多，出现了 130 次，占比为 7.35%。②取值为 11~17 的情况占比接近 48%，所以大家选号时，第六个号码与第三个号码的差值以大于或等于 11、小于或等于 17 为宜。③取值为 3、4 和 26~30 的情况占比不足 2.6%，属于极小概率事件，所以大家选号时，第六个号码与第三个号码的差值应尽量避开这几个值。④取值为 3 的情况出现了 8 次，占比 0.45%。第六个号码减第三个号码所得的值为 3 表示双色球前区后四个号码是三连号。

（十三）第五个号码减第四个号码所得的值

（1）表 6-14 为双色球前区第五个号码减第四个号码所得的不同的值的出现次数和出现概率统计表，统计周期为双色球 2003001 期至 2015023 期，共 1768 期，该表已经按出现次数由高到低进行了排序。

表 6-14 统计（十四）

数值	出现次数	出现概率（%）
1	302	17.08
2	277	15.67
3	201	11.37
4	195	11.03
5	164	9.28
6	150	8.48
7	110	6.22
8	80	4.52
9	70	3.96
10	59	3.34
11	44	2.49
13	32	1.81
12	24	1.36
15	15	0.85
14	13	0.74
16	11	0.62
18	9	0.51
17	5	0.28
19	5	0.28
20	1	0.06
23	1	0.06

（2）从表 6-14 可以看出，在双色球 2003001 期至 2015023 期这 1768 期中：①第五个号码减第四个号码共有 21 个不同取值，其中取值为 1 的情况出现次数最多，出现了 302 次，占比为 17.08%。第五个号码减第四个号码所得的值为 1 表示双色球前区第三个号码和第四个号码是两连号。②取值为 1~4 的情况占比超过了 55%，所以大家选号时，第五个号码与第四个号码的差值以大于或等于 1、小于或等于 4 为宜。③取值为 16~23 的情况占比不足 1.81%，属于极小概率事件，所以大家选号时，第五个号码与第四个号码的差值应尽量避开这几个值。

（十四）第六个号码减第四个号码所得的值

（1）表 6-15 为双色球前区第六个号码减第四个号码所得的不同的值的出现次数和出现概率统计表，统计周期为双色球 2003001 期至 2015023 期，共 1768 期，该表已经按出现次数由高到低进行了排序。

表 6-15　统计（十五）

数值	出现次数	出现概率（%）
7	148	8.37
10	142	8.03
5	136	7.69
9	135	7.64
8	128	7.24
6	124	7.01
11	116	6.56
12	110	6.22
4	104	5.88
3	94	5.32
13	91	5.15
14	86	4.86
16	67	3.79
15	57	3.22
2	53	3.00
18	42	2.38
17	37	2.09
20	30	1.70
19	27	1.53
23	14	0.79

数值	出现次数	出现概率（%）
21	12	0.68
22	6	0.34
24	4	0.23
25	3	0.17
26	1	0.06
27	1	0.06

（2）从表 6-15 可以看出，在双色球 2003001 期至 2015023 期这 1768 期中：①第六个号码减第四个号码共有 26 个不同取值，其中取值为 7 的情况出现次数最多，出现了 148 次，占比为 8.37%。②取值为 5~12 的情况占比接近 59%，所以大家选号时，第六个号码与第四个号码的差值以大于或等于 5、小于或等于 12 为宜。③取值为 21~27 的情况占比不足 2.4%，属于极小概率事件，所以大家选号时，第六个号码与第四个号码的差值应尽量避开这几个值。④取值为 2 的情况出现了 53 次，占比 3%。第六个号码减第四个号码所得的值为 2 表示双色球前区后 3 个号码是三连号。

（十五）第六个号码减第五个号码所得的值

（1）表 6-16 为双色球前区第六个号码减第五个号码所得的不同的值的出现次数和出现概率统计表，统计周期为双色球 2003001 期至 2015023 期，共 1768 期，该表已经按出现次数由高到低进行了排序。

表 6-16　统计（十六）

数值	出现次数	出现概率（%）
1	357	20.19
2	267	15.10
3	205	11.60
4	199	11.26
5	161	9.11
6	118	6.67
7	104	5.88
8	83	4.69
10	58	3.28
9	54	3.05

数值	出现次数	出现概率（%）
11	39	2.21
12	31	1.75
13	21	1.19
14	19	1.07
15	14	0.79
16	10	0.57
19	9	0.51
17	7	0.40
18	5	0.28
20	3	0.17
22	2	0.11
24	1	0.06
25	1	0.06

（2）从表 6-16 可以看出，在双色球 2003001 期至 2015023 期这 1768 期中：
①第六个号码减第五个号码共有 23 个不同取值，其中取值为 1 的情况出现次数最多，出现了 357 次，占比为 20.19%。第六个号码减第五个号码所得的值为 1 表示双色球前区后 2 个号码是两连号。②取值为 1~4 的情况占比超过了 58%，所以大家选号时，第六个号码与第五个号码的差值以大于或等于 1、小于或等于 4 为宜。③取值为 15~25 的情况占比不足 3%，属于极小概率事件，所以大家选号时，第六个号码与第五个号码的差值应尽量避开这几个值。

三、连号选号法

（一）连号的概念

连号就是 2 个或 2 个以上连续的号码，至少要有 2 个号码才能构成连号。也就是说，连号是 1 个号码组合，在这个号码组合里面，后面的号码与其前一位的号码差值为 1。比如，双色球第 2011083 期前区开出 07、16、18、24、28、29，其中号码 28、29 就是连号。2 个号码相连就是两连号、3 个号码相连就是三连号、4 个号码相连就是四连号……

（二）连号情形

双色球前区从 01~33 这 33 个号码中任意选择 6 个号码构成一注前区投注组合，其连号情形包括以下几种：

（1）第一个号码和第二个号码相连，但后面不和第三个号码相连的情形，本章用"12"表示这种连号情形。比如，双色球第 2003010 期前区开出 01、02、08、13、17、24，其连号情形就属于这种情形。

（2）第二个号码和第三个号码相连，但前面不和第一个号码相连、后面不和第四个号码相连的情形，本章用"23"表示这种连号情形。比如，双色球第 2003004 期前区开出 04、06、07、10、13、25，其连号情形就属于这种情形。下面不再举例。

（3）第三个号码和第四个号码相连，但前面不和第二个号码相连、后面不和第五个号码相连的情形，本章用"34"表示这种连号情形。

（4）第四个号码和第五个号码相连，但前面不和第三个号码相连、后面不和第六个号码相连的情形，本章用"45"表示这种连号情形。

（5）第五个号码和第六个号码相连，但前面不和第四个号码相连的情形，本章用"56"表示这种连号情形。

（6）第一个号码、第二个号码和第三个号码相连，但后面不和第四个号码相连的情形，本章用"123"表示这种连号情形。

（7）第二个号码、第三个号码和第四个号码相连，但前面不和第一个号码相连、后面不和第五个号码相连的情形，本章用"234"表示这种连号情形。

（8）第三个号码、第四个号码和第五个号码相连，但前面不和第二个号码相连、后面不和第六个号码相连的情形，本章用"345"表示这种连号情形。

（9）第四个号码、第五个号码和第六个号码相连，但前面不和第三个号码相连的情形，本章用"456"表示这种连号情形。

（10）第一个号码、第二个号码、第三个号码和第四个号码相连，但后面不和第五个号码相连的情形，本章用"1234"表示这种连号情形。

（11）第二个号码、第三个号码、第四个号码和第五个号码相连，但前面不和第一个号码相连、后面不和第六个号码相连的情形，本章用"2345"表示这种连号情形。

（12）第三个号码、第四个号码、第五个号码和第六个号码相连，但前面不和第二个号码相连的情形，本章用"3456"表示这种连号情形。

（13）第一个号码、第二个号码、第三个号码、第四个号码和第五个号码相连，但后面不和第六个号码相连的情形，本章用"12345"表示这种连号情形。

（14）第二个号码、第三个号码、第四个号码、第五个号码和第六个号码相连，但前面不和第一个号码相连的情形，本章用"23456"表示这种连号情形。截至双色球第2015023期尚未开出这种连号情形。

（15）6个号码全相连的情形，本章用"123456"表示这种连号情形。截至双色球第2015023期尚未开出这种连号情形。

（三）连号情形统计

（1）表6-17为双色球前区不同连号情形出现次数统计表，统计周期为双色球2003001期至2015023期，共1768期，该表已经按出现次数由高到低进行了排序。

表 6-17　统计（十七）

连号情形	出现次数
56	304
12	251
34	240
23	213
45	210
123	47
456	45
234	43
345	34
1234	8
3456	8
2345	4
12345	1
23456	0
123456	0

（2）从表6-17可以看出：①在双色球2003001期至2015023期这1768期中，两连号情形总共出现了1218次，平均每1.45期出现一次；三连号情形总共

出现了 169 次，平均每 9.71 期出现一次；四连号情形总共出现了 20 次，平均每 10.46 期出现 1 次；五连号情形总共出现了 1 次，六连号情形从未出现过。②在双色球 2003001 期至 2015023 期这 1768 期中，连号情形"56"出现次数最多，"12"出现次数次之。

（四）连号组数

双色球前区连号组数分为以下几种情形：

（1）连号组数为 0 的情形，也就是没有连号的情形。比如，双色球第 2003003 期前区开出 01、07、10、23、28、32，其中就没有连号。

（2）连号组数为 1 的情形，也就是有且仅有一组连号的情形。比如，双色球第 2003008 期前区开出 05、08、09、14、17、23，其中就有且仅有一组连号。下面不再举例。

（3）连号组数为 2 的情形，也就是有且仅有两组连号的情形。

（4）连号组数为 3 的情形，也就是有且仅有三组连号的情形。当然，双色球前区由 6 个号码构成一注投注组合，最多也只能有 3 组连号。

（五）连号组数统计

（1）表 6-18 为双色球前区不同连号组数出现次数和出现概率统计表，统计周期为双色球 2003001 期至 2015023 期，共 1768 期，该表已经按出现次数由高到低进行了排序。

表 6-18　统计（十八）

连号组数	出现次数	出现概率（%）
1	918	51.92
0	607	34.33
2	238	13.46
3	5	0.28

（2）从表 6-18 可以看出，在双色球 2003001 期至 2015023 期这 1768 期中，连号组数为 1 的情形出现次数最多，出现了 918 次，占比达到 51.92%；连号组数为 0 的情形出现次数次之，出现了 607 次，占比达到 34.33%；这两种情形总共出现了 1525 次，占比高达 86.25%。

（六）连号选号法概念与技巧

（1）连号选号法就是根据连号情形进行选号的方法。

（2）根据上面的统计，我总结出以下几个连号选号法技巧：①应果断选择两连号，并主要选择"56"情形的两连号，辅以"12"情形的两连号。②应果断放弃三连号、四连号、五连号、六连号。③应果断选择只有 1 组连号的情形，放弃有 2 组或 3 组连号的情形。④连号组数为 0，也就是没有连号的情形占比达到 34.33%，所以也应当照顾到没有连号的情形。

第三节　十二值选号法

一、由来

本人对双色球前区杀号法进行了详细统计，总共统计了 613 种杀号方法，统计期限都是双色球 2003001 期至 2015023 期，共 1768 期。这 613 种杀号方法，胜率差别是很大的。有的胜率高达 86.3%，有的胜率低至 78.3%，整整相差 6%，相当于在 1768 期中杀号成功的次数差了 141 次。

那么这与选号方法有什么关系呢？

我在第五章提出过定 1 个胆码的选胆范围，就是胜率最低的 18 种杀号方法每期所杀的号码。这个选胆范围效果很不错，第五章已做过论述。我转念一想，这 18 个号码出现那么频繁，只用来定胆可惜了，用来选号效果应该也不错。于是就有了十二值选号法。

二、概念

（1）双色球前区十二值选号法就是用胜率最低的 18 种杀号方法每期所杀的号码作为选号范围进行选号的方法。比如，双色球第 2010025 期前区开出 04、

05、07、10、13、25，胜率最低的 18 种杀号方法对应的号码去掉重复项并按由小到大的顺序进行排序后依次为 01、02、03、04、05、07、08、13、14、18、19、21、22，那么下期前区投注时就可以从这 13 个号码中选择若干个号码，结果双色球第 2010026 期前区开出 02、04、05、08、19、22，6 个号码全部出自这 13 个号码。

（2）该方法为什么叫十二值选号法呢？因为胜率最低的 18 种杀号方法每期所杀的号码大部分情况下都不足 18 个。事实上，胜率最低的 18 种杀号方法每期所杀的号码平均只有 12.4 个。所以，这里将这种方法称为十二值选号法。那么，为什么胜率最低的 18 种杀号方法每期所杀的号码平均只有 12.4 个呢？因为胜率最低的 18 种杀号方法每期所杀的号码经常有重复现象。比如，双色球第 2003004 期前区开出 04、06、07、10、13、25，后区开出号码 03，那么胜率最低的 18 种杀号方法所杀的号码依次为 04、01、14、04、05、04、05、19、05、08、05、10、04、01、18、29、14、04，其中号码 01、04、05、14 都有重复现象，事实上这 18 种杀号方法所杀的号码只有 9 个，即 01、04、05、08、10、14、18、19、29。

（3）胜率最低的 18 种杀号方法具体包括哪些方法，这一点在第五章第二节已有过论述，这里不再赘述。

三、数据与分析

为了更直观地说明双色球开奖号码与胜率最低的 18 种杀号方法每期所杀号码的关系，我决定挑选双色球 20030002 期至 2003011 期共 10 期开奖号码，将这些开奖号码与胜率最低的 18 种杀号方法每期所杀的号码混合分布，并按由小到大的顺序进行排列，同时将这些开奖号码加粗以区别于胜率最低的 18 种杀号方法每期所杀的号码。也就是说，没有加粗的号码就是胜率最低的 18 种杀号方法每期所杀的号码。加粗的号码与没有加粗的号码重复，表示这些开奖号码出自胜率最低的 18 种杀号方法每期所杀的号码。

这 10 期的测试绝对是随机的，因为这是双色球最早的 10 期数据，那个时候谁也发现不了任何规律，用那个时候的数据进行测试应该最有说服力。第 2003001 期是第一期，其前面没有开奖数据，所以无法进行测试。结果如下：

（1）第 2003002 期：1、1、1、1、2、2、4、4、5、7、9、9、11、13、17、19、20、21、21、21、22、25、26。本例中，号码 04、09、21 都出自胜率最低的 18 种杀号方法所杀的号码，号码 20、26 都与胜率最低的 18 种杀号方法所杀的号码中相应的号码相邻。

（2）第 2003003 期：1、1、1、2、5、5、5、6、7、7、8、8、10、11、14、15、19、19、20、23、23、28、32。本例中，号码 01、07、23 都出自胜率最低的 18 种杀号方法所杀的号码，号码 10 与胜率最低的 18 种杀号方法所杀的号码中相应的号码相邻。

（3）第 2003004 期：2、3、3、4、5、5、6、6、7、8、8、8、9、10、12、13、16、16、16、18、21、25、25、27。本例中，号码 06、25 都出自胜率最低的 18 种杀号方法所杀的号码，号码 04、07、10、13 都与胜率最低的 18 种杀号方法所杀的号码中相应的号码相邻。

（4）第 2003005 期：1、1、4、4、4、4、4、4、5、5、5、5、6、8、10、14、14、15、17、18、19、29、30、31。本例中，号码 04 出自胜率最低的 18 种杀号方法所杀的号码，号码 06、15、17、30 都与胜率最低的 18 种杀号方法所杀的号码中相应的号码相邻。

（5）第 2003006 期：1、1、1、3、3、3、4、4、5、5、5、7、10、11、12、16、18、19、20、21、24、26、27、27。本例中，号码 01、03、27 都出自胜率最低的 18 种杀号方法所杀的号码，号码 10、21、26 都与胜率最低的 18 种杀号方法所杀的号码中相应的号码相邻。

（6）第 2003007 期：1、1、2、2、3、4、7、7、7、7、8、8、8、9、16、16、17、18、19、20、21、23、26、26。本例中，号码 01、26 都出自胜率最低的 18 种杀号方法所杀的号码，号码 09、19、21 则与胜率最低的 18 种杀号方法所杀的号码中相应的号码相邻。

（7）第 2003008 期：1、2、2、3、5、6、7、7、7、8、8、8、9、9、12、12、14、15、16、17、18、19、23、25。本例中，号码 08、09 都出自胜率最低的 18 种杀号方法所杀的号码，号码 05、14、17 都与胜率最低的 18 种杀号方法所杀的号码中相应的号码相邻。

（8）第 2003009 期：1、1、2、4、4、4、4、5、5、6、6、6、9、10、10、12、16、18、19、20、20、22、24、30。本例中，号码 05、20 都出自胜率最低

的 18 种杀号方法所杀的号码，号码 09、18 都与胜率最低的 18 种杀号方法所杀的号码中相应的号码相邻。

（9）第 2003010 期：1、1、2、4、4、4、5、6、6、6、7、8、8、9、11、11、13、17、19、20、20、23、23、24。本例中，号码 01、08 都出自胜率最低的 18 种杀号方法所杀的号码，号码 02、24 都与胜率最低的 18 种杀号方法所杀的号码中相应的号码相邻。

（10）第 2003011 期：1、2、4、5、5、5、8、8、8、9、10、10、10、11、11、12、13、15、16、17、19、24、30、32。本例中，号码 05、11 都出自胜率最低的 18 种杀号方法所杀的号码，号码 04、12 都与胜率最低的 18 种杀号方法所杀的号码中相应的号码相邻。

从以上 10 期数据中不难看出，双色球当期开奖号码多数都与上述 18 种杀号方法每期所杀的号码有关，要么直接出自胜率最低的 18 种杀号方法每期所杀的号码，要么与胜率最低的 18 种杀号方法每期所杀的号码中相应的号码相邻。

四、效果

很多情况下，胜率最低的 18 种杀号方法所杀的号码在下期开出的个数都是很惊人的。

比如，双色球第 2004106 期前区开出 10、15、23、26、28、29，上述 18 种杀号方法每期所杀的号码去掉重复项并按由小到大的顺序进行排列后依次为 01、02、05、08、09、11、12、13、14、18、20、22、23、25，总共只有 14 个。结果双色球第 2004107 期前区开出 01、08、12、13、18、20，6 个号码全部出自胜率最低的 18 种杀号方法所杀的号码。

再比如，双色球第 2006116 期前区开出 05、16、21、22、32、33，上述 18 种杀号方法每期所杀的号码去掉重复项并按由小到大的顺序进行排列后依次为 04、05、06、08、09、11、12、14、20、22、23、26，总共只有 12 个。结果双色球第 2006117 期前区开出 06、14、20、22、23、26，6 个号码同样全部出自胜率最低的 18 种杀号方法所杀的号码，并且后面 5 个号码连顺序都一模一样。

五、胜率最低的 18 种杀号方法每期所杀的号码在不同位置出现次数统计

（1）表 6-19 为胜率最低的 18 种杀号方法每期所杀的号码在不同位置出现次数和出现概率统计表，统计周期为双色球 2003001 期至 2015023 期，共 1768 期。

表 6-19　统计（十九）

号码位置	第一个号码	第二个号码	第三个号码	第四个号码	第五个号码	第六个号码
出现次数	1178	1008	807	644	456	229
出现概率（%）	66.67	57.05	45.67	36.45	25.81	12.96

（2）从表 6-19 可以看出，双色球前区第一个号码在接近 67% 的情况下都出自胜率最低的 18 种杀号方法每期所杀的号码，第二个号码在超过 57% 的情况下也出自胜率最低的 18 种杀号方法每期所杀的号码。所以，大家选号时，第一个号码和第二个号码一定要重点参考胜率最低的 18 种杀号方法每期所杀的号码。双色球前区第六个号码出自胜率最低的 18 种杀号方法每期所杀的号码的情形只占不到 13%，第五个号码出自胜率最低的 18 种杀号方法每期所杀的号码的情形也只占不到 26%。所以，大家选号时，第五个号码和第六个号码要尽量避开胜率最低的 18 种杀号方法每期所杀的号码，特别是第六个号码，在接近 87% 的情况下都不会出自胜率最低的 18 种杀号方法每期所杀的号码，所以更应该避开胜率最低的 18 种杀号方法每期所杀的号码。

六、具体运用

前面提到过，双色球前区第五个号码和第六个号码要尽量避开胜率最低的 18 种杀号方法每期所杀的号码，特别是第六个号码。而第一个号码要尽量从胜率最低的 18 种杀号方法每期所杀的号码中选择。

那么，具体该怎么做呢？

（1）最好从胜率最低的 18 种杀号方法每期所杀的号码里面前 8 个号码中选择下期前区第一个号码和第二个号码。

（2）最好从已被选作第一个号码和第二个号码之外的胜率最低的 18 种杀号方法每期所杀的号码及其相邻号码中选择下期前区第三个号码和第四个号码。

（3）第五个号码则应尽量避开胜率最低的 18 种杀号方法每期所杀的号码，而应倾向于选择其相邻号码。

（4）第六个号码最好避开胜率最低的 18 种杀号方法每期所杀的号码，而主要在 30~33 这四个号码中选择。

七、结论

（1）经过我对双色球 2003001 期至 2015023 期这 1768 期开奖号码的精确统计，得出如下结论：按照前面提到的 4 点经验和技巧，运用双色球前区十二值选号法，在这 1768 期中总共测试了 1767 次，总共选中 8739 个号码，平均每期能够选中 4.95 个号码。其中，选中 6 个号码的次数为 531 次，占比 30.05%；选中 5 个号码的次数为 738 次，占比 41.77%；选中 4 个号码的次数为 382 次，占比 21.62%；选中 3 个号码的次数为 103 次，占比 5.83%；选中 2 个号码的次数为 13 次，占比仅为 0.74%。选中 1 个号码和 0 个号码的次数均为 0 次。也就是说，每期最少能够选中 2 个号码。上述统计数据还可以表述为，按照前面提到的 4 点经验和技巧，运用双色球前区十二值选号法，在这 1768 期中总共测试了 1767 次，其中选中 5 个及 5 个以上号码的次数为 1269 次，占比 71.82%；选中 4 个及 4 个以上号码的次数为 1651 次，占比 93.44%；选中 3 个及 3 个以上号码的次数为 1754 次，占比 99.26%；选中 2 个及 2 个以上号码的次数为 1767 次，占比 100%。从这些统计数据明显可以看出，十二值选号法的选号效果明显好于前区号码互减所得的值选号法。

（2）经过严格而又完整的统计，在双色球 2003001 期至 2015023 期这 1768 期的测试过程中，只用胜率最低的 18 种杀号方法每期所杀的号码作为选号范围，选对 4 个以上号码的次数为 287 次，占比为 16.24%，每期的选号范围约为 12 个号码。能在 16.24% 的情况下（平均每 6 期左右），从约 12 个号码中选对 4 个以上号码，这完全符合我在总论中提到的"偶尔有那么几次中奖概率比别人高很多"这一点。

八、预测

前面提到过，我根据十二值选号法对 2015 年 4 月 12 日的双色球开奖号码进行了预测，从 16 个号码中预测对了 4 个号码，而且是在当期双色球停售前公开公布在了百度贴吧双色球吧上，但那次预测其实是一个广告帖的一部分，下面是帖子的链接：

http://tieba.baidu.com/p/3695043170?pid=66871332595&cid=0#66871332595。

那次预测包含广告内容，这里不作详述。现在重点谈谈我对 2015 年 5 月 3 日双色球开奖号码的预测，这次预测也是根据十二值选号法进行的。

2015 年 4 月 30 日，双色球第 2015049 期前区开出 07、12、14、17、20、23，后区开出号码 05，胜率最低的 18 种杀号方法所杀的号码分别为 01、02、03、05、07、08、09、10、12、16、22、27，我将这些号码中的部分号码包围起来得出以下 16 个号码：01、02、03、05、07、08、09、10、12、15、16、21、22、26、27、28，当时我预料会从这 16 个号码里面开出 4 个号码，果然第 2015050 期前区开出了 03、09、12、16、17、31，前 4 个号码全部出自我所预测的 16 个号码，事实上这 4 个号码也全部直接出自胜率最低的 18 种杀号方法所杀的号码，第五个号码与胜率最低的 18 种杀号方法所杀的号码 16 相邻，第六个号码则出自 30~33 这 4 个号码。严格来说，根据前面提到的经验和技巧，运用十二值选号法，这次预测对了 6 个号码。

这次预测发布在了我的新浪微博中。

发布时间：2015 年 5 月 3 日 18：22

注：我本打算在当前双色球停售后发布该预测的，无奈要去看盛极一时的《速度与激情 7》，所以只好提前发布了。

开奖时间：2015 年 5 月 3 日 21：15

我的新浪微博网址：http://weibo.com/2496785664

下面我将这次预测原汁原味地复制粘贴过来，如下：

推荐双色球前区开奖号码：01、02、03、05、07、08、09、10、12、15、16、21、22、26、27、28，这 16 个号码里面大概会开出 4 个。

重要的是，我几乎每次都能从 16 个号码中预测对 4 个号码，这不是靠运气，而是靠方法。光靠运气，大家也有可能选对 4 个号码，但如果靠方法能够预测对 4 个号码，再加上一点点运气，那大家选中 5 个甚至 6 个号码的概率就会大大提高。

九、验证

双色球开到 2015037 期时，我决定对这种方法进行验证，一直验证到 2015058 期（此时本书写完）。这次验证总共测试了 21 期，在这 21 期测试中，从该方法直接给出的约 12 个号码中开出 4 个号码的有 9 期、开出 5 个号码的有 1 期、开出 3 个号码的有 3 期、开出 2 个号码的有 7 期、开出 1 个号码的只有 1 期、没有 1 期开出 0 个号码。

双色球前区理论上从约 12 个号码中可以开出约 2.18 个号码，所以上面 21 期测试理论上可以从约 12 个号码中总共开出 21×2.18=45.78 个号码，但实际上却开出了 65 个号码！在这 21 期测试中，该方法平均每 2 期左右就有 1 期能从约 12 个号码中选对 4 个以上号码。选对 4 个号码理论上需要 22 个号码，可以说该方法将选对 4 个号码的概率提高了许多倍。更何况该方法在上面的 21 期测试中还有 1 期能够从约 12 个号码中选对 5 个号码！

理论上从约 12 个号码中开出 2 个号码都算正常，但该方法能在 10/21 即 47.62%的情况下从约 12 个号码中开出 4 个以上号码，能在 13/21 即 61.9%的情况下从约 12 个号码中开出 3 个以上号码，能在 20/21 即 95.24%的情况下从约 12 个号码中开出 2 个以上号码。

连续 21 期的测试无论如何也不能说是特例或巧合，否则真是上天给我面子了！事实上这只能说明十二值选号法是科学的、有效的、可行的，是经得起检验的。

在这 21 期测试中选对 4 个号码的期次为：2015038 期、2015041 期、

2015044 期、2015045 期、2015049 期、2015050 期、2015051 期、2015055 期、2015058 期；选对 5 个号码的期次为：2015052 期；选对 3 个以下号码的期次不再标示。大家可以去验证。

十、特别说明

根据以上分析可知，十二值选号法的选号效果好于前区号码互减所得的值选号法，但在实践中我发现，有时用十二值选号法效果好，有时用前区号码互减所得的值选号法效果好。所以，投注量比较大的朋友可以同时用这两种方法进行选号，投注量比较小的朋友最好只用十二值选号法。

第七章 前区选号方法（二）

这一章要介绍的选号方法包括：重号选号法、五期重号选号法、连续两期首尾差值选号法、位置选号法、奇偶选号法、质合选号法、大小选号法、同尾选号法、和值选号法、AC 值选号法、除 3 余数选号法和行列选号法，共 12 个。

这里重点推荐行列选号法，该方法可以巨幅缩小选号范围。事实上，该方法可以将选号范围缩小到只有 8 个号码，可以在有些开奖期将你的中奖概率提高无数倍。

第一节 重号选号法

一、重号的概念

双色球当期前区开出的 6 个号码中部分或全部号码与上一期前区开出的号码重合，这些重合的号码就是重号。比如，双色球第 2013133 期前区开出 04、07、12、19、22、25，第 2013134 期前区开出 01、17、18、19、25、29，连续两期都开出了号码 19 和 25，号码 19 和 25 就是重号。

二、重号情形

（一）双色球前区根据重号个数可以分为以下几种情形

（1）有 0 个重号的情形，也就是没有重号的情形，本章统一用 A_0 指代这种重号情形。比如，双色球第 2003002 期前区开出 04、09、19、20、21、26，第 2003003 期前区开出 01、07、10、23、28、32，这两期没有重号，属于有 0 个重号的情形。

（2）有 1 个重号的情形，也就是双色球前区有且仅有 1 个号码出自上期前区 6 个号码的情形，本章统一用 A_1 指代这种重号情形。比如，双色球第 2003001 期前区开出 10、11、12、13、26、28，第 2003002 期前区开出 04、09、19、20、21、26，第 2003002 期有且仅有 1 个号码即号码 26 出自上期前区 6 个号码，属于有 1 个重号的情形。

（3）有 2 个重号的情形，也就是双色球前区有且仅有 2 个号码出自上期前区 6 个号码的情形，本章统一用 A_2 指代这种重号情形。这里不再举例，下同。

（4）有 3 个重号的情形，也就是双色球前区有且仅有 3 个号码出自上期前区 6 个号码的情形，本章统一用 A_3 指代这种重号情形。

（5）有 4 个重号的情形，也就是双色球前区有且仅有 4 个号码出自上期前区 6 个号码的情形，本章统一用 A_4 指代这种重号情形。

（6）有 5 个重号的情形，也就是双色球前区有且仅有 5 个号码出自上期前区 6 个号码的情形，本章统一用 A_5 指代这种重号情形。

（7）有 6 个重号的情形，也就是双色球前区 6 个号码全部出自上期前区 6 个号码的情形，本章统一用 A_6 指代这种重号情形。截至双色球第 2015023 期还没有出现过这种重号情形。

（二）双色球前区根据重号位置可以分为以下几种情形

（1）第一个号码为重号，就是双色球前区第一个号码出自上期前区 6 个号码的情形，本章统一用 B_1 指代这种重号情形。比如，双色球第 2003004 期前区开出 04、06、07、10、13、25，第 2003005 期前区开出 04、06、15、17、30、31，第一个号码 04 出自上期前区 6 个号码，属于第一个号码为重号的情形。

这种重号情形又可细分为六种不同的类型：①当期前区第一个号码与上期前区第一个号码重合的情形，本章统一用 $B_{1\to1}$ 指代这种重号情形。前面提到的双色球第 2003004 期和双色球第 2003005 期就属于这种重号情形。②当期前区第一个号码与上期前区第二个号码重合的情形，本章统一用 $B_{1\to2}$ 指代这种重号情形。③当期前区第一个号码与上期前区第三个号码重合的情形，本章统一用 $B_{1\to3}$ 指代这种重号情形。④当期前区第一个号码与上期前区第四个号码重合的情形，本章统一用 $B_{1\to4}$ 指代这种重号情形。⑤当期前区第一个号码与上期前区第五个号码重合的情形，本章统一用 $B_{1\to5}$ 指代这种重号情形。⑥当期前区第一个号码与上期前区第二个号码重合的情形，本章统一用 $B_{1\to6}$ 指代这种重号情形。

（2）第二个号码为重号，就是双色球前区第二个号码出自上期前区 6 个号码的情形，本章统一用 B_2 指代这种重号情形。这里不再举例，下同。这种重号情形又可细分为六种不同的类型：①当期前区第二个号码与上期前区第一个号码重合的情形，本章统一用 $B_{2\to1}$ 指代这种重号情形。②当期前区第二个号码与上期前区第二个号码重合的情形，本章统一用 $B_{2\to2}$ 指代这种重号情形。③当期前区第二个号码与上期前区第三个号码重合的情形，本章统一用 $B_{2\to3}$ 指代这种重号情形。④当期前区第二个号码与上期前区第四个号码重合的情形，本章统一用 $B_{2\to4}$ 指代这种重号情形。⑤当期前区第二个号码与上期前区第五个号码重合的情形，本章统一用 $B_{2\to5}$ 指代这种重号情形。⑥当期前区第二个号码与上期前区第二个号码重合的情形，本章统一用 $B_{2\to6}$ 指代这种重号情形。

（3）第三个号码为重号，就是双色球前区第三个号码出自上期前区 6 个号码的情形，本章统一用 B_3 指代这种重号情形。这种重号情形又可细分为六种不同的类型：①当期前区第三个号码与上期前区第一个号码重合的情形，本章统一用 $B_{3\to1}$ 指代这种重号情形。②当期前区第三个号码与上期前区第二个号码重合的情形，本章统一用 $B_{3\to2}$ 指代这种重号情形。③当期前区第三个号码与上期前区第三个号码重合的情形，本章统一用 $B_{3\to3}$ 指代这种重号情形。④当期前区第三个号码与上期前区第四个号码重合的情形，本章统一用 $B_{3\to4}$ 指代这种重号情形。⑤当期前区第三个号码与上期前区第五个号码重合的情形，本章统一用 $B_{3\to5}$ 指代这种重号情形。⑥当期前区第三个号码与上期前区第二个号码重合的情形，本章统一用 $B_{3\to6}$ 指代这种重号情形。

（4）第四个号码为重号，就是双色球前区第四个号码出自上期前区 6 个号码的情形，本章统一用 B_4 指代这种重号情形。这种重号情形又可细分为六种不同的类型：①当期前区第四个号码与上期前区第一个号码重合的情形，本章统一用 $B_{4\to1}$ 指代这种重号情形。②当期前区第四个号码与上期前区第二个号码重合的情形，本章统一用 $B_{4\to2}$ 指代这种重号情形。③当期前区第四个号码与上期前区第三个号码重合的情形，本章统一用 $B_{4\to3}$ 指代这种重号情形。④当期前区第四个号码与上期前区第四个号码重合的情形，本章统一用 $B_{4\to4}$ 指代这种重号情形。⑤当期前区第四个号码与上期前区第五个号码重合的情形，本章统一用 $B_{4\to5}$ 指代这种重号情形。⑥当期前区第四个号码与上期前区第二个号码重合的情形，本章统一用 $B_{4\to6}$ 指代这种重号情形。

（5）第五个号码为重号，就是双色球前区第五个号码出自上期前区 6 个号码的情形，本章统一用 B_5 指代这种重号情形。这种重号情形又可细分为六种不同的类型：①当期前区第五个号码与上期前区第一个号码重合的情形，本章统一用 $B_{5\to1}$ 指代这种重号情形。②当期前区第五个号码与上期前区第二个号码重合的情形，本章统一用 $B_{5\to2}$ 指代这种重号情形。③当期前区第五个号码与上期前区第三个号码重合的情形，本章统一用 $B_{5\to3}$ 指代这种重号情形。④当期前区第五个号码与上期前区第四个号码重合的情形，本章统一用 $B_{5\to4}$ 指代这种重号情形。⑤当期前区第五个号码与上期前区第五个号码重合的情形，本章统一用 $B_{5\to5}$ 指代这种重号情形。⑥当期前区第五个号码与上期前区第二个号码重合的情形，本章统一用 $B_{5\to6}$ 指代这种重号情形。

（6）第六个号码为重号，就是双色球前区第六个号码出自上期前区 6 个号码的情形，本章统一用 B_6 指代这种重号情形。这种重号情形又可细分为六种不同的类型：①当期前区第六个号码与上期前区第一个号码重合的情形，本章统一用 $B_{6\to1}$ 指代这种重号情形。②当期前区第六个号码与上期前区第二个号码重合的情形，本章统一用 $B_{6\to2}$ 指代这种重号情形。③当期前区第六个号码与上期前区第三个号码重合的情形，本章统一用 $B_{6\to3}$ 指代这种重号情形。④当期前区第六个号码与上期前区第四个号码重合的情形，本章统一用 $B_{6\to4}$ 指代这种重号情形。⑤当期前区第六个号码与上期前区第五个号码重合的情形，本章统一用 $B_{6\to5}$ 指代这种重号情形。⑥当期前区第六个号码与上期前区第二个号码重合的情形，本章统一用 $B_{6\to6}$ 指代这种重号情形。

三、具体数据

（1）表 7-1 为双色球前区不同重号个数情形出现次数和出现概率统计表，统计周期为双色球 2003001 期至 2015023 期，共 1768 期，该表已经按出现次数由高到低进行了排序。

表 7-1　统计（一）

重号情形	出现次数	出现概率（%）
A_1	763	43.18
A_0	493	27.90
A_2	420	23.77
A_3	81	4.58
A_4	9	0.51
A_5	1	0.06
A_6	0	0.00

（2）表 7-2 为双色球前区不同位置重号出现次数和出现概率统计表，统计周期为双色球 2003001 期至 2015023 期，共 1768 期，该表已经按出现次数由高到低进行了排序。

表 7-2　统计（二）

重号情形	出现次数	出现概率（%）
B_4	331	18.73
B_6	324	18.34
B_1	317	17.94
B_2	309	17.49
B_3	306	17.32
B_5	300	16.98

（3）表 7-3 为双色球前区不同位置重号细分情形出现次数和出现概率统计表，统计周期为双色球 2003001 期至 2015023 期，共 1768 期，该表已经按出现次数由高到低进行了排序。

表 7-3　统计（三）

重号情形	出现次数	出现概率（%）
$B_{6\to6}$	193	10.92
$B_{1\to1}$	192	10.87
$B_{2\to2}$	97	5.49
$B_{4\to4}$	95	5.38
$B_{2\to1}$	90	5.09
$B_{5\to5}$	90	5.09
$B_{6\to5}$	89	5.04
$B_{3\to3}$	88	4.98
$B_{4\to5}$	88	4.98
$B_{1\to2}$	85	4.81
$B_{5\to6}$	82	4.64
$B_{5\to4}$	79	4.47
$B_{4\to3}$	74	4.19
$B_{3\to2}$	73	4.13
$B_{2\to3}$	71	4.02
$B_{3\to4}$	70	3.96
$B_{2\to4}$	40	2.26
$B_{3\to5}$	37	2.09
$B_{4\to2}$	34	1.92
$B_{6\to4}$	32	1.81
$B_{4\to6}$	31	1.75
$B_{5\to3}$	30	1.70
$B_{3\to1}$	29	1.64
$B_{1\to3}$	26	1.47
$B_{5\to2}$	16	0.91
$B_{1\to4}$	10	0.57
$B_{2\to5}$	9	0.51
$B_{3\to6}$	9	0.51
$B_{4\to1}$	9	0.51
$B_{6\to3}$	8	0.45
$B_{1\to5}$	3	0.17
$B_{5\to1}$	3	0.17
$B_{2\to6}$	2	0.11
$B_{6\to2}$	2	0.11
$B_{1\to6}$	1	0.06
$B_{6\to1}$	0	0.00

（4）从表 7-1 可以看出，双色球前区重号个数为 1 的情形出现了 763 次，占比达到 43.18%；重号个数为 0 的情形出现了 493 次，占比达到 27.9%；重号个数为 2 的情形出现了 420 次，占比达到 23.77%。这三种重号情形总出现次数为 1676 次，占比接近 95%。

（5）从表 7-2 可以看出，双色球前区第四个号码出自上期前区六个号码的次数最多，但双色球前区 6 个号码分别出自上期前区 6 个号码的次数相差不大。

（6）从表 7-3 可以看出：①双色球前区每一个号码与上期前区对应号码重合的次数和双色球前区每一个号码与上期前区其他号码重合的次数相比都是最多的。意思就是，双色球前区第一个号码与上期前区第一个号码重合的次数和双色球前区第一个号码与上期前区其他五个号码重合的次数相比是最多的，即第一个号码与第一个号码重合的次数超过第一个号码与第二个号码重合的次数、第一个号码与第三个号码重合的次数……第二个号码、第三个号码……也一样。②双色球前区第六个号码与上期前区第六个号码重合的次数最多，第一个号码与上期前区第一个号码重合的次数次之。

（7）以上 3 个表格都能反映出，在双色球 2003001 期至 2015023 期这 1768 期中（测试了 1767 次），重号总个数为 1887 个，平均每期约有 1.07 个重号。

四、重号选号法概念与技巧

（1）重号选号法就是根据双色球前区重号情形进行选号的方法。

（2）根据上面的统计，我总结出以下几个重号选号法的经验和技巧：①应果断选择重号个数为 1 或者 0 的情形，兼顾重号个数为 2 的情形。②应果断放弃重号个数为 3、4、5、6 的情形。③选择一个重号时，应以双色球前区第六个号码与上期前区第六个号码重合的情形为主，辅以双色球前区第一个号码与上期前区第一个号码重合的情形。

双色球前区第六个号码与上期前区第六个号码重合的情形出现了 193 次，占比高达 10.92%，这就是说在接近 11% 的情况下能够确定 1 个号码，而且能够确定其位置。事实上是每 9.15 期能够确保选对一次第六个号码，如果你连续 10 期都用这种方法选号的话，总有一次，你的中奖概率会比别人高很多。本书所有统计都是截至双色球第 2015023 期，现在我就用接下来的开奖数据做个测试。假如你从双色球第 2015024 期开始用这种方法选号，到双色球第 2015028 期时，前区开出了 04、07、10、26、27、28，那么你就可以选择号码 28 作为下期前区第六个号码。如果下期前区第六个号码开出了号码 28，那么你选中前区六个号码的概率就是 1/80730，而理论上选中前区六个号码的概率只是 1/1107568，你选中前区六个号码的概率已经是别人的 13.72 倍了。结果双色球第 2015029 期前区第六个号码果然是 28。

当然，上面只是其中一个成功例子而已，本书写到这里时，双色球开到了第 2015050 期，从双色球第 2015024 期开始测试，到现在总共测试了 26 次。在这 26 次测试中，前区第六个号码与上期前区第六个号码重合的情形高达 6 次，占比高达 23.08%。也就是说，在这 26 次投注过程中，你平均每 4.33 期就能选对 1 次第六个号码。双色球前区第六个号码与上期前区第六个号码最近一次重合发生在双色球第 2015048 期和第 2015047 期，重合的号码是 27。双色球第 2015047 期开奖后，若你坚持用这种方法选号，那么你就会选择号码 27 作为下期前区第六个号码，那么你选中前区 6 个号码的概率就是 1/65780，该概率更是大幅高于理论概率。

事实上，经过统计发现，双色球前区第六个号码与上期前区第六个号码重合时，有很多次重合的号码都小于号码 25，有时重合的号码甚至是号码 18。如果对这种方法有很大信心，那么你一定坚持用这种方法选号。恰逢重合的号码是 18 时，你选中前区六个号码的概率就是 1/6188，是理论概率的 179 倍左右。

（3）双色球前区第四个号码为重号的情形出现次数最多，所以大家根据重号情形选号时也应该兼顾到双色球前区第四个号码为重号的情形。

第二节　五期重号选号法

一、五期重号的概念

双色球当期前区开出的 6 个号码中部分或全部号码与上五期前区开出的号码重合，这些重合的号码就是五期重号。比如，双色球第 2003001 期前区开出 10、11、12、13、26、28，第 2003002 期前区开出 04、09、19、20、21、26，第 2003003 期前区开出 01、07、10、23、28、32，第 2003004 期前区开出 04、06、07、10、13、25，第 2003005 期前区开出 04、06、15、17、30、31，第 2003006 期前区开出 01、03、10、21、26、27，第 2003006 期前区第一个号码 01、第三个号码 10、第四个号码 21 和第五个号码 26 都出自它前面五期前区 6 个号码，这几个号码即号码 01、10、21、26 就是五期重号。

二、五期重号情形

（一）双色球前区根据五期重号个数可以分为以下几种情形

（1）有 0 个五期重号的情形，也就是没有五期重号的情形，本章统一用 C_0 指代这种五期重号情形。比如，双色球第 2011101 期前区开出 06、10、19、23、29、31，第 2011102 期前区开出 01、05、13、21、27、31，第 2011103 期前区开出 04、05、10、13、15、16，第 2011104 期前区开出 09、10、16、20、25、29，第 2011105 期前区开出 04、06、23、25、27、28，第 2011106 期前区开出 02、11、12、14、24、32，第 2011106 期前区 6 个号码中没有 1 个号码与上五期前区号码重合，这种情形就属于有 0 个五期重号的情形。

（2）有 1 个五期重号的情形，也就是双色球前区有且仅有 1 个号码出自上五期前区 6 个号码的情形，本章统一用 C_1 指代这种五期重号情形。这里不再举例，下同。

（3）有 2 个五期重号的情形，也就是双色球前区有且仅有 2 个号码出自上五期前区 6 个号码的情形，本章统一用 C_2 指代这种五期重号情形。

（4）有 3 个五期重号的情形，也就是双色球前区有且仅有 3 个号码出自上五期前区 6 个号码的情形，本章统一用 C_3 指代这种五期重号情形。

（5）有 4 个五期重号的情形，也就是双色球前区有且仅有 4 个号码出自上五期前区 6 个号码的情形，本章统一用 C_4 指代这种五期重号情形。

（6）有 5 个五期重号的情形，也就是双色球前区有且仅有 5 个号码出自上五期前区 6 个号码的情形，本章统一用 C_5 指代这种五期重号情形。

（7）有 6 个五期重号的情形，也就是双色球前区 6 个号码全部出自上五期前区 6 个号码的情形，本章统一用 C_6 指代这种五期重号情形。

（二）双色球前区根据五期重号位置可以分为以下几种情形

（1）第一个号码为五期重号，就是双色球前区第一个号码出自上五期前区 6 个号码的情形，本章统一用 D_1 指代这种五期重号情形。前面提到的双色球 2003001 期至 2003006 期就属于这种重号情形。

（2）第二个号码为五期重号，就是双色球前区第二个号码出自上五期前区 6 个号码的情形，本章统一用 D_2 指代这种五期重号情形。这里不再举例，下同。

（3）第三个号码为五期重号，就是双色球前区第三个号码出自上五期前区 6 个号码的情形，本章统一用 D_3 指代这种五期重号情形。

（4）第四个号码为五期重号，就是双色球前区第四个号码出自上五期前区 6 个号码的情形，本章统一用 D_4 指代这种五期重号情形。

（5）第五个号码为五期重号，就是双色球前区第五个号码出自上五期前区 6 个号码的情形，本章统一用 D_5 指代这种五期重号情形。

（6）第六个号码为五期重号，就是双色球前区第六个号码出自上五期前区 6 个号码的情形，本章统一用 D_6 指代这种五期重号情形。

三、具体数据

（1）表 7-4 为双色球前区不同五期重号个数情形出现次数和出现概率统计

表，统计周期为双色球 2003001 期至 2015023 期，共 1768 期，该表已经按出现次数由高到低进行了排序。

表 7-4 统计（四）

五期重号情形	出现次数	出现概率（%）
C_4	625	35.45
C_3	493	27.96
C_5	375	21.27
C_2	144	8.17
C_6	89	5.05
C_1	35	1.99
C_0	2	0.11

（2）表 7-5 为双色球前区不同位置五期重号出现次数和出现概率统计表，统计周期为双色球 2003001 期至 2015023 期，共 1768 期，该表已经按出现次数由高到低进行了排序。

表 7-5 统计（五）

五期重号情形	出现次数	出现概率（%）
D_2	1140	64.66
D_6	1125	63.81
D_1	1121	63.58
D_5	1114	63.19
D_3	1113	63.13
D_4	1098	62.28

（3）从表 7-4 可以看出，双色球前区五期重号个数为 4 的情形出现了 625 次，占比达到 35.45%；五期重号个数为 3 的情形出现了 493 次，占比达到 27.96%；五期重号个数为 5 的情形出现了 375 次，占比达到 21.27%。这 3 种五期重号情形总出现次数为 1493 次，占比接近 85%。

（4）从表 7-5 可以看出，双色球前区第二个号码出自上五期前区 6 个号码的次数最多，但双色球前区 6 个号码分别出自上五期前区 6 个号码的次数相差不大。

（5）表 7-4、表 7-5 都能反映出，在双色球 2003001 期至 2015023 期这 1768 期中（测试了 1767 次），五期重号总个数为 6711 个，平均每期约有 3.81 个五期重号。统计发现，在这 1767 次测试过程中，总的选号个数是 36643 个，平均每期选号个数是 20.78 个，如果用五期重号进行定胆，定胆成功概率是 3.81/20.78=18.33%。

前面说过，双色球前区定胆理论成功率是 18.18%，所以用五期重号进行定胆，成功率仅比理论成功率略高，而比胜率最低的 18 种杀号方法所杀的号码的定胆成功率要低很多。可见，用五期重号进行定胆效果并不理想。同样，用五期重号进行选号也不是很好的选择。

我之所以提出这种方法，是因为网上有人对这种方法进行过专门论述，但他的论述并没有经过有效的统计，只不过列举了几个刚好成功的例子而已，然后他就用这几个例子吹嘘这种选号方法有多牛。我为了验证他的观点，对这种方法进行了详细的统计，结果根本不像他吹嘘的那样能够在大部分情况下选对双色球前区 6 个号码，事实上选对双色球前区 6 个号码的次数仅为 89 次，占比仅为 5%左右。

同时，也有人写过专著来描述五期重号选号法，我对此表示理解和尊敬，但这部专著也没有进行有效的统计，同样只是列举了一些刚好成功的例子而已。现在我用这种方法测试了双色球共计 1768 期的开奖数据，相信能使大家真正深入而又准确地了解和掌握这种方法。

四、五期重号选号法概念与技巧

（1）五期重号选号法就是根据双色球前区五期重号情形进行选号的方法。

（2）根据上面的统计，我总结出以下几个五期重号选号法的经验和技巧：①应果断选择五期重号个数为 4 或者 3 的情形，兼顾五期重号个数为 5 的情形。②应果断放弃五期重号个数为 0、1、2、6 的情形。③双色球前区 6 个号码出自上五期前区 6 个号码的概率基本相当，所以大家根据五期重号情形进行选号时不要太关注号码的位置。

第三节　连续两期首尾差值选号法

连续两期首尾差值包括两个数值，即当六减上一所得的值和上六减当一所得的值，第三章第五节对此已做过专门讲述，这里不再赘述。

一、当六减上一所得的值

（1）表7-6为双色球前区当六减上一所得的不同的值的出现次数和出现概率统计表，统计周期为双色球2003001期至2015023期，共1768期，该表已经按出现次数由高到低进行了排序。

表7-6　统计（六）

取值	出现次数	出现概率（%）
26	146	8.26
29	146	8.26
25	139	7.87
30	138	7.81
28	135	7.64
27	122	6.90
24	115	6.51
23	105	5.94
21	100	5.66
22	92	5.21
31	89	5.04
20	65	3.68
32	64	3.62
18	62	3.51
19	60	3.40
15	38	2.15
17	37	2.09
16	30	1.70
13	16	0.91

续表

取值	出现次数	出现概率（%）
11	15	0.85
14	15	0.85
12	13	0.74
7	6	0.34
10	6	0.34
6	3	0.17
9	3	0.17
8	2	0.11
-1	1	0.06
2	1	0.06
3	1	0.06
4	1	0.06
5	1	0.06

（2）从表 7-6 可以看出，在双色球 2003001 期至 2015023 期这 1768 期中：①当六减上一所得的值共有 32 个不同取值，其中取值为 26 和 29 的情况出现次数最多，都出现了 146 次，占比都达到 8.26%。取值为 23~30 的情况总共出现了 1046 次，占比接近 60%。②取值小于或等于 14 的情况占比不超过 4.8%，其中取值为-1 以及 2~5 的情况出现次数均为 1 次。

二、上六减当一所得的值

（1）表 7-7 为双色球前区上六减当一所得的不同的值的出现次数和出现概率统计表，统计周期为双色球 2003001 期至 2015023 期，共 1768 期，该表已经按出现次数由高到低进行了排序。

表 7-7　统计（七）

取值	出现次数	出现概率（%）
29	155	8.77
28	139	7.87
25	137	7.75
26	135	7.64
27	133	7.53
24	129	7.30

取值	出现次数	出现概率（%）
30	114	6.45
23	105	5.94
22	104	5.89
31	98	5.55
21	79	4.47
20	73	4.13
19	66	3.74
32	56	3.17
18	49	2.77
17	42	2.38
16	41	2.32
15	33	1.87
14	25	1.41
12	15	0.85
11	9	0.51
13	7	0.40
8	6	0.34
10	6	0.34
4	3	0.17
9	3	0.17
6	2	0.11
7	2	0.11
0	1	0.06

（2）从表 7-7 可以看出，在双色球 2003001 期至 2015023 期这 1768 期中：①上六减当一所得的值共有 29 个不同取值，其中取值为 29 的情况出现次数最多，出现了 155 次，占比高达 8.77%，远超其他取值。取值为 23~30 的情况总共出现了 1047 次，占比接近 60%。②取值小于或等于 14 的情况占比不超过 4.5%，其中取值为 0 的情况仅出现过 1 次。

三、连续两期首尾差值选号法概念与技巧

（1）连续两期首尾差值选号法就是根据双色球前区连续两期首尾差值的情况进行选号的方法。

（2）根据上面的统计，我总结出以下几个连续两期首尾差值选号法的经验和技巧：①选择下期前区第六个号码时，应重点考虑当期前区第一个号码加 26 或 29 所得的值对应的号码。如果投注数量较多，选择下期前区第六个号码时，还可以考虑当期前区第一个号码加 23、24、25、27、28 或 30 所得的值对应的号码。②选择下期前区第六个号码时，应果断放弃当期前区第一个号码加 14 以下数值所得的值对应的号码。③当六减上一所得的值取值为 32 的情况出现了 64 次，占比达到 3.62%。只有在一种情况下，当六减上一所得的值取值才是 32，就是当六（当期前区第六个号码）为 33，上一（上期前区第一个号码）为 01。这说明，双色球前区第一个号码为 01（这种情况总共出现了 341 次）时，下期前区第六个号码为 33 的情况出现了 64 次，出现概率为 64/341=18.77%。这就是说，特定条件下可以在接近 19% 的情况下确定下期前区第六个号码。不但能够确定一个号码，还能够确定其位置，而且在特定条件下成功率接近 19%，这效果还是很不错的。④选择下期前区第一个号码时，应重点考虑当期前区第六个号码减 29 所得的值对应的号码。如果投注数量较多，选择下期前区第一个号码时，还可以考虑当期前区第六个号码减 23、24、25、26、27、28 或 30 所得的值对应的号码。⑤选择下期前区第一个号码时，应果断放弃当期前区第六个号码减 14 以下数值所得的值对应的号码。⑥上六减当一所得的值取值为 32 的情况出现了 56 次，占比达到 3.17%。只有在一种情况下，上六减当一所得的值取值才是 32，就是上六（上期前区第六个号码）为 33，当一（当期前区第一个号码）为 01。这说明，双色球前区第六个号码为 33（这种情况总共出现了 284 次）时，下期前区第一个号码为 01 的情况出现了 56 次，出现概率为 56/284=19.72%。这就是说，特定条件下可以在接近 20% 的情况下确定下期前区第一个号码。不但能够确定一个号码，还能够确定其位置，而且在特定条件下成功率接近 20%，这效果更好。⑦上六减当一所得的值为 29 有一个前提，就是上一期前区第六个号码大于 29，这种情况总共出现了 985 次。在这 985 次中，下期前区第一个号码与当期前区第六个号码减 29 所得的值对应的号码重合的情况总共出现了 155 次，占比高达 15.74%。遇到这种情况时，大家一定要注意，这不但能确定 1 个号码，而且还能确定其位置，意义是很重大的。比如，双色球第 2006132 期前区开出 06、14、22、26、30、33，第六个号码为 33，大于 29，根据前面的分析，我们可以将 33 减 29 所得的值 4 所对应的号码 04 作为下期第一个号码，这时双色球前区选号范围由 33 选 6 变成了 29 选 5（接下来只需从 05~33 这 29 个号码中选择后面 5 个号码），选号范围仅为原来的 10.72%。结果如何呢？结果双色球第 2006133 期前区开出 04、06、20、25、29、31，第一个号码果然是 04。当然，这里举的是一个成功的例子。不过这种例子在总共 985 次中出现了 155 次，比例还是很高的，所以大家在选号的过程中一定要考虑到这种可能性。

第四节　位置选号法

一、概念

（1）双色球前区从 01~33 共 33 个号码中选出 6 个号码组成一注前区投注组合，这 6 个号码按由小到大的顺序进行排列后分处 6 个不同的位置，这里将这些位置分别命名为：第一位、第二位、第三位、第四位、第五位、第六位。但这与双色球开奖时红色号码球的开出顺序无关，双色球属于乐透型彩票玩法，只兑号码，不按顺序。本书后面的内容提到"第一位"时，均指双色球前区 6 个开奖号码按由小到大的顺序进行排列后处于第一位的号码（前面有关章节为了更直观、更准确地描述相关问题，将其称为第一个号码，这两个名称是通用的，意思一样）。"第二位"、"第三位"、"第四位"、"第五位"、"第六位"亦然。

（2）双色球前区 33 个号码的位置分布，有以下几个自然特征：号码 01 只能出现在第一位；号码 02 只能出现在前两位；号码 03 只能出现在前三位；号码 04 只能出现在前四位；号码 05 只能出现在前五位；号码 33 只能出现在第六位；号码 32 只能出现在后两位；号码 31 只能出现在后三位；号码 30 只能出现在后四位；号码 29 只能出现在后五位，其他 23 个号码可以出现在任意位置。

（3）位置选号法就是根据双色球前区不同号码的位置分布情况和不同位置的号码分布情况进行选号的方法。本节将根据不同部分的具体统计数据，总结出位置选号法的具体经验和技巧。

二、不同号码的位置分布情况

不同号码的位置分布是指双色球前区不同号码在不同位置的出现次数和分布情况。

（一）具体数据

表 7–8 为双色球前区 33 个号码在不同位置的出现次数统计表，统计周期为双色球 2003001 期至 2015023 期，共 1768 期。

表 7–8　统计（八）

号码	在第一位出现的次数	在第二位出现的次数	在第三位出现的次数	在第四位出现的次数	在第五位出现的次数	在第六位出现的次数
1	341					
2	269	52				
3	244	89	7			
4	194	117	17			
5	152	132	40	4		
6	121	143	40	14		
7	98	159	74	7	1	
8	84	144	77	19	5	
9	74	133	83	18	1	
10	49	118	105	37	8	
11	35	104	121	45	4	1
12	31	112	112	51	8	
13	20	97	118	77	20	
14	18	82	131	82	23	1
15	14	57	112	83	27	2
16	11	61	109	95	35	7
17	4	51	99	136	54	10
18	3	38	110	113	56	13
19	2	23	88	109	81	12
20	2	15	82	131	81	20
21		18	69	110	95	29
22	1	10	60	119	99	39
23		6	39	116	105	37

续表

号码	在第一位 出现的次数	在第二位 出现的次数	在第三位 出现的次数	在第四位 出现的次数	在第五位 出现的次数	在第六位 出现的次数
24	1	2	26	87	122	56
25		2	18	80	143	75
26		2	14	80	152	90
27			11	63	145	97
28		1	4	38	140	120
29			2	28	109	174
30				20	118	202
31				6	78	218
32					58	281
33						284

注：单元格为空，表示相应的号码没有在对应的位置出现过，比如号码21没有在第一位出现过等。下同。

（二）根据不同号码的位置分布情况进行选号的位置选号法经验和技巧

（1）号码01~05出现在第一位的次数最多，所以大家选号时应将这些号码主要放在第一位。

（2）号码06~10出现在第二位的次数最多，所以大家选号时应将这些号码主要放在第二位。

（3）号码11、12出现在第二位和第三位的次数相当，但都超过出现在其他位置的次数，所以大家选号时应将这两个号码主要放在第二位或第三位。

（4）号码13~16出现在第三位的次数最多，所以大家选号时应将这些号码主要放在第三位。

（5）号码17~23出现在第四位的次数最多，所以大家选号时应将这些号码主要放在第四位。

（6）号码24~28出现在第五位的次数最多，所以大家选号时应将这些号码主要放在第五位。

（7）号码29~33出现在第六位的次数最多，所以大家选号时应将这些号码主要放在第六位。

三、不同位置的号码分布情况

不同位置的号码分布是指双色球前区不同位置上不同号码的出现次数和分布情况。

（一）具体数据

表 7-9 为双色球前区不同位置不同号码的出现次数统计表，统计周期为双色球 07001 期至 15010 期，共 1178 期，该表已经按出现次数由高到低进行了排序。

表 7-9　统计（九）

号码	在第一位出现的次数	号码	在第二位出现的次数	号码	在第三位出现的次数	号码	在第四位出现的次数	号码	在第五位出现的次数	号码	在第六位出现的次数
1	341	7	159	14	131	17	136	26	152	33	284
2	269	8	144	11	121	20	131	27	145	32	281
3	244	6	143	13	118	22	119	25	143	31	218
4	194	9	133	12	112	23	116	28	140	30	202
5	152	5	132	15	112	18	113	24	122	29	174
6	121	10	118	18	110	21	110	30	118	28	120
7	98	4	117	16	109	19	109	29	109	27	97
8	84	12	112	10	105	16	95	23	105	26	90
9	74	11	104	17	99	24	87	22	99	25	75
10	49	13	97	19	88	15	83	21	95	24	56
11	35	3	89	9	83	14	82	19	81	22	39
12	31	14	82	20	82	25	80	20	81	23	37
13	20	16	61	8	77	26	80	31	78	21	29
14	18	15	57	7	74	13	77	32	58	20	20
15	14	2	52	21	69	27	63	18	56	18	13
16	11	17	51	22	60	12	51	17	54	19	12
17	4	18	38	5	40	11	45	16	35	17	10
18	3	19	23	6	40	28	38	15	27	16	7
19	2	21	18	23	39	10	37	14	23	15	2
20	2	20	15	24	26	29	28	13	20	11	1
22	1	22	10	25	18	30	20	10	8	14	1

续表

号码	在第一位出现的次数	号码	在第二位出现的次数	号码	在第三位出现的次数	号码	在第四位出现的次数	号码	在第五位出现的次数	号码	在第六位出现的次数
24	1	23	6	4	17	8	19	12	8	1	
21		24	2	26	14	9	18	8	5	2	
23		25	2	27	11	6	14	11	4	3	
25		26	2	3	7	7	7	7	1	4	
26		28	1	28	4	31	6	9	1	5	
27		1		29	2	5	4	1		6	
28		27		1		1		2		7	
29		29		2		2		3		8	
30		30		30		3		4		9	
31		31		31		4		5		10	
32		32		32		32		6		12	
33		33		33		33		33		13	

（二）根据不同位置的号码分布情况进行选号的位置选号法经验和技巧

（1）第一位出现次数超过 100 次的号码包括号码 01~06 共 6 个号码，这 6 个号码出现在第一位的总次数为 1321 次，出现概率为 74.72%，所以大家应该主要从这 6 个号码中选择双色球前区第一位号码。号码 29~33 不可能出现在第一位，而号码 17~28 出现在第一位的次数总共只有 13 次，出现概率只有 0.74%，所以大家选择双色球前区第一位号码时应避开这些号码。

（2）第二位出现次数超过 100 次的号码包括号码 04~12 共 9 个号码，这 9 个号码出现在第二位的总次数为 1162 次，出现概率为 65.72%，所以大家应该主要从这 9 个号码中选择双色球前区第二位号码。号码 01 和号码 30~33 不可能出现在第二位，而号码 23~29 出现在第二位的次数总共只有 13 次，出现概率只有 0.74%，所以大家选择双色球前区第二位号码时应避开这些号码。

（3）第三位出现次数超过 100 次的号码包括号码 10~16 和号码 18，共 8 个号码，这 8 个号码出现在第三位的总次数为 918 次，出现概率为 51.92%，所以大家应该主要从这 8 个号码中选择双色球前区第三位号码。号码 01、02 和号码 31~33 不可能出现在第三位，而号码 03、04 和号码 26~30 出现在第三位的次数总共只有 55 次，出现概率只有 3.11%，所以大家选择双色球前区第三位号码时应避开这些号码。

（4）第四位出现次数超过 100 次的号码包括号码 17~23 共 7 个号码，这 7 个号码出现在第四位的总次数为 834 次，出现概率为 47.17%，所以大家应该主要从这 7 个号码中选择双色球前区第四位号码。号码 01~03 和号码 32、33 不可能出现在第四位，而号码 04~09 和号码 31 出现在第四位的次数总共只有 68 次，出现概率只有 3.85%，所以大家选择双色球前区第四位号码时应避开这些号码。

（5）第五位出现次数超过 100 次的号码包括号码 23~30 共 8 个号码，这 8 个号码出现在第五位的总次数为 1034 次，出现概率为 58.48%，所以大家应该主要从这 8 个号码中选择双色球前区第五位号码。号码 01~04 和号码 33 不可能出现在第五位，而号码 05~12 出现在第五位的次数总共只有 27 次，出现概率只有 1.53%，所以大家选择双色球前区第五位号码时应避开这些号码。

（6）第六位出现次数超过 100 次的号码包括号码 28~33 共 6 个号码，这 6 个号码出现在第六位的总次数为 1279 次，出现概率为 72.34%，所以大家应该主要从这 6 个号码中选择双色球前区第六位号码。号码 01~05 不可能出现在第六位，而号码 06~16 出现在第六位的次数总共只有 11 次，出现概率只有 0.62%，所以大家选择双色球前区第六位号码时应避开这些号码。

第五节　奇偶选号法

一、奇数号码和偶数号码

（1）奇数也称单数，数学中将不能被 2 整除的整数称为奇数，奇数的个位数为 1、3、5、7、9，比如 1、15、23 等都是奇数。奇数对应的号码就是奇数号码，比如号码 01、15、23 等都是奇数号码。

（2）偶数也称双数，数学中将能被 2 整除的整数称为偶数，偶数的个位数为 0、2、4、6、8，比如 2、14、26 等都是偶数。偶数对应的号码就是偶数号码，比如号码 02、14、26 等都是偶数号码。

（3）双色球前区 33 个号码按奇偶分类，有奇数号码 17 个，分别为 01、03、05、07、09、11、13、15、17、19、21、23、25、27、29、31、33；有偶数号码 16 个，分别为 02、04、06、08、10、12、14、16、18、20、22、24、26、28、30、32。

（4）从双色球前区 33 个号码中任意选择 6 个号码组成一注前区投注组合，这 6 个号码中奇数号码个数与偶数号码个数的比，称为双色球前区奇偶比。

前区 6 个号码共有 7 种不同类型的奇偶比，分别为 0∶6、1∶5、2∶4、3∶3、4∶2、5∶1、6∶0。这些比例中，前面的数字代表奇数号码在 6 个开奖号码中所占的个数，后面的数字代表偶数号码在 6 个开奖号码中所占的个数。

前区 6 个号码的奇偶分布共有 64 种不同的形态，如奇奇奇奇奇奇、奇偶奇奇偶奇、偶奇奇偶偶偶……

二、具体数据

（1）表 7-10 为双色球前区不同类型的奇偶比在双色球 2003001 期至 2015052 期这 1797 期开奖号码中的实际出现次数、理论出现次数和出现频率统计表，该表已经按实际出现次数由高到低进行了排序。

表 7-10　统计（十）

奇偶比	实际出现次数	理论出现次数	出现频率（%）
3∶3	629	618	35.00
4∶2	449	464	24.99
2∶4	401	402	22.31
5∶1	150	161	8.35
1∶5	122	121	6.79
6∶0	25	21	1.39
0∶6	21	13	1.17

（2）表 7-11 为双色球前区不同位置奇数号码和偶数号码实际出现次数、理论出现次数和出现频率统计表，统计周期为双色球 2003001 期至 2015052 期，共 1797 期。

表 7-11　统计（十一）

号码位置	奇数号码			偶数号码		
	实际出现次数	出现频率（%）	理论出现次数	实际出现次数	出现频率（%）	理论出现次数
第一位	1002	55.76	987	795	44.24	811
第二位	886	49.30	892	911	50.70	906
第三位	897	49.92	899	900	50.08	899
第四位	892	49.64	899	905	50.36	899
第五位	877	48.80	892	920	51.20	906
第六位	953	53.03	987	844	46.97	811

（3）表 7-12 为双色球前区不同奇偶形态在双色球 2003001 期至 2015052 期这 1797 期开奖号码中的实际出现次数、理论出现次数和出现频率统计表，该表已经按实际出现次数由高到低进行了排序。

表 7-12　统计（十二）

奇偶形态	出现次数	理论出现次数	出现频率（%）
奇偶奇偶奇偶	54	31	3.0
偶奇偶奇偶奇	46	31	2.6
奇奇偶奇偶奇	42	31	2.3
奇偶奇偶偶奇	42	31	2.3
奇偶奇偶偶奇	41	31	2.3
偶偶偶奇偶奇	40	27	2.2
奇偶偶奇偶奇	39	31	2.2
偶奇奇偶偶奇	39	31	2.2
奇偶奇偶奇奇	38	31	2.1
奇奇奇奇偶奇	36	27	2.0
奇奇偶奇奇偶	36	31	2.0
奇偶偶偶偶奇	34	31	1.9
奇偶奇奇奇偶	33	31	1.8
奇偶偶奇奇奇	33	31	1.8
奇偶奇偶偶偶	33	27	1.8
偶奇偶奇奇偶	33	31	1.8
偶偶奇偶偶奇	33	27	1.8
奇偶奇奇偶偶	32	31	1.8
奇奇偶偶偶偶	31	27	1.7
偶偶奇偶奇奇	31	31	1.7
奇偶奇偶偶偶	30	27	1.7

奇偶形态	出现次数	理论出现次数	出现频率（%）
偶奇偶偶奇奇	30	31	1.7
奇奇偶偶奇奇	29	31	1.6
奇奇偶偶奇偶	29	31	1.6
奇奇偶偶偶奇	29	31	1.6
奇偶偶偶奇偶	29	27	1.6
奇偶偶偶偶奇	29	27	1.6
偶奇奇偶奇奇	29	31	1.6
偶奇奇偶奇偶	29	31	1.6
奇奇奇偶偶奇	28	31	1.6
奇奇偶奇偶偶	28	31	1.6
奇偶奇奇奇奇	28	27	1.6
偶奇偶偶奇奇	28	31	1.6
奇奇奇奇偶偶	27	31	1.5
偶奇偶奇偶偶	27	27	1.5
偶奇偶偶奇偶	27	27	1.5
偶偶奇偶奇偶	27	27	1.5
奇奇奇偶偶偶	26	31	1.4
奇偶偶奇奇偶	26	31	1.4
奇奇奇奇奇奇	25	21	1.4
偶偶偶奇奇偶	25	31	1.4
偶偶奇奇偶奇	25	31	1.4
奇奇奇偶奇奇	24	27	1.3
奇奇奇偶偶偶	24	31	1.3
偶奇奇奇奇偶	24	31	1.3
奇奇偶奇奇奇	23	27	1.3
偶奇偶偶偶奇	23	27	1.3
奇奇奇奇奇偶	22	27	1.2
奇偶偶偶偶偶	22	21	1.2
偶偶偶偶奇偶	22	21	1.2
偶偶偶偶偶奇	22	21	1.2
偶奇偶偶偶偶	21	21	1.2
偶偶奇奇偶偶	21	27	1.2
偶偶偶偶偶偶	21	13	1.2
偶奇奇奇偶奇	20	31	1.1
偶偶奇奇奇奇	20	31	1.1
偶奇奇偶偶偶	19	27	1.1
偶偶奇偶偶偶	19	21	1.1

奇偶形态	出现次数	理论出现次数	出现频率（%）
偶奇奇奇奇奇	17	27	0.9
偶偶偶奇奇偶	16	27	0.9
偶偶偶奇偶偶	16	21	0.9
偶偶偶偶奇奇	16	27	0.9
偶奇奇奇偶偶	15	31	0.8
偶偶奇奇奇奇	14	31	0.8

三、奇偶选号法概念与技巧

（1）奇偶选号法就是根据双色球前区 6 个开奖号码的奇偶分布情况进行选号的方法。

（2）根据表 7-10~表 7-12 的统计，我总结出以下几个奇偶选号法的经验和技巧：①奇偶比为 3∶3、4∶2、2∶4 的类型出现总次数高达 1479 次，出现频率高达 82.3%，所以大家应该果断选择以上三种类型的奇偶比。但应以奇偶比类型为 3∶3 的为主，因为该类型不但出现次数最多，而且实际出现次数超过理论出现次数，属于偏热的奇偶比类型。其他奇偶比类型出现频率不足 17.7%，应果断放弃。②前区奇数号码有 17 个，占比 51.52%；偶数号码有 16 个，占比 48.48%。在这 1797 期的统计过程中，奇数号码出现了 5507 次，占比 51.08%；偶数号码出现了 5275 次，占比 48.92%。由此可见，奇数号码和偶数号码的出现次数占比与其号码个数占比基本相当，所以奇数号码和偶数号码不存在明显的冷热差别。③奇数号码在第一位的实际出现次数明显高于理论出现次数，而且大幅高于偶数号码在第一位的实际出现次数。所以大家选号时，第一位应以奇数号码为主。④奇数号码和偶数号码在第二位、第三位、第四位、第五位的分布没有明显差异，所以大家选号时，这几个位置的奇偶分布应该均衡。⑤奇数号码在第六位的实际出现次数明显低于理论出现次数，但仍然高于偶数号码在第六位的实际出现次数。所以大家选号时，第六位仍应以奇数号码为主，但要充分照顾到偶数号码。⑥出现次数最多的奇偶形态是"奇偶奇偶奇偶"，该形态总共出现了 54 次，占比 3%，明显热于其他奇偶形态。所以大家选号时，应优先选择这种奇偶形态。

但是任何一种奇偶形态的出现频率都不超过 3%，所以大家不可坚守一种奇偶形态，而应该根据自己的投注数量和表 7-12 选取最热的几种奇偶形态进行投注。

第六节　质合选号法

一、质数号码和合数号码

（1）质数也称素数，数学中将只能被 1 和它本身整除的数称为质数，也就是说质数除了 1 和它本身以外不再有其他的因数，比如 2、17、29 等都是质数。质数对应的号码就是质数号码，比如号码 02、17、29 等都是质数号码。

（2）合数，指自然数中除了能被 1 和它本身整除外，还能被其他的数整除（不包括 0）的数，比如 4、18、26 等都是合数。合数对应的号码就是合数号码，比如号码 04、18、26 等都是合数号码。自然数 1 既不是质数也不是合数，但在本书中 1 都按质数对待，与之对应的号码 01 也按质数号码对待。

（3）双色球前区 33 个号码按质合分类，有质数号码 12 个，分别为 01、02、03、05、07、11、13、17、19、23、29、31；有合数号码 21 个，分别为 04、06、08、09、10、12、14、15、16、18、20、21、22、24、25、26、27、28、30、32、33。

通过对双色球前区 33 个号码的质合分类，可以看出：①质数号码较少，而且除了号码 02 之外，其他质数号码同时都是奇数号码；合数号码较多，而且包括了除号码 02 之外所有的偶数号码和一部分奇数号码。②质数号码以小号居多，大号多数都是合数号码，这也决定了双色球前区不同位置的不同质合分布特征。至于什么是小号和大号，后面有关内容将会做出详解。

（4）从双色球前区 33 个号码中任意选择 6 个号码组成一注前区投注组合，这 6 个号码中质数号码个数与合数号码个数的比，称为双色球前区质合比。前区 6 个号码共有 7 种不同类型的质合比，分别为 0∶6、1∶5、2∶4、3∶3、4∶2、5∶1、6∶0。这些比例中，前面的数字代表质数号码在 6 个开奖号码中所占的个数，后面的数字代表合数号码在 6 个开奖号码中所占的个数。前区 6 个号码的质合分布共有 64 种不同的形态，如质质质质质质、质合质质合合、合合合合质合……

二、具体数据

（1）表 7-13 为双色球前区不同类型的质合比在双色球 2003001 期至 2015052 期这 1797 期开奖号码中的实际出现次数、理论出现次数和出现频率统计表，该表已经按实际出现次数由高到低进行了排序。

表 7-13 统计（十三）

质合比	实际出现次数	理论出现次数	出现频率（%）
2：4	596	641	33.17
3：3	503	475	27.99
1：5	391	397	21.76
4：2	178	169	9.91
0：6	98	89	5.45
5：1	30	27	1.67
6：0	1	2	0.06

（2）表 7-14 为双色球前区不同位置质数号码和合数号码实际出现次数、理论出现次数和出现频率统计表，统计周期为双色球 2003001 期至 2015052 期，共 1797 期。

表 7-14 统计（十四）

号码位置	质数号码			合数号码		
	实际出现次数	出现频率（%）	理论出现次数	实际出现次数	出现频率（%）	理论出现次数
第一位	1186	66.00	1193	611	34.00	604
第二位	727	40.46	724	1070	59.54	1073
第三位	597	33.22	590	1200	66.78	1207
第四位	533	29.66	512	1264	70.34	1285
第五位	460	25.60	468	1337	74.40	1329
第六位	457	25.43	557	1340	74.57	1240

（3）表 7-15 为双色球前区不同质合形态在双色球 2003001 期至 2015052 期这 1797 期开奖号码中的实际出现次数、理论出现次数和出现频率统计表，该表已经按实际出现次数由高到低进行了排序。

表 7-15　统计（十五）

质合形态	出现次数	理论出现次数	出现频率（%）
质合合合合合	151	67	8.40
质质合合合合	109	43	6.07
合合合合合合	98	89	5.45
质合合质合合	84	43	4.67
质合质合合合	73	43	4.06
质合合合质合	72	43	4.01
质质质合合合	69	24	3.84
质质合质合合	65	24	3.62
合质合合合合	65	67	3.62
质合合合合质	59	43	3.28
合合质合合合	57	67	3.17
质质合合质合	55	24	3.06
质合质质合合	46	24	2.56
合合合质合合	46	67	2.56
质合质合质合	44	24	2.45
质质合合合质	42	24	2.34
质合质合合质	40	24	2.23
合合合合合质	40	67	2.23
质质合质合质	34	12	1.89
质合合质合质	33	24	1.84
合合合合质合	32	67	1.78
合质合质合合	29	43	1.61
合质合合质合	29	43	1.61
质合合质质合	27	24	1.50
合合质合合质	27	43	1.50
质质质合合质	25	12	1.39
合质合质合合	25	43	1.39
合合质合质合	25	43	1.39
质质质合质合	24	12	1.34
质质质质合合	19	12	1.06
质合合合质质	19	24	1.06
质质合质质合	17	12	0.95

续表

质合形态	出现次数	理论出现次数	出现频率（%）
合质合合合质	17	43	0.95
质合质质合质	16	12	0.89
合合质质合合	16	43	0.89
合质质合质合	15	24	0.83
质合质质合合	14	12	0.78
合合合质合质	14	43	0.78
质质合合质质	11	12	0.61
合质质合合质	11	24	0.61
质质质质合质	9	5	0.50
合质合质质合	9	24	0.50
合合合质质合	9	43	0.50
质质质质质合	8	5	0.45
合合合合质质	8	43	0.45
合质合合合质	7	24	0.39
合质合合质质	7	24	0.39
质质合合质质	6	5	0.33
质合合质质质	6	12	0.33
质质合质质质	5	5	0.28
合质质质合合	5	24	0.28
合合质质质质	4	12	0.22
合合质质合质	4	24	0.22
质合质质质质	2	5	0.11
合质质质质合	2	12	0.11
合质质质合质	2	12	0.11
合合质质质质	2	12	0.11
合合质合质质	2	24	0.11
合合合质质质	2	24	0.11
质质质质质质	1	2	0.06
质合合质质质	1	12	0.06
合质合质合质	1	12	0.06
合合质质质合	1	24	0.06
合质质质质质	0	5	0.00

三、质合选号法概念与技巧

（1）质合选号法就是根据双色球前区 6 个开奖号码的质合分布情况进行选号

的方法。

（2）根据上面的统计，我总结出以下几个质合选号法的经验和技巧：①质合比为 2：4、3：3、1：5 的类型出现总次数高达 1490 次，出现频率高达 82.92%，所以大家应该果断选择以上三种类型的质合比。其他质合比类型出现频率不足 17.1%，应果断放弃。②前区质数号码有 12 个，占比为 36.36%；合数号码有 21 个，占比为 63.64%。在这 1797 期的统计过程中，质数号码出现了 3960 次，占比为 36.73%；合数号码出现了 6822 次，占比为 63.27%。由此可见，质数号码和合数号码的出现次数占比与其号码个数占比基本相当，所以质数号码和合数号码不存在明显的冷热差别。③质数号码在第一位的实际出现次数远远高于合数号码，所以大家选号时，第一位应以质数号码为主。④合数号码在后五位的实际出现次数远远高于质数号码，所以大家选号时，后五位应以合数号码为主。特别是第六位，在接近 75% 的情况下都出自合数号码，所以第六位应果断选择合数号码，放弃质数号码。⑤出现次数最多的质合形态是"质合合合合合"，该形态总共出现了 151 次，占比为 8.4%，明显热于其他质合形态。所以大家选号时，应优先选择这种质合形态。经过计算，该形态的选号范围仅为 96860 种组合，而双色球前区选号范围理论上为 1107568 种组合，选号范围可以说是大大缩小。⑥任何一种质合形态的出现频率都不超过 8.5%，所以大家不可坚守一种质合形态，而应该根据自己的投注数量和表 7–15 选取最热的几种质合形态进行投注。

第七节　大小选号法

一、大号和小号

（1）大号就是数值相对较大的号，小号就是数值相对较小的号。大号和小号是号码相互比较而产生的概念，若只有 1 个号码，则不存在大号和小号之分。既然存在着号码之间的相互比较，那就应该确定一个进行比较的标准，数值在该标准之上的称为大号，标准之下的称为小号。通常都以拿来进行相互比较的所有号码的平均值作为区分大号和小号的标准。假如有 3 个号码，分别为 02、15、32，则这三个号码的平均值约为 16.33，大于该平均值的号码，即号码 32 就是大号；小于该平均值的号码，即号码 02、15 就是小号。

（2）双色球前区共有 33 个号码，这 33 个号码的和为 561，平均值为 17，所以这里规定 17 以下为小号、17 以上（含 17）为大号。所以双色球前区 33 个号码中有 16 个小号，分别为 01、02、03、04、05、06、07、08、09、10、11、12、13、14、15、16；有 17 个大号，分别为 17、18、19、20、21、22、23、24、25、26、27、28、29、30、31、32、33。

（3）从双色球前区 33 个号码中任意选择 6 个号码组成一注前区投注组合，这 6 个号码中大号个数与小号个数的比，称为双色球前区大小比。前区 6 个号码共有 7 种不同类型的大小比，分别为 0：6、1：5、2：4、3：3、4：2、5：1、6：0。这些比例中，前面的数字代表大号在 5 个开奖号码中所占的个数，后面的数字代表小号在 5 个开奖号码中所占的个数。前区 6 个号码的大小分布共有 7 种不同的大小形态，分别为大大大大大大、小大大大大大、小小大大大大……因为小号不可能在大号后面，所以不存在"先大后小"的大小形态，比如小大小大小大、小小大大小大等这样的大小形态是不存在的。所以，大小形态不像奇偶形态和质合形态有那么多种类型。大小形态只有 7 种类型，而奇偶形态和质合形态分别都有 64 种。

二、具体数据

（1）表 7-16 为双色球前区不同类型的大小比在双色球 2003001 期至 2015052 期这 1797 期开奖号码中的实际出现次数、理论出现次数和出现频率统计表，该表已经按实际出现次数由高到低进行了排序。

表 7-16　统计（十六）

大小比	实际出现次数	理论出现次数	出现频率（%）
3：3	627	618	34.89
2：4	461	402	25.65
4：2	406	464	22.59
1：5	155	121	8.63

续表

大小比	实际出现次数	理论出现次数	出现频率（%）
5：1	123	161	6.84
0：6	13	13	0.72
6：0	12	21	0.67

（2）表7-17为双色球前区不同位置大号和小号实际出现次数、理论出现次数和出现频率统计表，统计周期为双色球2003001期至2015052期，共1797期。

表 7-17　统计（十七）

号码位置	大号			小号		
	实际出现次数	出现频率（%）	理论出现次数	实际出现次数	出现频率（%）	理论出现次数
第一位	9	0.50	13	1788	99.50	1785
第二位	117	6.51	134	1680	93.49	1664
第三位	527	29.33	536	1270	70.67	1262
第四位	1117	62.16	1153	680	37.84	645
第五位	1607	89.43	1617	190	10.57	181
第六位	1775	98.78	1777	22	1.22	21

（3）表7-18为双色球前区不同大小形态在双色球2003001期至2015052期这1797期开奖号码中的实际出现次数、理论出现次数和出现频率统计表，该表已经按实际出现次数由高到低进行了排序。

表 7-18　统计（十八）

大小形态	出现次数	理论出现次数	出现频率（%）
小小小大大大	590	618	32.8
小小小小大大	490	464	27.3
小小大大大大	410	402	22.8
小小小小小大	168	161	9.3
小大大大大大	108	121	6.0
小小小小小小	22	21	1.2
大大大大大大	9	13	0.5

三、大小选号法概念与技巧

（1）大小选号法就是根据双色球前区 6 个开奖号码的大小分布情况进行选号的方法。

（2）根据上面的统计，我总结出以下几个大小选号法的经验和技巧：①大小比为 3：3、2：4、4：2 的类型出现总次数高达 1494 次，出现频率高达 83.14%，所以大家应该果断选择以上三种类型的大小比。其他大小比类型出现频率不足 17%，应果断放弃。②前区大号有 17 个，占比 51.52%；小号有 16 个，占比为 48.48%。在这 1797 期的统计过程中，大号出现了 5152 次，占比为 47.78%；小号出现了 5630 次，占比 52.22%。由此可见，小号个数比大号少一个，但出现次数却比大号多 478 次，小号明显热于大号。所以大家选号时，应向小号倾斜。③大号和小号在不同位置的分布完全符合号码的自然属性，即小号主要分布在前三位，大号主要分布在后三位。所以大家选号时，前三位应以小号为主，后三位应以大号为主。④出现次数最多的大小形态是"小小小大大大"，该形态总共出现了 590 次，占比 32.8%，明显热于其他大小形态。所以大家选号时，应优先选择这种大小形态。但是这种大小形态的实际出现次数明显低于理论出现次数，所以该形态并不属于偏热的大小形态。而"小小小小大大"形态的实际出现次数却明显高于理论出现次数，该形态才属于偏热的大小形态。该形态总共出现了 490 次，占比 27.3%，而其选号范围仅为理论选号范围的 22.3%。所以大家选号时，还应充分照顾这种大小形态。⑤大家不可坚守一种大小形态，而应该根据自己的投注数量和表 7-18 选取最热的 2~3 种大小形态进行投注。

第八节　同尾选号法

一、尾数

（1）尾数就是号码的个位数。比如号码 26 个位数是 6，尾数就是 6。

（2）双色球前区 33 个号码共有 9 个不同的尾数，其中，尾数为 1 的号码有 01、11、21、31，尾数为 2 的号码有 02、12、22、32，尾数为 3 的号码有 03、13、23、33，尾数为 4 的号码有 04、14、24，尾数为 5 的号码有 05、15、25，尾数为 6 的号码有 06、16、26，尾数为 7 的号码有 07、17、27，尾数为 8 的号码有 08、18、28，尾数为 9 的号码有 09、19、29，尾数为 0 的号码有 10、20、30。可见，尾数 1、2、3 的分别对应四个号码，尾数为 4、5、6、7、8、9、0 的分别对应 3 个号码。

二、同尾号

（1）同尾号就是尾数相同的号码。比如号码 16 和 26 有共同的尾数 6，这 2 个号码就是同尾号。

（2）双色球前区从 33 个号码里面选出 6 个号码，同尾号的个数只能是 0 个、2 个、3 个、4 个、5 个或 6 个；同尾号的组数只能有 0 个、1 个、2 个或 3 个。

三、具体数据

（1）表 7-19 为双色球前区不同尾数的号码出现次数统计表，统计周期为双色球 2003001 期至 2015052 期，共 1797 期，该表已经按出现次数由高到低进行了排序。

表 7-19　统计（十九）

尾数	出现次数
2	1326
1	1295
3	1278
7	1030
6	998
0	997
4	978
8	976
5	955
9	949

（2）表 7-20 为双色球前区不同的同尾个数的实际出现次数、理论出现次数和出现频率统计表，统计周期为双色球 2003001 期至 2015052 期，共 1797 期，该表已经按实际出现次数由高到低进行了排序。

表 7-20　统计（二十）

同尾个数	实际出现次数	理论出现次数	出现频率（%）
2	889	915	49.47
0	437	427	24.32
4	339	329	18.86
3	95	90	5.29
5	28	28	1.56
6	9	12	0.50

（3）表 7-21 为双色球前区不同的同尾组数的实际出现次数、理论出现次数和出现频率统计表，统计周期为双色球 2003001 期至 2015052 期，共 1797 期，该表已经按实际出现次数由高到低进行了排序。

表 7-21　统计（二十一）

同尾组数	实际出现次数	理论出现次数	出现频率（%）
1	986	1006	54.87
0	437	427	24.32
2	365	354	20.31
3	9	12	0.50

四、同尾选号法概念与技巧

（1）同尾选号法就是根据双色球前区 6 个开奖号码的同尾号分布情况进行选号的方法。

（2）根据上面的统计，我总结出以下几个同尾选号法的经验和技巧：①对应 4 个号码的尾数，最热的是尾数 2；对应 3 个号码的尾数，最热的是尾数 7。所以大家选号时，应尽量向尾数为 2 或 7 的号码倾斜。②最热的同尾情形是只有两个同尾号的情形，这种情形总共出现了 889 次，出现频率接近 50%，基本上每两期就会出现一次。所以大家选号时，应果断选择这种同尾情形的号码组合。③双色球前区每期开出六个号码，只有两个号码同尾的情形又可分为 15 种形态，如"尾尾□□□□"、"尾□尾□□□"、"尾□□尾□□"……这里"尾"表示该位置的号码为同尾号，"□"表示该位置的号码不是同尾号。那么，具体该选择哪些形态进行投注呢？

表 7-22 为双色球前区只有两个号码同尾的情形所包含的 15 种不同形态的实际出现次数、理论出现次数和出现频率统计表，统计周期为双色球 2003001 期至 2015052 期，共 1797 期，该表已经按实际出现次数由高到低进行了排序。

表 7-22 统计（二十二）

同尾形态	实际出现次数	理论出现次数	出现频率（%）
□□尾□□尾	88	84	4.90
尾□□尾□□	87	84	4.84
□尾□□□尾	80	84	4.45
尾□□□尾□	79	84	4.40
□□□尾□尾	72	67	4.01
□尾□尾□□	72	67	4.01
尾□尾□□□	72	67	4.01
□尾□□尾□	71	84	3.95
尾□□□□尾	69	97	3.84
□□尾□尾□	66	67	3.67
□□□□尾尾	29	27	1.61
□□□尾尾□	29	27	1.61
□□尾尾□□	28	27	1.56
尾尾□□□□	25	27	1.39
□尾尾□□□	22	27	1.22

显然，大家应该根据自己的投注数量和表 7-22 选取最热的几种同尾形态进行投注。

第九节　和值选号法

一、和值

（1）双色球前区和值就是双色球前区 6 个号码的和。比如，双色球第 2008108 期前区开出 09、10、15、17、23、30，前区和值就是 9+10+15+17+23+30=104。

（2）根据双色球前区号码的属性可知，双色球前区和值的取值范围为 21~183。当双色球前区开出最小的六连号，即号码 01、02、03、04、05、06 时，和值为 21。但截至 2015023 期，双色球还没有开出过这种组合。当双色球前区开出最大的六连号，即号码 28、29、30、31、32、33 时，和值为 183。但截至 2015023 期，双色球也没有开出过这种组合。

二、具体数据

表 7-23 为双色球前区不同和值的实际出现次数、理论出现次数和出现频率统计表，统计周期为双色球 2003001 期至 2015052 期，共 1797 期，该表已经按实际出现次数由高到低进行了排序。

表 7-23　统计（二十三）

和值	出现次数	理论出现次数	出现频率（%）
89	42	28	2.34
105	42	33	2.34
101	41	33	2.28
90	39	29	2.17
96	39	32	2.17

续表

和值	出现次数	理论出现次数	出现频率（%）
103	39	33	2.17
106	35	33	1.95
99	34	33	1.89
91	33	29	1.84
94	33	31	1.84
95	32	32	1.78
102	32	33	1.78
111	32	31	1.78
109	31	32	1.73
115	31	28	1.73
97	30	32	1.67
100	30	33	1.67
113	30	29	1.67
93	29	31	1.61
104	28	33	1.56
107	28	32	1.56
108	28	32	1.56
110	27	31	1.50
98	26	33	1.45
112	26	30	1.45
120	26	24	1.45
125	26	20	1.45
75	25	16	1.39
80	25	21	1.39
82	25	22	1.39
85	25	25	1.39
119	24	25	1.34
124	24	21	1.34
87	23	27	1.28
114	23	29	1.28
116	23	27	1.28
88	22	27	1.22
117	22	27	1.22
81	21	22	1.17
118	21	26	1.17
123	21	22	1.17
76	20	17	1.11

和值	出现次数	理论出现次数	出现频率 （%）
83	20	23	1.11
78	19	19	1.06
84	19	24	1.06
86	19	26	1.06
121	19	23	1.06
126	19	19	1.06
74	18	15	1.00
92	18	30	1.00
122	18	22	1.00
128	18	17	1.00
79	17	20	0.95
129	17	16	0.95
130	17	15	0.95
134	17	12	0.95
72	16	14	0.89
77	16	18	0.89
67	15	10	0.83
127	14	18	0.78
132	13	14	0.72
64	12	8	0.67
70	11	12	0.61
71	11	13	0.61
131	10	14	0.56
136	10	11	0.56
137	10	10	0.56
144	10	6	0.56
66	9	9	0.50
73	9	14	0.50
56	8	4	0.45
60	8	6	0.45
138	8	9	0.45
61	7	6	0.39
63	7	7	0.39
65	7	8	0.39
68	7	11	0.39
133	7	13	0.39
135	6	11	0.33

和值	出现次数	理论出现次数	出现频率（%）
142	6	7	0.33
148	6	4	0.33
62	5	7	0.28
69	5	11	0.28
139	5	8	0.28
140	5	8	0.28
150	5	3	0.28
52	4	3	0.22
53	4	3	0.22
57	4	4	0.22
51	3	2	0.17
59	3	5	0.17
141	3	7	0.17
146	3	5	0.17
152	3	3	0.17
155	3	2	0.17
41	2	1	0.11
42	2	1	0.11
43	2	1	0.11
48	2	2	0.11
50	2	2	0.11
54	2	3	0.11
58	2	5	0.11
143	2	6	0.11
145	2	5	0.11
149	2	4	0.11
153	2	2	0.11
159	2	1	0.11
47	1	2	0.06
49	1	2	0.06
147	1	4	0.06
154	1	2	0.06
158	1	1	0.06
163	1	1	0.06
170	1	1	0.06
21	0	1	0.00
22	0	1	0.00

续表

和值	出现次数	理论出现次数	出现频率（%）
23	0	1	0.00
24	0	1	0.00
25	0	1	0.00
26	0	1	0.00
27	0	1	0.00
28	0	1	0.00
29	0	1	0.00
30	0	1	0.00
31	0	1	0.00
32	0	1	0.00
33	0	1	0.00
34	0	1	0.00
35	0	1	0.00
36	0	1	0.00
37	0	1	0.00
38	0	1	0.00
39	0	1	0.00
40	0	1	0.00
44	0	1	0.00
45	0	1	0.00
46	0	1	0.00
55	0	4	0.00
151	0	3	0.00
156	0	2	0.00
157	0	2	0.00
160	0	1	0.00
161	0	1	0.00
162	0	1	0.00
164	0	1	0.00
165	0	1	0.00
166	0	1	0.00
167	0	1	0.00
168	0	1	0.00
169	0	1	0.00
171	0	1	0.00
172	0	1	0.00
173	0	1	0.00

续表

和值	出现次数	理论出现次数	出现频率（%）
174	0	1	0.00
175	0	1	0.00
176	0	1	0.00
177	0	1	0.00
178	0	1	0.00
179	0	1	0.00
180	0	1	0.00
181	0	1	0.00
182	0	1	0.00
183	0	1	0.00

三、和值选号法概念与技巧

（1）和值选号法就是根据双色球前区 6 个开奖号码的和值取值情形进行选号的方法。

（2）根据上面的统计，我总结出以下几个和值选号法的经验和技巧：①统计周期内，双色球前区总和值为 181675，平均每期的和值为 101.1。事实上，双色球前区和值也主要围绕 100 上下波动。所以大家选号时，和值取值应该以 100 左右为主。②和值取值最多的是 89 和 105，所以大家选号时，和值取值应该优先考虑这两个值。但是大家不可坚守一种和值取值，而应该根据自己的投注数量和表 7-23 选取最热的若干种和值取值进行投注。③和值的主要取值范围为 87~120，取值在这个范围内的次数大部分都超过了 20 次，除了取值为 92 的情形，该情形只出现了 18 次，而与之相邻的取值为 91 的情形出现了 33 次、取值为 93 的情形出现了 29 次，所以大家选号时，和值取值最好避开 92。④和值取值为 88 和 89 的情形差别很大，取值为 88 的情形只出现了 22 次，取值为 89 的情形则出现了 42 次，所以大家选号时，如果在 88 和 89 之间选择和值取值的话，最好选择和值取值为 89 的投注组合。⑤和值取值低于 87，但出现次数超过 20 次（含20 次）的包括取值为 75、76、80、81、82、83、85 的情形；和值取值高于 120，但出现次数超过 20 次（含 20 次）的包括取值为 123、124、125 的情形。所以大家选号时，应该照顾到这几种和值取值情形。⑥表 7-23 中，和值取值低于 10 次的有 95 种，这 95 种取值出现总次数仅为 181 次，占比仅为 10.07%，所以大家选号时，应该避开这些和值取值情形。

第十节　AC 值选号法

一、AC 值

（1）AC 值主要是用来反映数字的离散性的，是指在 1 个号码组合中，任意两个数字之间不相同的正差值的总个数减去"选号数量-1"的值。对于双色球前区来说，其 AC 值就是前区 6 个号码两两相减所得到的 15 个正差值之中不相同的正差值的个数减去"6-1"所得的值。比如，双色球第 2003001 期前区开出 10、11、12、13、26、28，这 6 个号码两两相减所得的 15 个正差值分别为 1、2、3、16、18、1、2、15、17、1、14、16、13、15、2、9、4，其中不相同的正差值分别为 1、2、3、4、9、13、14、15、16，不相同的正差值的个数为 9，那么本期 AC 值就是 9-（6-1）=4。AC 值的计算虽然用不上多么高深的数学知识，但由于数据较多，有可能会搞混，所以还是很麻烦的。但大家不必自己计算所选择的投注组合的 AC 值，因为网上有很多 AC 值计算器，大家可以上网搜索。

（2）双色球前区 AC 值理论取值范围为 0~10。①当前区 6 个号码为六连号时，AC 值为 0。假如双色球前区开出 01、02、03、04、05、06，6 个号码两两相减所得的不相同的正差值个数为 5，那么本期 AC 值就是 0。②当前区 6 个号码互减所得的正差值不相同的个数为 15 时，AC 值为 10。比如，双色球第 2003006 期前区开出 01、03、10、21、26、27，6 个号码两两相减所得的不相同的正差值个数为 15，那么本期 AC 值就是 10。除以上两种情况外，AC 值的取值为 1~9。

二、具体数据

表 7-24 为双色球前区不同 AC 值的出现次数和出现频率统计表，统计周期为双色球 2003001 期至 2015052 期，共 1797 期，该表已经按出现次数由高到低进行了排序。

表 7-24 统计（二十四）

AC 值	出现次数	出现频率（%）
8	530	29.49
7	371	20.65
6	305	16.97
9	270	15.03
10	129	7.18
5	108	6.01
4	61	3.39
3	16	0.89
2	7	0.39
0	0	0.00
1	0	0.00

三、AC 值选号法概念与技巧

（1）AC 值选号法就是根据双色球前区 AC 值取值情形进行选号的方法。

（2）根据上面的统计，我总结出以下几个 AC 值选号法的经验和技巧：①双色球前区 AC 值取值明显集中于 6、7、8、9，其中又以取值为 8 的情形出现次数最多，该情形出现了 530 次，出现频率接近 30%。所以大家选号时，双色球前区 AC 值取值应该向这几个数值倾斜，尤其应该向数值 8 倾斜。②双色球前区 AC 值取值为 0 或 1 的情形从未出现过，取值为 2、3、4 的情形出现总次数也仅为 84 次，所以大家选号时，双色球前区 AC 值取值应该避开这几个数值。

第十一节　除 3 余数选号法

一、除 3 余数

（1）除 3 余数是指一个数值除以 3 所得的余数。比如 6 除以 3，余数为 0；17 除以 3，余数为 2；28 除以 3，余数为 1 等。一个数值除以 3，其余数只能是 0、1、2。

（2）双色球前区共有 33 个号码，这 33 个号码可以按除 3 余数分为除 3 余 0 的号码、除 3 余 1 的号码、除 3 余 2 的号码。除 3 余 0 的号码共 11 个，包括号码 03、06、09、12、15、18、21、24、27、30、33，以下简称"0 路号码"。除 3 余 1 的号码共 11 个，包括号码 01、04、07、10、13、16、19、22、25、28、31，以下简称 1 路号码。除 3 余 2 的号码共 11 个，包括号码 02、05、08、11、14、17、20、23、26、29、32，以下简称"2 路号码"。

（3）双色球前区每期开出 6 个号码，其中 0 路号码个数、1 路号码个数、2 路号码个数的比称为余数比。双色球前区 6 个号码中，0 路号码个数可能是 0~6 个中的任何一个，1 路号码个数、2 路号码个数亦然。余数比共有 28 种情形，分别为 0：0：6、0：1：5、0：2：4、0：3：3……5：0：1、5：1：0、6：0：0。这些比例中，第一个数字代表 0 路号码在双色球前区 6 个开奖号码中所占的个数，第二个数字代表 1 路号码在双色球前区 6 个开奖号码中所占的个数，第三个数字代表 2 路号码在双色球前区 6 个开奖号码中所占的个数。

二、具体数据

（1）表 7-25 为双色球前区 0 路号码、1 路号码、2 路号码的出现次数和出现频率统计表，统计周期为双色球 2003001 期至 2015053 期，共 1798 期，该表已经按出现次数由高到低进行了排序。

表 7-25　统计（二十五）

012 路	出现次数	出现频率（%）
2 路号码	3668	34.00
1 路号码	3600	33.37
0 路号码	3520	32.63

（2）表 7-26 为双色球前区 0 路号码、1 路号码、2 路号码在不同位置的出现次数和出现频率统计表，统计周期为双色球 2003001 期至 2015053 期，共 1798 期。

表 7-26　统计（二十六）

号码位置	0 路号码		1 路号码		2 路号码	
	出现次数	出现频率（%）	出现次数	出现频率（%）	出现次数	出现频率（%）
第一位	494	27.47	728	40.49	576	32.04
第二位	600	33.37	601	33.43	597	33.20
第三位	582	32.37	602	33.48	614	34.15
第四位	571	31.76	579	32.20	648	36.04
第五位	578	32.15	612	34.04	608	33.82

（3）表 7-27 为双色球前区 0 路号码、1 路号码、2 路号码不同出现个数的实际出现次数、理论出现次数和出现频率统计表，统计周期为双色球 2003001 期至 2015053 期，共 1798 期。

表 7-27　统计（二十七）

出现个数	0 路号码			1 路号码			2 路号码		
	实际出现次数	理论出现次数	出现频率（%）	实际出现次数	理论出现次数	出现频率（%）	实际出现次数	理论出现次数	出现频率（%）
0	118	122	6.56	125	122	6.95	112	122	6.23
1	503	471	27.98	451	471	25.08	429	471	23.86
2	660	654	36.71	682	654	37.93	681	654	37.88
3	380	413	21.13	399	413	22.19	438	413	24.36
4	128	124	7.12	117	124	6.51	127	124	7.06
5	9	17	0.50	24	17	1.33	11	17	0.61
6	0	1	0.00	0	1	0.00	0	1	0.00

（4）表7-28为双色球前区不同余数比的实际出现次数、理论出现次数和出现频率统计表，统计周期为双色球2003001期至2015053期，共1798期。

表7-28　统计（二十八）

余数比	实际出现次数	理论出现次数	出现频率（%）
2：2：2	296	271	16.5
1：2：3	180	163	10.0
1：3：2	174	163	9.7
2：1：3	163	163	9.1
3：1：2	152	163	8.5
3：2：1	145	163	8.1
2：3：1	141	163	7.8
1：1：4	67	65	3.7
4：1：1	63	65	3.5
1：4：1	62	65	3.4
0：3：3	48	45	2.7
3：0：3	47	45	2.6
3：3：0	36	45	2.0
4：0：2	33	30	1.8
4：2：0	32	30	1.8
2：0：4	31	30	1.7
0：2：4	29	30	1.6
2：4：0	29	30	1.6
0：4：2	26	30	1.4
1：5：0	13	9	0.7
0：5：1	11	9	0.6
1：0：5	7	9	0.4
5：0：1	7	9	0.4
0：1：5	4	9	0.2
5：1：0	2	9	0.1
0：0：6	0	1	0.0
0：6：0	0	1	0.0
6：0：0	0	1	0.0

三、除 3 余数选号法概念与技巧

（1）除 3 余数选号法就是根据双色球前区 6 个开奖号码的除 3 余数分布情况进行选号的方法。

（2）根据上面的统计，我总结出以下几个除 3 余数选号法的经验和技巧：①0 路号码、1 路号码、2 路号码都是 11 个，所以理论上其出现次数应该差不多，但实际上 2 路号码的出现次数却明显高于 0 路号码和 1 路号码，所以大家选号时，应该优先考虑 2 路号码。②0 路号码在第六位出现的次数明显高于在其他位置出现的次数，同时第六位出现次数最多的也是 0 路号码，所以大家选号时，应该把 0 路号码优先放在第六位，而第六位也应该优先考虑 0 路号码。③1 路号码在第一位出现的次数明显高于在其他位置出现的次数，同时第一位出现次数最多的也是 1 路号码，所以大家选号时，应该把 1 路号码优先放在第一位，而第一位也应该优先考虑 1 路号码。④2 路号码在第四位出现的次数明显高于在其他位置出现的次数，同时第四位出现次数最多的也是 2 路号码，所以大家选号时，应该把 2 路号码优先放在第四位，而第四位也应该优先考虑 2 路号码。⑤第二位、第三位、第五位的各路号码出现次数没有明显差别，大家选号时应该考虑到这个特征。⑥在统计周期内，0 路号码、1 路号码、2 路号码出现个数为 2 个的次数都明显高于其出现个数为其他数值的次数。同时，不同情形余数比以 2∶2∶2 情形出现次数最多，该情形总共出现了 296 次，出现频率高达 16.5%。所以大家选号时，各路号码最好都控制在两个。

第十二节　行列选号法

一、概述

双色球前区共有 33 个号码，这些号码可以通过特定的排列方式组成一个行

列图。本节对双色球前区行列分布情形进行了详细的统计、整理、测试和分析，从中找出了一些特点和趋势，相信能够帮助大家更好地通过断行断列的方式进行选号。

网上有很多双色球前区行列图，如5行7列图、6行6列图等，这些行列图有一个共同特点，就是号码分布都不均匀，所以通过这些行列图是无法得出有说服力的结论的。

本节将双色球前区33个号码分成了3行11列，不同的行之间以及不同的列之间号码分布都是均匀的。所以，本节对双色球前区行列分布的研究是独一无二的，而且本节找出了真正有效的断行断列选号方法，相信能够帮助大家巨幅缩小选号范围，同时大大提高中奖概率。行列选号法是根据双色球前区行列分布情况进行选号的方法。本节将根据不同部分的具体统计数据，总结出行列选号法的具体经验和技巧。

二、3 行 11 列表

（1）双色球前区选号范围为 01~33 共 33 个号码，将这 33 个号码划分为 3 行，每行有 11 个号码，这样就可以得到一个表格，如表 7-29 所示。

表 7-29　3 行 11 列表

	1 列	2 列	3 列	4 列	5 列	6 列	7 列	8 列	9 列	10 列	11 列
1 行	1	2	3	4	5	6	7	8	9	10	11
2 行	12	13	14	15	16	17	18	19	20	21	22
3 行	23	24	25	26	27	28	29	30	31	32	33

该表即是双色球前区 3 行 11 列表，简称"3 行 11 列表"。

（2）从 3 行 11 列表可以看出，每一行号码个数相同，每一列号码个数也相同，也就是说号码个数的分布在不同的行之间、不同的列之间都是均匀的，这就为不同的行之间的行热度对比以及不同列之间的列热度对比奠定了平等的号码个数基础。

三、断行

（一）概念和类别

所谓断行，就是双色球前区 6 个开奖号码在 3 行 11 列表中未出现在某些行的现象。

双色球前区每期从 33 个号码中开出 6 个号码，6 个号码在 3 行 11 列表中的分布有以下几种情形：

（1）断 0 行的情形，就是没有断行的情形，也就是双色球前区 6 个开奖号码在 3 行 11 列表中每一行都有出现的情形。比如，双色球第 2003001 期前区开出 10、11、12、13、26、28，其中号码 10、11 分布在 3 行 11 列表的第一行，号码 12、13 分布在 3 行 11 列表的第二行，号码 26、28 分布在 3 行 11 列表的第三行，该情形就属于断 0 行的情形。以下不再举例。

（2）断 1 行的情形，就是双色球前区 6 个开奖号码在 3 行 11 列表中的其中一行没有出现，但在其他两行都有出现的情形。

（3）断 2 行的情形，就是双色球前区 6 个开奖号码只出现在 3 行 11 列表中的其中一行，在其他两行都没有出现的情形。

在 3 行 11 列表中，双色球前区不可能断 3 行。

（二）具体数据

（1）表 7–30 为双色球前区 33 个号码在 3 行 11 列表中不同行的出现次数统计表，统计周期为双色球 2003001 期至 2015053 期，共 1798 期，该表已经按出现次数由高到低进行了排序。

表 7–30　统计（二十九）

行	出现次数
第二行	3644
第一行	3637
第三行	3507

（2）表 7-31 为双色球前区不同断行情形及其选号范围统计表，统计周期为双色球 2003001 期至 2015053 期，共 1798 期，该表已经按出现次数由高到低进行了排序。

表 7-31　统计（三十）

断行情形	出现次数	选号范围
断 0 行	1440	33
断 1 行	356	22
断 2 行	2	11

（3）表 7-32 为双色球前区只断 1 行的不同情形及其选号范围统计表，统计周期为双色球 2003001 期至 2015053 期，共 1798 期，该表已经按出现次数由高到低进行了排序。

表 7-32　统计（三十一）

断行情形	出现次数	选号范围
只断第三行	134	22
只断第二行	113	22
只断第一行	109	22

注：只断第一行就是双色球前区 6 个开奖号码在 3 行 11 列表中的第一行没有出现，但在其他两行都有出现的情形；只断第二行就是双色球前区 6 个开奖号码在 3 行 11 列表中的第二行没有出现，但在其他两行都有出现的情形；只断第三行就是双色球前区 6 个开奖号码在 3 行 11 列表中的第三行没有出现，但在其他两行都有出现的情形。

（三）根据行热度和断行情形进行选号的行列选号法经验和技巧

（1）行热度差异不太明显，但第二行的号码出现次数比第三行要高 137 次，所以大家选号时应该倾向于选择第二行的号码。

（2）断 0 行的次数虽然高达 1440 次，但其选号范围为 33 个号码，等于完全没有缩小选号范围；断 1 行的次数虽然只出现了 356 次，但能将选号范围缩小到 22 个号码，选号范围只是原来的 6.74%，而出现概率却高达 19.8%，还是很有意义的；断 2 行的次数只有 2 次，属于极小概率事件。所以大家选号时应该倾向于选择断 1 行的情形，根据表 7-32 可知，应该优先选择断第三行。

四、断列

（一）概念和类别

所谓断列，就是双色球前区 6 个开奖号码在 3 行 11 列表中未出现在某些列的现象。

双色球前区每期从 33 个号码中开出 6 个号码，6 个号码分布在 3 行 11 列表中，最少断 5 列，最多断 9 列，因为断 4 列需要至少开出 7 个号码，断 10 列则最多只能开出 3 个号码。所以，双色球前区断列情形包括以下几种：

（1）断 5 列的情形，就是双色球前区 6 个开奖号码在 3 行 11 列表中的其中 5 列都没有出现，但在其他 6 列都有出现的情形。

（2）断 6 列的情形，就是双色球前区 6 个开奖号码在 3 行 11 列表中的其中 6 列都没有出现，但在其他 5 列都有出现的情形。

（3）断 7 列的情形，就是双色球前区 6 个开奖号码在 3 行 11 列表中的其中 7 列都没有出现，但在其他 4 列都有出现的情形。

（4）断 8 列的情形，就是双色球前区 6 个开奖号码在 3 行 11 列表中的其中 8 列都没有出现，但在其他 3 列都有出现的情形。

（5）断 9 列的情形，就是双色球前区 6 个开奖号码在 3 行 11 列表中的其中 9 列都没有出现，只出现在其他 2 列的情形。

（二）具体数据

（1）表 7–33 为双色球前区 33 个号码在 3 行 11 列表中不同列的出现次数统计表，统计周期为双色球 2003001 期至 2015053 期，共 1798 期，该表已经按出现次数由高到低进行了排序。

表 7–33　统计（三十二）

列	出现次数
第三列	1011
第七列	1002
第十列	994

列	出现次数
第八列	991
第六列	990
第五列	986
第四列	982
第一列	973
第二列	964
第九列	954
第十一列	941

（2）表7-34为双色球前区不同断列情形及其选号范围统计表，统计周期为双色球2003001期至2015053期，共1798期，该表已经按出现次数由高到低进行了排序。

表7-34　统计（三十三）

断列情形	出现次数	选号范围
断6列	907	15
断5列	542	18
断7列	331	12
断8列	18	9
断9列	0	6

（三）根据列热度和断列情形进行选号的行列选号法经验和技巧

（1）列热度差异不太明显，但第三列和第七列的号码出现次数还是略高于其他列的，所以大家选号时应该倾向于选择第三列和第七列的号码。

（2）断6列的次数高达907次，出现概率为50.44%，而其选号范围只有15个号码，仅为原来的0.45%；断5列的次数只有542次，出现概率为30.14%，而其选号范围却有18个号码，其出现概率不如断6列的情形，但选号范围却比断6列的情形大；断7列的情形虽然选号范围比断6列的小，但出现概率远小于断6列的情形；断8列和断9列的情形出现次数不足20次，均属极小概率事件。所以大家选号时应该果断选择断6列的情形。

五、既断行又断列

（一）概念和类别

所谓既断行又断列，就是双色球前区 6 个开奖号码在 3 行 11 列表中的其中一些行和列没有出现，但在剩余的行和列都有出现的情形。既断行又断列的情形包括很多种，比如断 0 行 6 列的情形、断 1 行 5 列的情形、断 2 行 5 列的情形等，这里不再进行详细说明及举例。

统计发现，在双色球 2003001 期至 2015053 期这 1798 期中只出现过以下几种既断行又断列的情形：断 0 行 5 列的情形、断 0 行 6 列的情形、断 0 行 7 列的情形、断 0 行 8 列的情形、断 1 行 5 列的情形、断 1 行 6 列的情形、断 1 行 7 列的情形、断 2 行 5 列的情形。

（二）具体数据

表 7-35 为双色球前区既断行又断列的不同情形及其选号范围统计表，统计周期为双色球 2003001 期至 2015053 期，共 1798 期，该表已经按出现次数由高到低进行了排序。

表 7-35 统计（三十四）

既断行又断列的情形	出现次数	选号范围
断 0 行 6 列	737	15
断 0 行 5 列	398	18
断 0 行 7 列	287	12
断 1 行 6 列	170	10
断 1 行 5 列	142	12
断 1 行 7 列	44	8
断 0 行 8 列	18	9
断 2 行 5 列	2	6

（三）根据既断行又断列的情形进行选号的行列选号法经验和技巧

（1）断 0 行 6 列的出现次数为 737 次，出现概率为 40.99%，选号范围为 15

个号码，仅为原来的 0.45%。按照断 0 行 6 列的方式进行选号，其效果显然远胜按照断 0 行 5 列和断 0 行 7 列的方式进行选号。

（2）断 1 行 6 列的出现次数为 170 次，出现概率为 9.45%，选号范围为 10 个号码，仅为原来的 0.02%，选号范围可以说是大大缩小。按照断 1 行 6 列的方式进行选号，其效果显然远胜按照断 1 行 5 列的方式进行选号。

（3）断 1 行 7 列的出现次数为 44 次，出现概率为 2.45%，选号范围为 8 个号码，只有 28 种组合，选号范围更是巨幅缩小。按照断 1 行 7 列的方式进行选号，其效果显然远胜按照断 0 行 8 列和断 2 行 5 列的方式进行选号。所以这里推荐大家优先使用断 1 行 7 列的方式进行选号，虽然其平均 40 期左右才出现一次，但一旦出现，你就有可能在 8 个号码范围内选中双色球前区 6 个号码，那么你的中奖概率将比别人高无数倍。我在总论里面说过，彩票投注追求的不是每期中奖概率都比别人高，而是某一期中奖概率比别人高很多，只有这样你才可能中大奖。要每期的中奖概率都比别人高很多，本书做不到。本书能做到的就是，让你在某一期的中奖概率比别人高很多，甚至高无数倍。相信，只有这样你才可能中大奖，如果再加上一点点运气的话，你就更有可能中大奖了。同时，我建议大家选号时照顾到断 1 行 6 列的情形。

（4）具体该哪些行、哪些列呢？①统计发现，一行连续断 2 次及 2 次以上的情况不超过 7%，约 93% 的情况下某一行本期断行之后，下期就不会再断了。所以如果某一行本期已断行，那么下期选号时就不要再断该行了。②统计发现，1 列断 1 次之后不再断第二次的情况占比约为 46.75%；1 列连续断 2 次之后不再断第三次的情况占比约为 24.7%；1 列连续断 3 次之后不再断第四次的情况占比约为 13.34%；1 列连续断 4 次之后不再断第五次的情况占比约为 7.17%；1 列连续断 4 次以上的情况占比约为 8.05%。1 列连续断 4 次以上包括多种情形，比如 1 列连续断 5 次、6 次、7 次……有时甚至 1 列连续断 15 次、20 次，不过这些情形加起来占比也仅为 8.05%。

这些数据来自我对双色球前区 6 个开奖号码在 3 行 11 列表中的断列情况统计，统计周期为双色球 2003001 期至 2015053 期，共 1798 期。但这里只统计了 3 行 11 列表中第一列和第二列的断列情况，我认为这两列的数据已经有一定的代表性了。当然，你可以说这些数据代表性不足，但你不能说我是骗子。这是本书唯一一次没有将全部数据都统计，我在这里将这一点明确讲了出来，所以我至少是实事求是的，没有哗众取宠，更没有欺骗。

下面分析一下这些统计数据：

1 列断 1 次之后，约 46.75% 的情况下不会再断第二次，也就是说，约 53.25% 的情况下会再断第二次。可见，某一列本期断过之后，下一期继续断的可能性要高于不断的可能性。所以大家选号时，遇到某一列本期断列的情形，最好还是继续断该列。但 1 列连续断 3 次以上的情况占比不足 16%，所以大家选号时，遇到 1 列连续断 3 次的情况，最好不要再断该列了。具体怎么断行断列，大家可以根据上面的统计数据自主选择最佳方式。

第八章　后区选号方法

前两章谈了前区选号方法，本章谈谈后区选号方法。

双色球后区从 01~16 共 16 个号码中选择 1 个号码，其选号范围比前区小很多，选号个数也比前区少很多，所以后区选号方法没有前区那么复杂。并且第七章对各种选号方法的概念都做了介绍，所以本章对部分选号方法的概念就不再介绍了。

第一节　八值选号法

一、概念

（1）经过第四章对双色球后区 188 种杀号方法的统计，我找出了一些胜率很低的后区杀号方法。总论里面说过，胜率低的杀号方法可以反过来用于定胆和选号，于是我决定用这些胜率很低的后区杀号方法每期所杀的号码反过来进行定胆和选号，这就有了双色球后区八值选号法。

（2）双色球后区八值选号法就是用胜率最低的 11 种后区杀号方法每期所杀的号码作为选号范围进行选号的方法。根据第三章的统计，胜率最低的 11 种后区杀号方法按胜率从高到低进行排序依次为：①U_{-22} 即后区号码减 22 所得的值杀号法；②V_4 即前区第四个号码减后区号码所得的值杀号法；③M_{5-2} 即前区第五个号码减第二个号码所得的值杀号法；④O_{5+1} 即前区第五个号码加 1 所得的值杀号法；⑤O_{4-2} 即前区第四个号码减 2 所得的值杀号法；⑥U_{+24} 即后区号码加 24 所得的值杀号法；⑦O_{3+2} 即前区第三个号码加 2 所得的值杀号法；⑧P_4 即上两期前区第四个号码互减所得的值杀号法；⑨U_{+7} 即后区号码加 7 所得的值杀号法；⑩U_{-25} 即后区号码减 25 所得的值杀号法；⑪U_{+4} 即后区号码加 4 所得的值杀号法。需要指出的是，要根据第四章的杀号规则来确定这些后区杀号方法每期所杀的号码。

（3）该方法叫八值选号法的原因。因为胜率最低的 11 种杀号方法每期所杀的号码大部分情况下都不足 11 个。事实上，胜率最低的 11 种杀号方法每期所杀的号码平均只有 7.779 个。所以，这里才将这种方法称为八值选号法。那么，为什么胜率最低的 11 种杀号方法每期所杀的号码平均只有 7.779 个呢？因为胜率最低的 11 种杀号方法每期所杀的号码经常有重复现象。比如，双色球第 2003013 期前区开出 08、13、17、21、23、32，后区开出号码 12，那么胜率最低的 11 种杀号方法所杀的号码依次为 10、09、10、04、09、06、09、04、09、13、16，其中号码 04、06、09、10 都有重复现象，事实上这 11 种杀号方法所杀的号码只有 6 个，即 04、06、09、10、13、16。

二、效果

经过对双色球 2003001 期至 2015023 期这 1768 期的统计，八值选号法每期选号范围约为 7.779 个号码，选对后区号码的次数为 948 次，没有选对的次数为 818 次，总测试次数为 1766 次（由于方法 P_4 需要用到上两期数据，所以只测试了 1766 次），选号成功率为 53.68%。

下面谈谈这种方法的效果。

选号范围为 7.779 个号码时，选对后区号码的理论成功率为 7.779/16，约为 48.62%，理论成功次数约为 858.6 次，该方法的成功率超过理论成功率 5 个百分点，成功次数超过理论成功次数 90 次，说明该方法有效。

我在总论里面提到过 99 选号法，该方法的选号范围约为每期 8.6225 个号码，其选号范围比八值选号法多将近 1 个号码，而其选对后区号码的次数仅为 941 次，没有选对的次数则为 855 次，总测试次数为 1796 次（测试期限为双色球 2003001 期至 2015054 期共 1799 期，由于该方法需要用到前三期的数据，所以只测试了 1796 次），选号成功率仅为 52.39%。这比八值选号法多测试了 30 期，纵然如此，其选对后区号码的个数也不及八值选号法，而且其每期选号范围还比八值选号法多将近 1 个号码。真是不比不知道，一比吓一跳。99 选号法在网上有数百万人阅读，3 万多人付费下载，只能说大家是不明真相，难免上当。

99 选号法选对后区号码的理论成功率为 8.6625/16，约为 53.89%，理论成功次数约为 972.37 次，而其实际成功率仅为 52.39%，实际成功次数仅为 941 次。实际成功率比理论成功率低 1.5 个百分点，实际成功次数比理论成功次数少 31 个。这种选号效果跟八值选号法一比，简直是天壤之别。八值选号法实际成功率可比理论成功率高 5 个百分点，实际成功次数也比理论成功次数多 90 次。这也从侧面说明了八值选号法的有效性。

三、技巧

在对八值选号法这 1766 次测试过程中，我发现该方法连续选错后区号码的次数不多，连续选对后区号码的次数不少。于是我决定统计该方法连续出错次数，看能否从中找出什么特征。

（一）分类

八值选号法连续出错次数分为以下几种情形：

（1）只错 1 次的情形。就是某一期适用八值选号法选择后区号码是错误的，但其前一期和后一期适用八值选号法选择后区号码则是正确的。适用八值选号法选择后区号码是正确的，意思就是后区号码出自胜率最低的 11 种杀号方法所杀的号码；适用八值选号法选择后区号码是错误的，意思就是后区号码不在胜率最低的 11 种杀号方法所杀的号码之中。

（2）连续出错 2 次的情形。就是连续两期适用八值选号法选择后区号码是错误的，但这两期的前一期和后一期适用八值选号法选择后区号码则是正确的。

（3）连续出错 3 次的情形。就是连续三期适用八值选号法选择后区号码是错误的，但这三期的前一期和后一期适用八值选号法选择后区号码则是正确的。

（4）连续出错 4 次的情形。就是连续四期适用八值选号法选择后区号码是错误的，但这四期的前一期和后一期适用八值选号法选择后区号码则是正确的。

（5）连续出错 5 次以上的情形。就是连续五期以上适用八值选号法选择后区号码是错误的，但这五期或更多期的前一期和后一期适用八值选号法选择后区号码则是正确的。

（二）数据与分析

（1）表 8-1 为双色球后区八值选号法连续出错不同情形的出现次数和出现概率统计表，统计周期为双色球 2003001 期至 2015023 期，共 1768 期，该表已经按出现次数由高到低进行了排序。

表 8-1　统计（一）

连续出错情形	出现次数	出现概率（%）
只错 1 次	220	52.01
连续出错 2 次	97	22.93
连续出错 3 次	56	13.24
连续出错 4 次	27	6.38
连续出错 5 次以上	23	5.44

（2）从表 8-1 可以看出：①只错 1 次的情形出现概率超过了 52%，也就是说如果当期适用八值选号法是错误的，下期在超过 52% 的情况下适用八值选号法都是正确的。②连续出错 5 次以上的情形出现概率不足 5.5%，连续出错 4 次以上的情形出现概率也不足 12%，这两者都属于极小概率事件。③当遇到八值选号法连续出错的情形时，大家可以根据表 8-1 灵活决定如何运用八值选号法。

第二节　其他后区选号法

一、重号选号法

（一）后区重号情形

（1）一个号码连续开出两次但没有连续开出第三次的情形。比如，第一期开出号码01，第二期开出号码01，第三期开出号码01以外的号码，这种情形就属于一个号码连续开出两次但没有连续开出第三次的情形。

（2）一个号码连续开出三次但没有连续开出第四次的情形。比如，第一期开出号码01，第二期开出号码01，第三期开出号码01，第四期开出号码01以外的号码，这种情形就属于一个号码连续开出三次但没有连续开出第四次的情形。

（3）一个号码连续开出四次但没有连续开出第五次的情形。这里不再举例。

（二）后区重号选号法经验和技巧

（1）经过统计，在双色球2003001期至2015054期这1799期中，当期后区号码与上期后区号码为重号的情形总共发生了128次，其中103次为"一个号码连续开出两次但没有连续开出第三次的情形"，7次为"一个号码连续开出三次但没有连续开出第四次的情形"，只有1次为"一个号码连续开出四次但没有连续开出第五次的情形"。

（2）重号情形出现概率仅为7.11%，所以大家最好不要选择重号。并且，如果一个号码连续开出了两期，那最好就不要再选择该号码了。

二、奇偶选号法

（1）双色球后区16个号码按奇偶分类，有奇数号码8个，分别为01、03、

05、07、09、11、13、15；有偶数号码 8 个，分别为 02、04、06、08、10、12、14、16。

（2）表 8-2 为双色球后区奇数号码和偶数号码的出现次数和出现概率统计表，统计周期为双色球 2003001 期至 2015054 期，共 1799 期，该表已经按出现次数由高到低进行了排序。

表 8-2　统计（二）

	出现次数	出现频率（%）
奇数号码	920	51.14
偶数号码	879	48.86

（3）后区奇数号码和偶数号码个数相同，但奇数号码的出现频率还是有明显高于偶数号码的，所以大家选号时应该倾向于奇数号码。

三、大小选号法

（1）双色球后区 16 个号码按大小分类，有小号 8 个，分别为 01、02、03、04、05、06、07、08；有大号 8 个，分别为 09、10、11、12、13、14、15、16。

（2）表 8-3 为双色球后区小号和大号的出现次数和出现概率统计表，统计周期为双色球 2003001 期至 2015054 期，共 1799 期，该表已经按出现次数由高到低进行了排序。

表 8-3　统计（三）

	出现次数	出现频率（%）
大号	943	52.42
小号	856	47.58

（3）后区小号和大号个数相同，但大号的出现频率明显高于小号，并且这种差别接近 5%，比奇数号码和偶数号码的出现频率差别大，所以大家选号时应该倾向于大号。

四、特别说明

双色球后区号码按除 3 余数、四分区（01~04 为一区、05~08 为二区、09~12 为三区、13~16 为四区）进行分类情况下，各类型号码出现次数没有明显差别，所以这里不再详述。本章重点推荐八值选号法，其效果比网上那些未经证明的后区选号方法好多了。请大家相信统计、相信规律，不要相信随便举几个例子就胡乱吹嘘的做法。